2015年度浙江省社科联省级社会科学学术著作出版资金资助出版（编号：2015CBZ09）

浙江省社科规划一般课题（课题编号：15CBZZ09）

当代浙江学术文库

DANGDAI ZHEJIANG XUESHU WENKU

蛮话音韵研究

徐丽丽 著

中国社会科学出版社

图书在版编目（CIP）数据

蛮话音韵研究/徐丽丽著. —北京：中国社会科学出版社，2020.9
（当代浙江学术文库）
ISBN 978 - 7 - 5203 - 7354 - 8

Ⅰ.①蛮…　Ⅱ.①徐…　Ⅲ.①吴语—音韵学—方言研究—浙江
Ⅳ.①H173

中国版本图书馆 CIP 数据核字（2020）第 186509 号

出 版 人	赵剑英	
责任编辑	田　文	
特约编辑	李钊祥	
责任校对	张爱华	
责任印制	王　超	

出　　版	中国社会科学出版社	
社　　址	北京鼓楼西大街甲 158 号	
邮　　编	100720	
网　　址	http://www.csspw.cn	
发 行 部	010 - 84083685	
门 市 部	010 - 84029450	
经　　销	新华书店及其他书店	

印　　刷	北京君升印刷有限公司	
装　　订	廊坊市广阳区广增装订厂	
版　　次	2020 年 9 月第 1 版	
印　　次	2020 年 9 月第 1 次印刷	

开　　本	710 × 1000　1/16	
印　　张	15.5	
插　　页	2	
字　　数	262 千字	
定　　价	88.00 元	

凡购买中国社会科学出版社图书,如有质量问题请与本社营销中心联系调换
电话:010 - 84083683

目　　录

第 一 章
绪　　论

一　概况

（一）蛮话区人文地理概况

1. 地理交通

本书讨论的蛮话主要分布于浙江省温州市的苍南县、泰顺县和丽水市的庆元县。这三个县都处于浙江省和福建省的交界地带。该地区三分之二以上属于丘陵地貌，山路蜿蜒，交通不发达。下面我们对每个县的情况进行具体说明。

苍南县位于浙江省沿海的最南端，东与东南濒临东海，西南连接福建省福鼎市，西邻泰顺县，北与平阳县接壤，西北与文成县交界。地势西南高东北低，西南有5座千米以上的山峰挺拔其间，地势高峻；东北端为鳌江口，地势低平，是河网密布的平原。苍南县平原占三分之一，山区、半山区占三分之二，大部分境域属鳌江水系。苍南县西部和西南部交通不便，历来货运全仗肩挑背负；东北部交通以水运为主；东部海岸多港湾，唐宋时期就有贸易船舶活动。如今，苍南县的交通十分便利。

泰顺县位于浙江省最南端，东南邻苍南及福建省的福鼎、柘荣，西南接福建省的福安、寿宁，西北靠景宁，东北毗文成。泰顺县素有"九山半水半分田"之称，境内涧谷纵横，山高路远，千米以上的山峰就有179座，平均海拔490余米。泰顺地处洞宫山脉东南翼，与景宁县交界的白云尖是境内最高峰，海拔1611.1米。泰顺境内的大小溪流百余条，瓯江、飞云江源头皆在泰顺。泰顺县古时交通十分不便。1957年才始建公路。现在，泰顺县有省道两条，分泰公路接通104国道。虽然交通还不是很发达，但相比以往要好很多。

庆元县位于浙江省南端，北与龙泉市、景宁畲族自治县接壤，东、西、南与福建省寿宁、松溪、政和三县交界。全境属浙闽丘陵，山岭连绵，群峰起伏。地势东北高，西南低。海拔1500米以上的山峰有266座，居全省之首。百山祖海拔1856.7米，为浙江省第二高峰。水系以百山祖为中心，向北流入瓯江，向西流入闽江，向南流入交溪，分属三大水系。庆元县"地皆天设之险，野少夷旷之区"，"深僻幽阻，舟车不通，名人游历足迹之所不至"（光绪《庆元县志》）。自古陆路交通主要靠一条驿道，驿道由县城向西转北，大致沿松源溪、竹口溪通向龙泉县境。1954年，龙（泉）庆（元）公路修成通车。现有公路通往景宁、寿宁、政和、松溪各县。江根乡位于庆元县东南方向，至今交通仍十分不便，一天只有两趟车到庆元县城松溪镇。相比而言，江根乡到寿宁县更为方便，因此，江根乡居民外出多经寿宁县辗转。

2. 历史沿革

蛮话分布区都处在浙闽交界地带。泰顺、苍南属于温州地区，庆元属于丽水地区。《汉书·地理志》："自交趾至会稽，七八千里，百粤杂处，各有种姓。""百粤"即"百越"，是北方华夏族人对分布在东南一带的各种少数民族的统称。这些地方的先民应该都是越人，而与蛮话分布地区有关的"越"主要有东瓯和闽越。关于这三个地区的历史行政区划，情况大致如下。

苍南县春秋时为东瓯越人地。战国时属越，秦统一中国后，属闽中郡。汉高祖五年（公元前202年）于闽中故地置闽越国，属闽越国。汉惠帝三年（公元前192年）立驺摇为东海王，都东瓯（今温州），世称东瓯王，为东海辖地。汉武帝时，东瓯举国内迁江淮间，国际。汉昭帝始元二年（公元前85年），今苍南地属回浦县（回浦县的辖境大致包括今台州、温州、丽水及福建东北沿海的一部分地区）。此后历属章安、永宁、罗阳、安阳、安固、始阳、横阳、永嘉、平阳等县。1981年设立苍南县，将原属平阳的矾山镇以及灵溪、矾山、马站、金乡、钱库、宜山、桥墩等7个区的72个公社划归苍南县管辖，县城设在灵溪镇。2012年苍南县部分行政区划调整，现辖10个镇、2个民族乡，包括灵溪镇、龙港镇、宜山镇、钱库镇、藻溪镇、桥墩镇、金乡镇、矾山镇、赤溪镇、马站镇、凤阳畲族乡、岱岭畲族乡。

泰顺县先秦属荒服之地，汉至唐历归回浦、章安、永宁、罗阳、安固与横阳县所辖，五代后为瑞安、平阳之远乡，明景泰三年（1452）始置县，析瑞安县义翔乡五十六、五十七、五十八、五十九、六十 5 都 12 里和平阳县归仁乡三十八、三十九、四十 3 都 6 里置县，立治罗阳，景泰帝以"国泰民安，人心归顺"之意赐名"泰顺"，隶浙江布政使司温州府。清代，隶属未变。现属浙江省温州市。1995 年，泰顺县辖 10 个镇、28 个乡。2011 年，泰顺县行政区划作了调整，现辖罗阳、司前畲族、百丈、筱村、泗溪、彭溪、雅阳、仕阳、三魁 9 个镇和竹里畲族 1 个乡。

庆元县古为龙泉县松源乡。南宋庆元三年（1197）以松源乡置县，以纪年为县名。1958 年撤销，并入龙泉县。1973 年复置，现属浙江省丽水市。庆元县现辖 7 个镇、13 个乡，包括松源镇、黄田镇、竹口镇、屏都镇、荷地镇、左溪镇、贤良镇，岭头乡、五大堡乡、淤上乡、安南乡、张村乡、隆宫乡、举水乡、江根乡、合湖乡、龙溪乡、百山祖乡、官塘乡、四山乡。

3. 人口

根据数据统计，使用蛮话的总人口约 45.3 万人，分布于苍南、泰顺和庆元三个县。根据记载，这些地区早有人类活动迹象，且人口迁徙大量而频繁。下面我们对各县的情况具体说明。

苍南县境内，灵溪镇的渡龙山早在新石器时代就有人类活动，并留下了石器和古陶碎片。商周时期人类活动逐渐频繁。至今钱库镇桐桥村还遗留有 7 座商周时期石棚墓。唐末，为避黄巢乱，大量闽东移民迁来。据宗谱记载，江南垟蛮话人 190 支姓氏中，有 95 姓以上来自闽东霞浦（赤岸长溪）。宋乾道二年（1166），温州水患，浮尸蔽川。苍南县在此次水灾之后人口锐减。朝廷下诏"徙福（建）民实其郡"，大量的闽人（特别是长溪赤岸一带）相继来入温补籍，繁衍生息，形成了继唐末五代之后的又一次移民潮。此外，苍南县是浙江省少数民族人口最多的县。最早迁入境内的少数民族为明宣德十年（1435）的后隆回民，其次为明嘉靖至清初先后迁入的畲族诸姓，他们大部分有聚居的村落。1989 年苍南县总人口约 105 万人，蛮话人口约 27 万人，占全县人口的四分之一。

泰顺县境内飞云江上游沿岸有新石器中晚期古文物出土，其时已有人类居住。唐末有夏、吴、包等十八姓因避乱徙入聚族而居，自宋以后生齿日繁。明代置县后始有户口记载，清雍正《泰顺县志》载，明成

化十八年（1482），全县有 2 259 户，6 170 口；隆庆六年（1572），有
2 452 户，6 518 口。按《泰顺县志》，有谱牒可稽的共 51 姓，最早迁入
的时间是唐代，其中一半左右是从浙北迁徙到此定居，另一半则是从福
建东北部迁居至此。县内有畲、回、侗、满、黎、苗六个少数民族，少
数民族以畲族人口较多。据记载，畲族最早于万历年间迁入泰顺。根据
最新人口普查数据，泰顺县现有人口约 36.3 万人，使用蛮讲人口约 18
万人。

　　庆元县旧时人口稀少。宋太平兴国年间（976—983），全境约有 3 000
余人。至南宋庆元三年（1197 年）建县时有一万多人，松源镇居民不足
百户。明成化十八年（1482）间有 19 788 人，万历七年（1579）有 19 822
人。清乾隆至光绪年间是庆元县人口发展最快的时期，清末时全县约有 8
万人。2010 年全县总人口为 17.9 万人，其中江根乡总人口为 6 478 人，蛮
话使用人口约 3 500 人。庆元县的姓氏相当集中，吴、叶、胡、周四大姓
今共有 99 946 人，占全县人口的 54.65%。其中吴姓就有 59 864 人，占全
县人口的 32.74%。吴姓是吴讳为避董昌之乱，于唐昭宗乾宁四年（897）
从会稽（绍兴）辗转迁入的。但是，庆元江根地区的居民，根据其族谱
记载多为泰顺县辗转迁居而来。

　　（二）蛮话区语言概况
　　1. 蛮话的分布
　　浙南闽东地区的方言中，名称中带有"蛮"字的方言有四种，分别
为：苍南蛮话、泰顺蛮讲、庆元江根蛮话和寿宁蛮陲话。
　　本书讨论的蛮话，主要分布在浙江省的三个县：苍南县、泰顺县和庆
元县。苍南县和庆元县称为蛮话，泰顺县称为蛮讲。虽然蛮话在这三个地
区的分布并不成片，但是称呼都带有"蛮"字，且无论在语音还是词汇、
语法上，这三种方言都存在相似性。寿宁蛮陲话的性质与蛮话不同，我们
将在下文独立设章讨论。
　　本书所说的"蛮话"相当于《中国语言地图集》中的"闽语闽东区
蛮话片"，主要涉及的区域如下。
　　苍南县：
　　主要分布在苍南县的东部沿海地区，包括钱库镇、夏口乡、陈东乡、
芦浦镇、仙居乡、项桥乡（大部）、新安乡（部分）、括山乡（部分）、

望里乡（部分）、新城乡、巴曹乡、炎亭乡、石坪乡（部分）、大渔乡（部分）、金乡镇（除城内）、海城乡、龙江乡（部分）、白沙乡。

泰顺县：

主要分布在泰顺县的中部、南部和西部地区，包括泗溪、三魁、下洪、仕阳、东溪、雅阳、柳峰、筱村、岭北、南山等乡镇。

庆元县：

只分布在东南角的江根乡，包括江根、水寨、坝头、下青田、上青田、沙衣湖、箬坑等几个村。（见下页"蛮话分布地图"）

2. 蛮话的形成和发展

今蛮话地区古代为"百越"民族的居住地，当时的人们使用的应该是古越语，对这种语言我们了解甚少。秦汉以后，随着汉人不断南下进入越人居住的地区，与该地区的人民杂处生活，语言接触日趋频繁。尤其是历史上三次大规模的汉人南迁，对浙南地区的人口语言都产生了巨大的影响。现在，浙南地区的汉语方言，我们认为都是汉语和古越语融合后形成的，因此或多或少都有古越语的底层。蛮话的形成也是如此。但是，现有的材料对古越语涉及很少，对汉语和古越语融合的过程也无从知晓，因此也只能说是一种可能。

虽然蛮话的形成与是否受古越语影响难以证明，蛮话和闽语、吴语的关系却是有史可稽的，因此蛮话的发展离不开闽语和吴语的影响。

根据县志、族谱等材料的记载，苍南地区的蛮话人口多从福建长溪赤岸一带，也就是今天的霞浦等地迁入。泰顺蛮讲分布的地区与闽东寿宁连成一片，地理上本就毗邻，且该地区的人口多从闽东、闽北地区迁入。庆元县江根乡的蛮话与泰顺蛮讲更是关系密切，根据发音人的介绍，据族谱记载，使用蛮话的人口多是从泰顺迁移而来。因此，就地域和人口的情况而言，蛮话的形成和发展都与闽语密切相关。

此外，就如今的行政区划而言，蛮话分布地区都属于浙江省，在方言分布上与吴语混杂而处，而吴语又是一个相对强势的方言，因此，蛮话的发展与吴语的关系也是千丝万缕。

当然，根据唯物主义辩证法，内因总是根本的。蛮话分布地区自古交通不便，各地分隔较远，地理上也没有成片分布，因此各地方言都是处于一个相对封闭的区域，内部的演变各不相同。

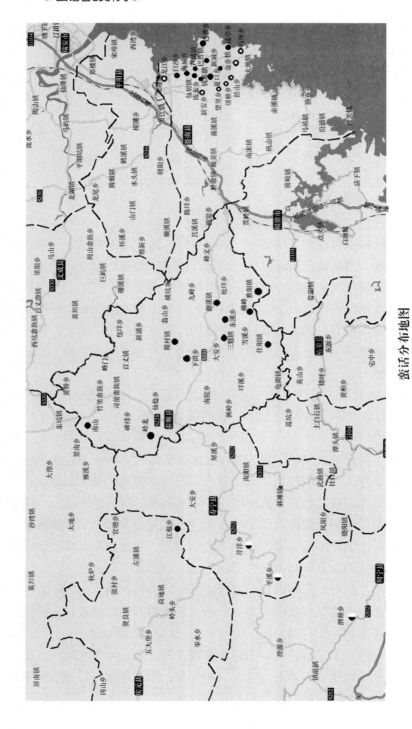

蛮话分布地图

说明：图中实心圆表示该乡镇使用蛮话，空心圆表示部分使用蛮话，半圆表示使用蛮唯话。

这诸多的因素使得蛮话发展成如今的面貌：从整体角度而言，既有内部相似性，又有较大差异；从语音特点来说，既像闽语，又像吴语。

3. 蛮话区的方言种类和分布

蛮话所在地区的语言面貌十分复杂。苍南县除了蛮话外，还有闽南语、吴语、金乡话（北部吴语方言岛）和畲话（客家话）。泰顺县除了蛮讲外，还有闽南话、吴语、畲话和汀州话，其中畲话和汀州话都属于客家话系统。庆元县江根乡除蛮话外，还有闽东语和吴语。下面我们对各县的情况进行具体说明。

（1）苍南县

1925 年出版的《平阳县志》卷十九对苍南县的语言情况记载如下："今以言语分别，约有五派，曰瓯语，曰闽语，曰土语俗称蛮话，曰金乡语，曰畲民语。大别区之县治及万全区纯粹瓯语，小南则闽语十一，江南则闽语土语与瓯语参半，金乡语唯旧卫所而已，北港则闽语六瓯语四，南港蒲门则闽语七八瓯语二三焉。瓯语本为瓯族，闽语来自闽族，此最易辨。惟土语江南一区有之，其称瓯语为后生语，则似海滨土著，本作是语，后盖化为瓯语也。金乡一卫，前明指挥部属居焉。初自用其乡之语，后与土语相杂成金乡语。若畲民则散居南北港蒲门各山奥，其语亦属少数，相传先世自闽广来，盖本苗种，俗称畲客，谓为客民也，其言语习俗不与土民同。"

今苍南县仍有上述五种方言，其中分布最广、使用人口最多的是"闽语"，其次是"土语""瓯语"，再次是"金乡语""畲民语"。

根据《苍南方言志》，这五种语言的分布和使用人口情况如下："闽语"属闽南话系统，传入浙江南部后，由于自身的演变和周围方言特别是"瓯语"的影响，与福建的闽语已有很大的差别，可通称为"浙南闽语"。苍南县境内的浙南闽语，主要分布在中部、西部和南部，说浙南闽语的约有 57.4 万人，占全县总人口的 54.4%。"土语"，通称蛮话，主要分布在东部。说蛮话的约有 27 万人，占全县总人口的 25.6%。"瓯语"，也叫温州话。苍南的瓯语，主要分布在东北部。说"瓯语"的约有 17 万人，占全县总人口的 16.2%。"金乡语"，今称金乡话，使用人数约 3 万人，主要分布在金乡镇城内（不包括城外的湖里、老城、郊外三个办事处所辖居民）。据金乡地方志记载，现今金乡人的祖先有很大一部分为明代戚继光部队在金乡的驻军。明嘉靖年间朝廷在金乡设立军事卫所，迁出原来城内的全部居民，改驻明朝军队，修建城垣清肃倭寇。这支部队多为戚家军中浙北籍军士组成，使用北部吴语方言。浙江倭乱平息之后，驻守金乡的戚家军全部在当地解甲归田，所以历经数百年后，金乡城内居民使用的语言仍保持有北部吴语（即吴语太湖片）的特点。"佘民语"，是指畲族所使用的语言。苍南县境内的畲族人，说的都是汉语，主要分布在民族乡岱岭（属马站区）、凤阳（属赤溪区）等地。

（2）泰顺县

《泰顺县志》卷二十六《方言》记载，泰顺县为吴语和闽语的交界区，是汉语方言最复杂的地区之一。境内方言可分南、北二区，南区属闽语系统，包括属闽东区的蛮讲和属闽南话的彭溪话；北区属吴语系统，包括属丽衢片的罗阳话、司前话和属温州片的莒江话、百丈口话。畲话和汀州话具有"大集中，小分散"的特色，南北都有，属客家话系统。

蛮讲主要分布在南部的广大地区，目前使用人口约18万人。内部有一定的差异，分为南蛮讲和北蛮讲。北蛮讲因受吴语影响很大，语音上与南蛮讲有较大的不同。

罗阳话原只限城内居民使用，后逐渐扩散到附近村落。分布在司前、竹里、黄桥和碑排等乡镇的司前话和罗阳话同是丽水话的分支。二者虽稍有差异，但内部较为统一。目前约5万人讲罗阳、司前话。

莒江话属吴语瓯江片，但语音和词汇与罗阳话近似。具体分布在东北部的莒江、新浦、包垟、连云、翁山、百丈、蜂门、筱村（部分）、洪口（部分）和横坑（部分）等乡镇。目前近5万人讲莒江话。

彭溪话俗称平阳话，属闽南语。具体分布在东南角的彭溪镇、峰文乡、月湖乡和西南部的垟溪乡。另外，散居在仕阳镇的个别村落也讲闽南话，目前有近3万人讲闽南话。

境内畲族人使用汉语，他们说的汉语叫作畲话，本地人叫畲客话或少姓话。畲话只在畲族内部通行，属客家话系统，含有闽语成分。境内畲族人一般能讲一种以上别的方言。目前约有1.6万人讲畲话。

汀州话来源地是闽西，方言特点介于闽南话和客家话之间。目前能讲汀州话的仅属老年人和部分中年人，人数约为2 000人。

百丈口话属方言孤岛，是变了调的文成话，俗称"下路话"。它受周围莒江话的影响很大，有被同化的趋势。目前不到2 000人能讲百丈口话。

（3）庆元县

庆元县境内通行庆元话。只有东南角江根乡的江根、水寨、坝头、下青田、上青田、沙衣湖、箬坑等几个村说一种接近福建寿宁话的方言，即庆元江根蛮话。但这些地方的人跟庆元其他地区的人交往时也说庆元话。

二　蛮话的研究现状

关于蛮话的研究，目前所能见到的研究成果大多只是以其中某一种方言为研究对象，未见有将整个"蛮话"作为整体研究对象的论著。只有两份材料谈到蛮话的内部联系：郑张尚芳（1984）《平阳蛮话的性质》认为苍南蛮话、泰顺蛮讲和庆元江根蛮话有内在的一致性，不可孤立地研究。但该文只是提出问题，并未进行深入研究。秋谷裕幸（2005）《浙南的闽东区方言》记录了苍南蛮话和泰顺蛮讲的材料，归纳比较两者的语音、词汇特点，认为可以将其看作"对内具有一致性，对外具有排他性"的方言片。下面我们对蛮话的现有研究文献进行一个梳理。

（一）苍南蛮话

苍南蛮话的语言面貌比较特殊，研究苍南蛮话的文章较多。

对苍南蛮话的记载始见于《平阳县志》（1925）："今以言语分别，约有五派，曰瓯语，曰闽语，曰土语俗称蛮话，曰金乡语，曰畲民语。……惟土语江南一区有之，其称瓯语为后生语，则似海滨土著，本作是语，后盖化为瓯语也。"这段记载对蛮话的来源和性质都作了说明，认为蛮话是当地土著的语言，后受瓯语的影响，逐渐与瓯语相似。

对苍南蛮话的学术研究始于 20 世纪 80 年代。颜逸明 1981 年发表在《方言》上的《浙南吴语和闽语的分界》一文最先对苍南蛮话的性质做了界定。该文认为蛮话是吴语的一支，最主要的理由是蛮话拥有吴语最主要的特征，即塞音、塞擦音声母有清音送气、清音不送气和浊音声母三套，古全浊声母字仍读浊音。虽然蛮话也有和闽语相同的特征，如古无舌上音，知彻澄三母字读如端透定三母字等，但是在蛮话中，澄母读如定母的字都是浊音。颜逸明认为蛮话和闽语是受蛮话和瓯语保留古全浊声母这个共同点制约的。也就是说，蛮话古无舌上音的特点受古全浊声母今读浊音这一特点的制约。该文的发表引起了学术界对蛮话的关注，也引发了大家对蛮话性质的讨论。

1984 年，《方言》刊登了傅佐之和郑张尚芳两位先生题目同为《平阳蛮话的性质》（苍南县 1981 年从平阳县析置，此前一直属于平阳县）的文章。傅佐之对比蛮话和瓯语、闽语的语音，认为平阳蛮话和平阳瓯语比较接近，可以归入吴方言系统。理由如下：（1）声母方面：古全浊声母今蛮话仍读浊音，古非组字今蛮话大部分读唇齿音［f- v-］，见组字在洪音前读［k- kʰ- g-］，在细音前读［tɕ- tɕʰ- dʑ-］，或读作舌尖前音［ts- tsʰ- dz-］，与平阳瓯语一致而不同于平阳闽语。（2）韵母方面：蛮话有撮口韵，这一点跟平阳瓯语相同而不同于平阳闽语。（3）声调方面：除全浊上归阳去外，蛮话的声调按声母的清浊整齐地分为两类，且阴调高，阳调低，是吴语的声调类型。郑张尚芳则认为，虽然平阳蛮话有全浊声母读浊音的特点，但是从其他方面来看，它的闽语性质比较突出：首先，同在浙南边境的平阳蛮话、泰顺蛮讲和庆元江根蛮话，在语音和词汇上都共同具有许多闽语的方言特征，而且这些特征具有明显的对应关系。因此，这三种蛮话在音韵格局分布上有内在的联系，如果将一种归入闽语，一种归入吴语，则割裂了它们之间的关系。其次，平阳蛮话虽然有一套跟吴语相同的浊的塞音、塞擦音、擦音声母，并且受到温州方言的强烈影响，有很多读法跟温州相同，但还有很多字的浊音声母的配置跟一般吴语不同，而跟其他两种蛮话有明显对应。而且这些字的韵母、词义也带有闽语特色。韵母方面也有许多特色跟吴语相差很大而跟闽语相同。再次，平阳蛮话还有闽语特有的语法特征，如小称词尾用"团"不用"儿"。至此，对苍南蛮话的性质就有了"吴语说"和"闽语说"的争论。

温端政 1991 年在《苍南方言志》中对蛮话音系进行了描写，同时记录了 514 个字音及 410 个词语。作者将蛮话和吴语、闽语进行比较，认为蛮话在语音上的表现更加接近苍南瓯语。但是在词汇方面，蛮话中又存在不少常用词接近闽语，尤其像"团"的使用。同时考虑到历史社会因素，蛮话地区的几个大姓宗族，大多载明其先祖是五代天福年间为逃避战乱从福建赤岸（今福鼎市一带）迁来。综合上述考量，作者认为蛮话的底层似乎属于闽东话，后来由于与瓯语长期接触，受其影响，才在语音、词汇、语法等各个方面，特别是语音方面有许多接近于瓯语的地方。此外，温端政（1995）《浙南闽语的语音特点》将蛮话归为浙南闽东话，分为苍南南排蛮话和北向蛮话。南排蛮话的声母系统虽然接近吴语，但是仍保留着一般闽语的一些特征，而北向蛮话的文读基本采用了龙港话（吴语）的读音，且文读音影响着口语，使北向蛮话的语音系统日益接近吴语。

潘悟云（1992）《苍南蛮话》从语言接触的角度进行分析，进而认为蛮话在古代是跟现代闽东语很接近的一种方言，后来在吴语的长期包围、影响下向吴语的方向变化。该文指出，在音系层面上，蛮话和吴语是比较接近的，但是，通过层次分析就会发现事实并非如此。通过对文白异读的不同层次的比较，作者认为蛮话的文读系统接近吴语，而白读系统则更接近闽语。此外蛮话基本词汇中最主要的部分也是接近闽语的。除此之外，蛮话无论在音系、历史音韵还是词汇上都是跟吴语处衢片比较接近而非地理上相邻的吴语瓯江片。因此，作者猜想整个浙南地区在古代是使用一种近于闽语的方言，后来经过移民的冲刷和吴语的影响才演变为今天的蛮话。蛮话中有一些基础词汇既不见于吴语也不见于闽东片方言，作者认为这些词汇应该是土著语言的遗留。

游汝杰（2004）《汉语方言学教程》认为蛮话反映了民系边界方言混化现象，应单独划为吴闽语的过渡区。方言过渡区是方言在地理的渐变性和不同方言相互接触和交融造成的。但游汝杰并未详细讨论蛮话的"混化"特征。

秋谷裕幸（2005）《浙南的闽东区方言》选择了苍南蛮话和泰顺蛮讲各一个点，进行了深入的调查，记录了翔实的语音、词汇和语法材料。在这些材料的基础上，作者将蛮讲和蛮话的语音和词汇与闽语、吴语瓯江片方言和处衢片方言进行了仔细的比较，在此基础上，作者认为，无论是语音特点还是词汇特点，蛮话和蛮讲都具有一定数量的"对内具有一致性，对外具有排他性"的鉴别性特点，似乎能够构成一个"蛮话片"。但是蛮讲和蛮话之间的差异也还是很大的，尤其是蛮话作为闽东区方言，其特殊性尤其突出，因此，作者也没有给出明确的定论。

以上文章多是在调查材料的基础上，归纳苍南蛮话的语音、词汇特点，并将之与闽语和吴语进行比较，最终得出蛮话的性质。关于蛮话的性质，现在比较一致的观点是蛮话的底层是闽语。不过上述文章都没有涉及具体的语音演变。

李含茹（2009）《苍南蛮话语音研究》是复旦大学的一篇硕士论文。该文记录了蛮话"南乡腔"和"北乡腔"的音系，总结了各音系的特点，并且比较了两者之间的差异。在此基础上，作者从语言接触的角度，认为蛮话在强势方言瓯语的影响下发生了接触引发的语音演变。其主要的结果有两种：一是以中古声、韵、摄、调中的一种为条件，某一类读音受瓯语的控制发生走向（接近）瓯语的音变，如蛮话的浊音声母其实是"清音反浊"的受控音变等；二是通过类似系统对应的方式增生一个借自瓯语的新文读层，进一步加强蛮话与瓯语的语音共性，如蛮话中瓯语文读层的形成。该文是苍南蛮话研究中最系统的文章，且利用接触理论解释了一些语音现象，如蛮话中浊声母的性质。但是该文只局限于共时层面，较少涉及层次分析和历时演变，且对某些现象的解释说服力不强，讨论所得的结论也只是经验性的，还有待进一步的研究。

（二）泰顺蛮讲

最早提到泰顺蛮讲的文献是林鹗、林用霖父子编著的泰顺地方志书《分疆录·舆地 风俗》（1878）："东南各乡皆是闽音"，这里的"闽音"指的是"蛮讲"，认为蛮讲是一种闽方言。

1998 年版《泰顺县志》（浙江人民出版社）"方言"卷详细记录了泰顺泗溪蛮讲的音系，并且提到蛮讲的内部也存在差异："从语言发展的角度看，蛮讲可分北蛮讲和南蛮讲。筱村镇、下洪乡、南院乡及以北为北蛮讲，以南为南蛮讲。北蛮讲因受吴语影响很大，语音上与南蛮讲已有较大的不同。"

关于泰顺蛮讲的性质，历来认识比较一致。颜逸明（1981）《浙南吴语和闽语的分界》将蛮讲归为闽北话系统的一种方言，与福州话相似，且与寿宁在地域上连成一片。按现在的方言分区，这里的闽北话系统指的是闽东方言。潘悟云（1992）《苍南蛮话》一文研究蛮话的性质，文中大量涉及泰顺蛮讲的材料，将其与蛮话进行比较。潘文虽然没有讨论蛮讲的性质，但是我们可以确定他将蛮讲视为闽语。温端政（1995）《浙南闽语的语音特点》将蛮讲归为闽语闽东区方言。秋谷裕幸（2005）《浙南的闽东区方言》是目前见到研究泰顺蛮讲最为深入的文章，该书最后也认为泰顺蛮讲为闽语闽东区方言。

（三）庆元江根蛮话

庆元江根蛮话的研究，目前还是空白。郑张尚芳（1984、1985）的文章中曾经提到江根蛮话，但都没有深入研究。此外，《吴语处衢方言研究》

在介绍庆元方言时曾提到庆元地区分布有一种接近福建寿宁话的方言，分布地区很小。《中国语言地图集》将这种方言归为闽语闽东区蛮话片。

（四）小结

综上所述，以往学者们较关注的是苍南蛮话的性质和归属，对其语音演变的过程鲜有研究。而对泰顺蛮讲和庆元江根蛮话的研究还不多见，尤其是庆元江根蛮话。至于对蛮话的整体研究则还未有人涉足。因此，我们认为对蛮话的整体研究是有其意义和价值的。

三　研究目的、方法和材料

（一）研究目的

通过对蛮话现有文献的梳理，我们发现蛮话处于吴语和闽语的交界地带，语言特点突出，值得深入调查研究。本书的研究目标有以下三个方面。

第一，较为系统地调查蛮话，填补已有材料的空白。

第二，根据调查所得材料归纳蛮话的语音特点，在比较的基础上讨论蛮话的归属。虽然前人也做过这项工作，但我们希望通过更翔实的资料以及更多维度的比较能够在已有研究基础上有所深入或突破。

第三，进一步研究蛮话语音的历时和共时演变，进而讨论其在吴语和闽语方言史上的位置。

（二）研究方法

本书的研究主要基于大量一手材料，在归纳分析材料的基础上，通过历时比较的方法观察各点方言的演变。此外，在能力范围内进行层次分析，首先理清各方言内部的语音层次，然后在同层次之间，进行不同方言间的比较，观察语言演变的路径。

本书所指的层次包括自身演变的层次和外来借入的层次。戴黎刚（2007）"除非有确凿的证据表明两个音类之间明显有音理上的演变关系，所有构成对立的音类都不是滞后性音变，而属于其他类型的历史层次"。"历史层次分析法划分层次最重要的依据是音类的对立关系。""划分层次另外一个重要的原则是音类之间的互补关系。……如果两个音类出现的条件刚好是互补的，那么我们应该将这两个音类划归同一层次。""还可以利用文白异读来划分历史层次"，"韵摄之间的分合的年代也大致可以用来分析汉语方言各层次的年代"。因此，我们分析层次的原则主要有以下几点：

一是对立原则：凡在同组声母条件下的两个语音形式，如果彼此之间具有辩义功能，就将其划分为两个层次。

二是互补原则：如果两个音类出现的条件刚好是互补的，那么我们就将这两个音类划归同一层次。

三是异读原则：如果一个字有两种或以上的文白异读，那么我们就将其看作不同的层次。

四是语音史条件：根据语音史上记载的音韵分合的情况来判定两个层次的早晚，如鱼虞不混的层次早于鱼虞相混的层次。

（三）研究材料

本书的研究材料主要包括两部分。

一部分是作者实地调查所得的材料，这些材料涉及的点包括海城、芦浦、筱村、雅阳、江根和平溪 6 个。各点发音人情况如下。

表 1.1　　　　　　　　　　　　发音人情况

方言点	姓名	性别	出生年份	学历	母语	其他情况
海城	缪立介	男	1932 年	私塾	海城话	
芦浦	杨介新	男	1958 年	大专	芦浦话	主要发音人
	杨平兄	男	1947 年	初中	芦浦话	
筱村	吴元超	男	1954 年	初中	筱村话	
雅阳	林须传	男	1939 年	小学	雅中话	
江根	吴家铁	男	1952 年	初中	江根话	主要发音人，母亲讲景宁话
	吴惟孔	男	1939 年	初中	江根话	母亲讲庆元话
平溪	周乃运	男	1951 年	初中	平溪话	主要发音人
	周道亨	男	1963 年	高中	平溪话	

另一部分是前人时贤的材料，主要有：

（1）蛮话的材料：秋谷裕幸（2005）《浙南的闽东区方言》。

（2）闽语的材料：秋谷裕幸（2008）《闽北区三县市方言研究》，秋谷裕幸（2010）《闽东区福宁片四县市方言音韵研究》，秋谷裕幸、陈泽平（2012）《闽东区古田方言研究》，陈章太、李如龙（1991）《闽语研究》，李如龙、梁玉璋（2001）《福州方言志》，陈泽平（1998）《福州方言研究》，李如龙（2001）《福建省方言县志 12 种》，冯爱珍（1993）《福清方言研究》，北京大学中国语言文学系语言学教研室编（2008）《汉语方音字汇》（第二版）。

（3）吴语的材料：陈承融（1979）《平阳方言记略》，温端政（1991）《苍南方言志》，郑张尚芳（2008）《温州方言志》，盛晓蕾（2006）《金乡话语音研究》，曹志耘、秋谷裕幸、太田斋、赵日新（2000）《吴语处衢方言研究》。

四　体例说明

1. 调类有两种表示方式。一种是在音节的右上角用代码表示：1 阴平、2 阳平、3 阴上、4 阳上、5 阴去、6 阳去、7 阴入、8 阳入。闽语中有些方言的阳入分化为两类，就分别加 a、b 表示，标作 8a、8b。例如福鼎话：白 paʔ^{8a}。另一种是在音节四角用调号表示：阴平 ˉpa、阳平 ˌpa、阴上 ˊpa、阳上 ˏpa、阴去 paˉ、阳去 paˎ、阴入 paˊ、阳入 paˌ。这是为了避免调类和调值的混淆。

2. 调值一律在音节的右上角用数字表示，例如芦浦话：皮 bø^{213}。

3. 表示连读调时，把连读调值写在单字调值之后，单字调与连读调之间用连字号"-"隔开，有时省略单字调。例如寿宁方言：值～钱 ti^{-33}。

4. 国际音标中的送气符号一律在右上角用"ʰ"表示。

5. 写不出本字的音节用方框"□"表示。

6. 又读用数码"1""2"等表示。用下划线表示文白异读，如："蚊"表示白读，"蚊"表示文读。声调加下划线表示短促，例如海城话：22。

7. 用"丨"区隔例子，用"/"区隔文白异读，"/"前为白读音，"/"后为文读音。

8. 两读用五号"～"将两个读音区隔，六号"～"用于注释中，代替本字。

其他体例在各有关部分随文交代。

第 二 章
音系及语音特点

一　苍南蛮话

就地域而言，苍南蛮话可以分为"南向腔"和"北向腔"。"南向腔"是指与浙南闽语相邻的钱库、金乡等地区的蛮话，本书以芦浦话为代表。"北向腔"是指与瓯语相邻的龙港、宜山等地区的蛮话，本书以海城话为代表。当地人认为钱库蛮话最为正宗。但是笔者调查的时候，发音人告诉笔者，钱库的蛮话是从芦浦迁徙过去的。

（一）芦浦话声韵调
1. 声母（28个）

p 波飞	pʰ 派蜂	b 爬肥虹	m 买尾	f 飞肺虎雨	v 肥微禾伟	
t 刀猪	tʰ 土抽	d 动柱	n 泥闹			l 来莲
ts 左知争支鸡	tsʰ 菜宠吵气醒	dz 存茶助塍棋		s 苏三沙世戏	z 字寺事是蛇人	
tɕ 酒尖猪珠句	tɕʰ 清笑超昌手轻	dʑ 泉柱臣桥	ȵ 年女肉鱼	ɕ 心序霜收希	ʑ 寻徐食社弱	
k 哥江	kʰ 课康	g 柜咬	ŋ 鹅眼	h 风蜂凤火害		
∅ 医雨夜河我						

说明：
（1）浊塞音［b d g］带有较强气流，但是浊塞度较弱。
（2）浊擦音［z ʑ］都是清音浊流，部分已经清化。
（3）来自浊声母的开口呼零声母都带有摩擦，有浊气流。
（4）舌面音［tɕ tɕʰ ɕ］舌位较前，类似舌叶音。

（5）声母［n］和［ȵ］分布环境互补。

（6）浊音声母［v］的浊度不强。

2. 韵母（35 个）

ɿ 醋鸡刺	i 体地尖仙脊	u 左苏富缚	y 鱼虞瑞泉
a 灾治客餐鸭	ia 刚	ua 夸乖惯	
e 态南山		ue 官关	
ø 个海飞贪卵			
ɔ 老楼学屋	iɔ 尧晓		
o 我巴墓晒母膜			
ai 排泪点针犬层庚		uai 怀鬼	
	ieu 树苗酒		
ɑu 河宝口凿桌	iɑu 救油		
ã 铅彭更	iã 良腔明	uã 梗	
ɔ̃ 党江盲	iɔ̃ 粮窗		
ʌŋ 根文能烹		uʌŋ 拳棍裙	
	ieŋ 冰林琴神警		
ɔŋ 放窗朋孟东	iɔŋ 船巾荣雄		
ə? 答十八博壳北责木	iə? 接急裂笔弱浊食敌玉	uə? 刮骨	yə? □ ~个：那个
m̩ 母姆			
ŋ̍ 五生			
ɿ̩ 儿而饵			

说明：

（1）元音［u］偏低，自成音节时前面略有摩擦，唇形不太圆。

（2）发音人杨平兄的［ø］略有动程，带有［ɪ］，而发音人杨介新的［ø］偏后。

（3）元音［y］偏前，自成音节时略有摩擦，唇形不太圆。

（4）辅音［ŋ］偏前。

（5）单韵母与鼻音声母相拼时明显有鼻化，如果该单韵母有相应的鼻化韵母我们将其合并，如果没有相应的鼻化韵母，我们就将其处理为没有鼻化的韵母。

（6）韵母［ai］的［i］比［e］高但不到［i］。

（7）单韵母［i］与唇音和端组相拼时，前有［ɪ］。

（8）韵母［ɑu］中的［ɑ］略高略前。

（9）韵母［ieu］的韵尾偏低，较弱。

（10）单韵母［e］的舌位偏低。

（11）韵母［ɔ ɔ̃ iɐ̃］中的［ɔ］略高，尤其在精、见组后。

（12）韵母［ã］的鼻化较弱，且［a］的舌位偏后。

（13）元音［ə］实际读为［ɜ］，但舌位靠后，处理为［ə］。

（14）韵母［ʌŋ uʌŋ］中的［ʌ］偏前。

（15）塞音韵尾［ʔ］不明显。

（16）韵母［ieŋ］中的［e］舌位较高。

3. 单字调（7个）

古声调	今调值	例　字
阴平	44	东该灯风，通开天春
阳平	213	门龙牛油，铜皮糖红
上声	45	懂古鬼九，统苦讨草，买老有
阴去	42	冻怪半四，痛快寸去
阳去	22	动罪近，卖路硬乱，洞地
阴入	<u>45</u>	谷搭节急，塔切刻
阳入	<u>22</u>	六麦叶月，毒白罚

说明：

（1）阳平调［213］的终点有时超过3。

（2）阳去调和阳入调的调值，有时略降，读为［21］。

（3）阴去调［42］的终点比2低，不到1。

（4）阳入和阴去，阳入和阳去有相混的迹象。

（5）宕、江、曾、梗摄的入声有较多舒化。

（二）海城话声韵调

1. 声母（28个）

p 波飞	pʰ 派蜂	b 爬肥	m 买尾	f 飞肺虎	v 肥户武雨乌	
t 刀桌	tʰ 天窗	d 动柱	n 泥闹			l 来连
ts 左知争周	tsʰ 菜抽吵齿	dz 座茶柴成桥		s 苏沙身	z 存寺助神市	
tɕ 尖猪支句	tɕʰ 趣超窗昌气	dʑ 泉柱状植棋	ȵ 女肉鱼	ɕ 心霜世休	ʑ 全徐船社如	
k 哥江	kʰ 课康	g 跪汗	ŋ 牙眼	h 风蜂凤火害		
∅ 医亩夜我河						

说明：

（1）浊塞音〔b d g〕带有较强气流。

（2）来自浊声母的开口呼零声母都带有摩擦，有浊气流。

（3）声母〔n〕和〔ȵ〕互补。

2. 韵母（33 个）

ɿ 醋紫私市	i 谢币低气非尖煎脊	u 左果苏富缚	y 女鱼瑞
a 介三山反争	ia 丫日	ua 夸惯	
ɛ 灾驶岛头九	iɛ 写良名定	uɛ 乖怪	
ø 个猜配吹贪短寸			yø 超萧泉县
ɔ 脑包党粮广房江	iɔ 枪腔	uɔ 我马花桑	yɔ 筐胸
ai 排洗杯痱点眼前灯		uai 桂贵	
ei 畏			
	ieu 秒鸟酒手		
ɑu 河刀投愁	iɑu 久右		
ʌŋ 森恨衬本文增	iʌŋ 金紧京经	uʌŋ 拳棍	
eŋ 品贫冰兵拼			
oŋ 纺双棚东终	ioŋ 巾军荣容		
əʔ 答集达实博壳北宅木	iəʔ 接立热笔药力积肉	uəʔ 阔骨	
m̩ 无母			
ŋ̍ 儿五生			

说明：

（1）元音〔u〕偏低，唇形不太圆。

（2）元音〔y〕偏前，唇形不太圆。

（3）辅音［ŋ］偏前。

（4）韵母［ai］的［i］比［e］高但不到［i］。

（5）单韵母［i］与唇音和端组相拼时，前有［ɪ］介音。

（6）韵母［ɑu］的［ɑ］略高略前。

（7）韵母［ieu］的韵尾偏低，较弱。

（8）韵母［ʌŋ iʌŋ uʌŋ］中的［ʌ］偏前。

（9）塞音韵尾［ʔ］不明显。

（10）韵母［eŋ］中的［e］舌位较高。

3. 声调（7个）

古声调	今调值	例　字
阴平	44	东该灯风，通开天春
阳平	213	门龙牛油，铜皮糖红
上声	45	懂古鬼九，统苦讨草，买老
阴去	42	冻怪半四，痛快寸去
阳去	22	动罪近，卖路硬乱，洞地
阴入	<u>45</u>	搭节急，塔切刻
阳入	<u>22</u>	六麦月，毒白罚

说明：

（1）阳平调［213］的终点有时超过3。

（2）阳去调和阳入调的调值略降。

（3）阴去调［42］的终点比2低，不到1。

（4）阳入和阴去、阳入和阳去有相混的迹象。

（5）宕、江、曾、梗摄的入声有较多舒化。

二　泰顺蛮讲

　　泰顺蛮讲可分北蛮讲和南蛮讲。筱村镇、下洪乡、南院乡及以北为北蛮讲，本书以筱村话为代表，筱村镇、下洪乡、南院乡以南为南蛮讲，本书以雅阳话为代表。北蛮讲因受吴语影响很大，语音上与南蛮讲有较大的不同。

（一）雅阳话声韵调

1. 声母（19个）

p 包爬飞肥	pʰ 派皮蜂浮	m 马务		
t 刀徒猪茶	tʰ 土弟抽柱	n 脑肉		l 罗礼
ts 左造忠择庄助针	tsʰ 粗贼抄愁昌		s 坐苏词事沙神身熟	
tɕ 酒就知赵主酬肌	tɕʰ 七墙邪超吹	nʑ 女二鱼	ɕ 泉写徐蛇书社休贤	
k 歌跪汗	kʰ 可臼环	ŋ 鹅眼	h 府敷房虎匼	
Ø 哀羽油县文仁我				

说明：

（1）ts 组声母和 tɕ 组声母互补，不构成对立。

（2）tɕ 组拼细音时略带舌尖音色彩，但不是纯粹的舌尖音。

（3）ts 组声母拼合口呼韵母时类似舌叶音。

（4）匣母来源的合口呼零声母字，开头略带摩擦。

2. 韵母（47个）

	i 米四	u 土资富	y 女类
a 拖把早百	ia 写纸摘	ua 我瓜挂	
e 排碑	iɛ 鸡支	ue 灰贵	yɛ 珠卫烛
ɔ 左做宝	iɔ 叙	uɔ 果步	
ai 态屎		uai 怪	
ɔi 坐猜皮			
au 脑偷	iau 铙□皱眉		
	ieu 疗酒		
uɜ 鸟口	iɛu 标彪		
aŋ 贪单撑	iaŋ 让饼	uaŋ 凡半	
eŋ 心辛星办	ieŋ 林镇冰兵		
ɛŋ 减森板根灯耕冬	iɛŋ 尖变		yɛŋ 件
ɔŋ 团吞唐江	iɔŋ 涨	uɔŋ 元本光	
uŋ 文东	iuŋ 永弓		yŋ 巾

eʔ 立笔力碧		uʔ 骨木	yʔ 出
aʔ 答达	iaʔ 夹穴	uaʔ 法阔	
εʔ 贴十八北迫	iεʔ 接灭雀益		yεʔ 雪
ɔʔ 夺博壳	iɔʔ 浊菊	uɔʔ 月突国	

2. 声调（7 个）

古调	调值	例字
阴平	13	东该灯风，通开天春
阳平	351	铜皮糖红，门龙牛油
上声	35	懂古鬼九，统苦讨草，买老，卖
阴去	53	冻怪半四，痛快寸去，桌百
阳去	22	洞地饭树，硬乱，动罪近后，<u>五有</u>，白麦
阴入	<u>45</u>	谷搭节急，哭拍塔切刻
阳入	2	毒盒罚，六月

（二）筱村话声韵调
1. 声母（21 个）

p 包爬飞肥	pʰ 派皮蜂浮	m 马务	f 飞蜂肥火怀	v 万祸温有	
t 刀徒猪茶	tʰ 土头抽柱	n 脑瓢			l 罗礼
ts 左造忠池庄愁支肌奇	tsʰ 粗贼畅抄床充齐		s 坐苏词诗沙尸时希		
tɕ 酒就注赵主酬居巨	tɕʰ 妻墙超初吹丘钳	ȵ 女二鱼	ɕ 全写邪蛇书社休形		
k 歌跪汗	kʰ 可白溃	ŋ 鹅眼	h 府敷房虎害		
∅ 哀羽油县巫人藕					

2. 韵母（49 个）

ɿ 粗契四	i 米二尖变亿疫	u 土富	y 女类
a 拖把债早百	ia 写纸摘	ua 瓜挂	
e 拜悲	ie 鸡戏	ue 最贵	

续表

ə 冤温		uə 火海皮元本	
ai 态屎		uai 怪	
au 脑偷	iau□ 皱眉		
ɛu 鸟口	iɛu 标牡		
ou 左步宝母索桌	iou 酒		
əu 厨队绿			yəu 初岁吹尺烛
ã 贪单撑	iã 涨名	uã 官筐	
ɛ̃ 店针办根灯耕			ỹɛ 全伸
ɔ̃ 团吞唐江	iɔ̃ 掌腔		
eŋ 林镇冰兵	ieŋ 心真升京	ueŋ 困	
əŋ 棚东	iəŋ 永弓		yŋ 唇
ɛʔ 答达北迫	iɛʔ 接灭药	uɛʔ 阔	yɛʔ 雪
eʔ 立笔力敌	ieʔ 人七识积	ueʔ 骨	
ɔʔ 夺博壳	iɔʔ 足	uɔʔ 国	
əʔ 握木	iəʔ 肉		yəʔ 出
n̩ 五你牛			

3. 声调（7个）

古调	调值	例 字
阴平	13	东该灯风，通开天春
阳平	42	铜皮糖红，门龙牛油，百
上声	24	懂古鬼九，统苦讨草，买老
阴去	53	冻怪半四，痛快寸去
阳去	22	洞地饭树，卖硬乱，动罪近后，五有，白麦
阴入	5	谷搭节急，哭拍塔切刻
阳入	2	毒盒罚，六月

三 庆元江根蛮话

庆元江根蛮话主要分布于庆元江根乡的江根、箬坑、青田、坝头等村，使用人口在 3000 人以上，是江根乡的主要方言。即使是分布于如此狭窄的区域，江根方言的内部还是有些差异，但是差异不大，不影响彼此的交流。本书以江根话为代表。

（一）声母（19 个）

p 包爬放房	pʰ 派皮废费蜂	m 买文维	
t 刀图猪沉辣	tʰ 土桃抽柱	n 脑瓢迎	l 罗亮六褥
ts 左存桩宅针庄助	tsʰ 粗醒趁窗床春弃		s 坐西寺事山船身
tɕ 酒全追赵主书刚	tɕʰ 请墙超厂	ȵ 鱼月女年肉	ɕ 修邪霜蛇声社休
k 家刚桥厚	kʰ 溪犬琴	ŋ 牙眼入	h 火河法翻凤
∅ 音黄样巫羽闰魏			

说明：
（1） tɕ 组声母拼细音时舌位偏前。
（2） ts 组声母拼合口呼韵母时类似舌叶音。
（3） 声母［h］拼合口呼韵母时趋近于［f］声母。
（4） 匣母来源的合口呼零声母字，开头带有摩擦，实际音值为［w］。

（二）韵母（50 个）

ɿ 祖梳思紫师	i 币米希字是四亿	u 租初肤丘	y 猪蛛锤
a 巴柴咬百策	ia 靴蛇纸摘壁	ua 瓜花画话	
ei 皮沸买海西煤	ie 戏鸡肺	ue 火亏鬼代灰岁	ye 珠吹尺烛
		uə 果芋园	
ø 步雾缚			
o 左锁做宝索桌			
ai 胎害拜债梯雷屎		uai 怪歪	

续表

ou□□pa33 ~：笼屉	iou 柱酒久幽		
au 遭包偷九	iau 标挑彪		
ɛu 逃鸟亩矛			
ã 贪三杉单山半脏坑姓青	iã 岩煎命定	uã 凡官反横	
ɛ̃ 点针办本灯幸	ĩɛ 尖欠变年	ũɛ 团村荤	ỹɛ 全川元
ɔ̃ 帮装光王江矿	iɔ̃ 良厂香撞		
eŋ 品贫冰兵瓶			
øŋ 禽巾斤春			
əŋ 森船很文		uəŋ 拳困军	
ɔŋ 房东冬风	iɔŋ 双永宫		
aʔ 答达阁麦	iaʔ 辣热雀	uaʔ 法活罚获	
eiʔ 急实力赤锡			
ɛʔ 帖十八漆北色	ieʔ 猎灭逆	ueʔ 出术	yeʔ 雪月屈
		uəʔ 夺突国秃	
ɔʔ 博扩确	iɔʔ 卓足玉		
ɔuʔ 汁室凿壳木六	iɔuʔ 速竹	uɔuʔ 窟	

说明：

（1）韵母〔ø øŋ〕中的〔ø〕舌位偏后，唇形不太圆。

（2）韵母〔o〕舌位偏低，且稍有动程。

（2）韵母〔ue〕与非见系声母拼合时，〔u〕偏低，〔e〕偏高，类似〔i〕。

（3）韵母〔a〕舌位偏后。

（4）韵母〔ie ue ye〕中的〔e〕舌位偏低。

（5）韵母〔ou iou〕中的〔o〕舌位偏低偏前。

（6）韵母〔au iau〕中的〔a〕舌位偏后。

（7）韵母〔eiʔ〕的动程不明显，有时听起来类似〔eʔ〕。

（8）韵母〔əŋ uəŋ〕中的〔ə〕舌位偏后。

（9）韵母〔ieʔ yeʔ〕中的〔e〕舌位偏低。

（10）韵母〔ɔŋ iɔŋ〕中的〔ɔ〕舌位偏低。

（11）韵母〔ɔuʔ iɔuʔ uɔuʔ〕中的〔ɔ〕舌位偏前偏低。

（12）韵母〔eŋ〕与声母拼合时，前面有个介音〔ɪ〕。

（三）声调（7 个）

调类	调值	例　字
阴平	11	东该灯风，通开天春
阳平	33	铜皮糖红，门龙牛油
阴上	24	懂古鬼九，统苦讨草，买米美礼
阴去	31	冻怪半四，判快寸去，百摘壁烛，拆册尺哭
阳去	53	洞地饭害，卖丽硬乱，动罪近后
阴入	<u>53</u>	答节汁急八，塔切刻七识
阳入	3	杂集夺泽毒，业辣木六肉

说明：

（1）阴平〔11〕听感上略有曲折，类似〔212〕。

（2）阴入〔<u>53</u>〕调有时是高调〔5〕。

（3）阳入〔3〕调有时末尾略降，类似〔<u>31</u>〕。

四　蛮话的语音特点

（一）共同特点

虽然蛮话各点在地域上并不相连，但是内部的共性还是比较明显的，主要有以下共同点。

1. 非组和同摄合口晓组读音相混。例如：

表 2.1　　　　　　　　　　　非组读同同摄合口晓组

	海城	芦浦	筱村	雅阳	江根
府—虎	fu	fu	hu	hu	hu
万—换	va	ve	vã	uaŋ	uã
风—烘	hoŋ	hoŋ	feŋ	huŋ	hoŋ

2. 轻唇读如重唇。例如：

表 2. 2　　　　　　　　　轻唇读如重唇

	海城	芦浦	筱村	雅阳	江根
飞	pø	pø	puə	pɔi	pe
肥	bai	bai	pe	pue	pe
尾	mø	mø	muə	mɔi	me

3. 知组读如端组。例如：

表 2. 3　　　　　　　　　知组读如端组

	海城	芦浦	筱村	雅阳	江根
柱	dieu	dieu	tʰiou	tʰieu	tʰiou
虫	doŋ	dɔŋ	tʰɔ̃ŋ	tʰɛ̃ŋ	tʰɔ̃ŋ
桌	tɑu	tɑu	tou	tɔ	to

4. 古清擦音声母今读塞擦音。例如：

表 2. 4　　　　　　古清擦音声母今读塞擦音

	海城	芦浦	筱村	雅阳	江根
笑心	tsʰieu	tɕʰieu	tɕʰiɛu	tɕʰiɛu	tɕʰiau
生生	tsʰa	tsʰã	tsʰã	tsʰaŋ	tsʰã
手书	tsʰieu	tɕʰieu	tɕʰiou	tɕʰieu	tɕʰiou

5. 匣母读如群母。例如：

表 2. 5　　　　　　　　　匣母读如群母

	海城	芦浦	筱村	雅阳	江根
厚	gɛ	gɔ	kau	kau	kau
汗	ga	ge	kã	kaŋ	kã
悬高	gai	gai	kɛ̄	kɛŋ	kɛ̄

6. 云、以母读擦音。例如：

表2.6　　　　　　　　　　云、以母读擦音

	海城	芦浦	筱村	雅阳	江根
雨 做~	vu^{22}	fu^{22}	hou^{22}	huə^{22}	huə^{53}
痒	ʑiɔ^{22}	ʑiɔ^{22}	ɕiɔ^{22}	ɕiɔŋ^{22}	ɕiɔ^{53}

7. 鱼虞韵有别。例如：

表2.7　　　　　　　　　　鱼虞有别

	海城	芦浦	筱村	雅阳	江根
鱼韵	苎 dai^6		苎 te^6	苎 te^6	苎 te^6
	梳头 ~ sai^1	梳头 ~ sai^1	去 k^{h}e^5	梳头 ~ se^1	去 k^{h}e^5
虞韵	主 tɕy^3	主 tɕy^3	主 tɕyəu^3	主 tɕyɛ^3	主 tɕye^3
	输 ~ 赢 ɕy^1	输 ~ 赢 ɕy^1	输 ~ 赢 ɕyəu^1	输 ~ 赢 ɕyɛ^1	输 ~ 赢 ɕye^1

8. 哈泰韵相混。例如：

表2.8　　　　　　　　　　哈泰相混

	海城	芦浦	筱村	雅阳	江根
菜哈	ts^{h}ɛ^{42}	ts^{h}a^{42}	ts^{h}ai^{53}	ts^{h}ai^{53}	ts^{h}ai^{31}
蔡泰	ts^{h}ɛ^{42}	ts^{h}a^{42}	ts^{h}ai^{53}	ts^{h}ai^{53}	ts^{h}ai^{31}

9. 支脂之三韵有别。例如：

表2.9　　　　　　　　　　支脂之三分

	海城	芦浦	筱村	雅阳	江根
纸支	tɕi^{45}	tsʅ^{45}	tɕia^{24}	tɕia^{35}	tɕia^{24}
指脂	tsai^{45}	tsai^{45}	tsai^{24}	tsai^{35}	tsai^{24}
趾之	tsʅ^{45}	tsʅ^{45}	tsʅ^{24}	tɕi^{35}	tsi^{24}

10. 豪肴韵有别。例如：

表 2.10　　　　　　　　　豪肴有别

	海城	芦浦	筱村	雅阳	江根
报豪	pɑu⁴²	pɑu⁴²	pou⁵³	pɔ⁵³	po³¹
饱肴	pɔ⁴⁵	pɔ⁴⁵	pau²⁴	pau³⁵	pa²⁴

11. 流摄一三等同韵。例如：

表 2.11　　　　　　　　　侯尤相混

	海城	芦浦	筱村	雅阳	江根
九尤	kɛ³	kɔ³	kau³	kau³	kau³
厚侯	gɛ⁶	gɔ⁶	kau⁶	kau⁶	kau⁶

12. 覃谈、合盍不分。例如：

表 2.12　　　　　　　　覃谈、合盍不分

	海城	芦浦	筱村	雅阳	江根
耽覃	ta⁴⁴	te⁴⁴	tã¹³	taŋ¹³	tã¹¹
担谈	ta⁴⁴	te⁴⁴	tã¹³	taŋ¹³	tã¹¹
答合	təʔ⁴⁵	təʔ⁴⁵	tɛʔ⁵	taʔ⁴⁵	taʔ⁵³
塔盍	tʰəʔ⁴⁵	tʰəʔ⁴⁵	tʰɛʔ⁵	tʰaʔ⁴⁵	tʰaʔ⁵³

13. 咸山摄四等读洪音。例如：

表 2.13　　　　　　　　咸山摄四等读洪音

	海城	芦浦	筱村	雅阳	江根
店添	tai⁴²	tai⁴²	tɛ̃⁵³	tɛŋ⁵³	tɛ̃³¹
帖帖	tʰəʔ⁴⁵	tʰəʔ⁴⁵	tʰɛʔ⁵	tʰɛʔ⁴⁵	tʰɛʔ⁵³
千先开	tsʰai⁴⁴	tsʰai⁴⁴	tsʰɛ̃¹³	tsʰɛŋ¹³	tsʰɛ̃¹¹
节屑开	tsəʔ⁴⁵	tsəʔ⁴⁵	tsɛʔ⁵	tsɛʔ⁴⁵	tsɛʔ⁵³

	海城	芦浦	筱村	雅阳	江根
犬先合	kʰai⁴⁵	kʰai⁴⁵	kʰɛ̃²⁴	kʰɛŋ³⁵	kʰɛ̃²⁴
血屑合	ha⁴⁵	haʔ⁴⁵	hɛʔ⁵	hɛʔ⁴⁵	hɛʔ⁵³

14. 深摄开口三等读洪音。例如：

表 2.14　　　　　　　　深摄开口三等读洪音

	海城	芦浦	筱村	雅阳	江根
针	tsai⁴⁴	tsai⁴⁴	tsɛ̃¹³	tsɛŋ¹³	tsɛ̃¹¹
十	zəʔ²²	zəʔ²²	sɛʔ²	sɛʔ²²	sɛʔ³

15. 宕江摄读同通摄。例如：

表 2.15　　　　　　　　宕江摄读同通摄

	海城话	芦浦话	筱村话	雅阳话	江根话
放阳	poŋ⁴²	poŋ⁴²	pəŋ⁵³	puŋ⁵³	poŋ³¹
双江	soŋ⁴⁴	sɔŋ⁴⁴	səŋ¹³	suŋ¹³	ɕiɔŋ¹¹
通东	tʰoŋ⁴⁴	tʰɔŋ⁴⁴	tʰəŋ¹³	tʰuŋ¹³	tʰɔŋ¹³

16. 梗摄开口三四等庚清青韵有韵母主要元音为低元音［a］的层次。例如：

表 2.16　　　　　　　　庚清青韵主元音为低元音的层次

	海城	芦浦	筱村	雅阳	江根
柄庚	pa⁴²	pã⁴²	pã⁵³	paŋ⁵³	pã³¹
井清	tsa⁴⁵	tsã⁴⁵	tsã²⁴	tsaŋ³⁵	tsã²⁴
醒青	tsʰa⁴⁵	tsʰã⁴⁵	tsʰã²⁴	tsʰaŋ³⁵	tsʰã²⁴

17. 部分宕江曾梗通摄的入声字白读舒声韵，文读入声韵。例如：

表 2.17　　　　　　　　　部分宕江曾梗通摄入声字的文白读

		海城	芦浦	筱村	雅阳	江根
药宕	文读	iəʔ²²	iəʔ²²	iɛʔ²		
	白读	iɔ²²			yɛ²²	ye²⁴
剥江	文读	pəʔ⁴⁵	pəʔ⁴⁵	pɔʔ⁵	pʰɔʔ⁴⁵	pɔʔ⁵³
	白读	pu⁴²		pou⁵³		pø³¹
角江	文读	kəʔ⁴⁵	kəʔ⁴⁵	kɔʔ⁵	kɛʔ⁴⁵	kɔʔ⁵³
	白读	kɑu⁴²	kɑu⁴²	kou⁵³	kɔ⁵³	
食曾	文读	ziəʔ²²	ziəʔ²²	çieʔ²	seʔ²²	sei?³
	白读	ziɛ²²		çia²²	çia²²	çia²⁴
席梗	文读	ziəʔ²²	ziəʔ²²	çieʔ²	seʔ²²	sei?³
	白读	zy²²	y²²	tɕʰyəu²²	tɕʰyɛ²²	tɕʰye²⁴
粟通	文读		səʔ⁴⁵		suʔ⁴⁵	çiɔʔ⁵³
	白读	tɕʰy⁴²	tɕʰy⁴²	tɕʰyəu⁵³	tɕʰyɛ⁴⁵	tɕʰye³¹

18. 古平上去入四声基本按古声母的清浊各分阴阳。古全浊上声字归阳去，古次浊上声字大部分归阴上，小部分归阳去。

19. 大多数古次浊上声字归阴上，还有一部分口语字归阳去。例如：

表 2.18　　　　　　　　　部分古次浊上声口语字归阳去

	海城	芦浦	筱村	雅阳	江根
瓦	ŋuɔ²	ŋɔ²	ŋua²	ŋua²	ŋua²
咬	gɔ²	gɔ²	ka²	ka²	ka²
痒	ziɔ²	ziɔ²	çiɔ²	çiɔŋ²	çiɔ²

20. 大多数次浊去声字归阳去，还有一部分口语字归阴去。例如：

表 2.19　　　　　　　　　部分古次浊去声口语字归阴去

	海城	芦浦	筱村	雅阳	江根
妹	mø²	mø²	mua²	mɔi²	me²
问~题	mʌŋ²		meŋ²	muɔŋ²	məŋ²
梦		mɔŋ²	məŋ²	muŋ²	mɔŋ²

21. 大多数全浊去声字归阳去，少数字归阴去，且声母均为送气音。例如：

表 2. 20　　　　　　　　　**部分古全浊去声字归阴去**

	海城	芦浦	筱村	雅阳	江根
树	tsʰieu²	tɕʰieu²	tsʰa²		
稗	pʰai²	pʰai²	tʰe²	pʰe²	pʰe²
饲喂食		tsʰ ɿ²	tsʰ ɿ²	tɕʰi²	tsʰi²

22. 大多数清声母入声字归阴入。但有一部分铎药觉陌麦昔锡烛韵的口语字不归阴入而归阴去。大多数浊入声字归阳入。但有一部分铎药觉陌麦昔锡烛韵的口语字不归阳入而归阳去。例子参考表 2. 17。

（二）内部差异

1. 总体差异

除了共同点之外，蛮话内部也存在一些差异，这些差异主要体现在音值上。蛮话各点的差异主要如下。

（1）全浊声母。苍南蛮话除奉母和匣母以外的古全浊声母今读大致上为浊音。泰顺蛮讲和庆元江根蛮话的古全浊声母今读都已经清化。例如：

表 2. 21　　　　　　　　　**全浊声母演变情况**

	海城	芦浦	筱村	雅阳	江根
被名·并	bø⁶	bø⁶	pʰuə⁶	pʰɔi⁶	pʰe⁶
洞定	dɔŋ⁶	doŋ⁶	təŋ⁶	tuŋ⁶	tɔŋ⁶
轿群	dʑieu⁶	dʑieu⁶	tɕiɛu⁶	kiɛu⁶	kiau⁶

（2）尖团分混。芦浦话和筱村话不分尖团，江根话分尖团，海城话和雅阳话则是部分分尖团。例如：

表 2.22 尖团分混

海城	芦浦	筱村	雅阳	江根
椒 tsieu⁴⁴ ≠ 骄 tɕyø⁴⁴	椒 =骄 tɕieu⁴⁴	椒 =骄 tɕieu¹³	椒 tɕieu¹³ ≠ 骄 kieu¹³	椒 tɕiau¹¹ ≠ 骄 kiau¹¹
箱 =香 ɕiɔ⁴⁴	箱 =香 ɕiɔ⁴⁴	节 =结 tɕieʔ⁵	节 tɕieʔ⁴⁵ ≠ 结 kieʔ⁴⁵	接 tɕieʔ⁵³ ≠ 结 kieʔ⁵³
节 =结 tɕiəʔ⁴⁵	节 =结 tɕiəʔ⁴⁵	箱 =香 ɕiɔ¹³	箱 =香 ɕiɔŋ¹³	箱 ɕiɔ¹¹ ≠ 香 hiɔ¹¹

（3）阳声韵。海城话的阳声韵尾演变速度较快，古阳声韵鼻尾大面积脱落，读成纯元音韵：咸山宕江及梗摄二等读纯元音韵，深臻曾通摄读鼻尾韵，梗摄三四等白读纯元音韵，文读鼻尾韵。芦浦话和筱村话古阳声韵今读鼻化韵、鼻尾韵或纯元音韵。芦浦话咸山摄（除山摄合口三四等以外）读纯元音韵，梗摄二等、山摄合口三四等和宕江摄读鼻化韵，少数读纯元音韵，深臻曾通摄读鼻尾韵。梗摄三四等白读鼻化韵，文读鼻尾韵。筱村话咸山摄开口三四等文读纯元音韵，白读鼻化韵；咸山摄开口一二等、咸摄合口三等、咸山摄开口三四等白读音、山摄合口、宕江摄、曾摄开口一等白读音、梗摄二等和梗摄开口三四等白读音读鼻化韵；深臻摄、曾摄（除开口一等白读音）、梗摄三四等文读音和通摄读鼻尾韵。江根话古阳声韵今主要读鼻尾韵和鼻化韵，咸山宕江摄、臻摄一等、曾摄一等、梗摄开口二等、梗摄开口三四等白读读鼻化韵，深通摄、臻摄三等、曾摄三等、梗摄开口三四等文读读鼻尾韵。雅阳话则都读为鼻尾韵。例如：

表 2.23 阳声韵尾读音情况

	海城	芦浦	筱村	雅阳	江根
潭咸	dø²¹³	de²¹³	tʰã⁴²	tʰaŋ³⁵¹	tʰã³³
肝山	ka⁴⁴	ke⁴⁴	kã¹³	kaŋ¹³	kã¹¹
变山	pi⁴²	pi⁴²	pi⁵³	pieŋ⁵³	pĩɛ³¹
帮宕	pɔ⁴⁴	pɔ̃⁴⁴	pɔ̃¹³	pɔŋ¹³	pɔ̃¹¹
邦江	pɔ⁴⁴	pɔ̃⁴⁴	pɔ̃¹³	pɔŋ¹³	pɔ̃¹¹
柄梗开二	pa⁴²	pã⁴²	pã⁵³	paŋ⁵³	pã³¹
林深	leŋ²¹³	lieŋ²¹³	leŋ⁴²	lieŋ³⁵¹	leŋ³³
登曾	tʌŋ⁴⁴	tʌŋ⁴⁴	tɛ̃¹³	tɛŋ¹³	tɛ̃¹¹

续表

	海城	芦浦	筱村	雅阳	江根
紧臻	tɕiʌŋ⁴⁵	tɕieŋ⁴⁵	tɕieŋ²⁴	kieŋ³⁵	keŋ²⁴
冰曾	peŋ⁴⁴	pieŋ⁴⁴	peŋ¹³	pieŋ¹³	peŋ¹¹
京梗开三	tɕiʌŋ⁴⁴	tɕieŋ⁴⁴	tɕieŋ¹³	kieŋ¹³	keŋ¹¹
洞通	dɔŋ²²	doŋ²²	təŋ²²	tuŋ²²	tɔŋ⁵³

（4）入声韵。蛮话的古入声韵大都带喉塞音尾［ʔ］。但海城话和芦浦话的入声韵很少，入声字存在大规模的合并现象。筱村话、雅阳话和江根话的入声韵相对较多，没有大面积合流。例如：

表 2.24　　　　　　　　　　入声韵尾读音情况

	海城	芦浦	筱村	雅阳	江根
答咸	təʔ⁴⁵	təʔ⁴⁵	tɛʔ⁵	taʔ⁴⁵	taʔ⁵³
急深	tɕiəʔ⁴⁵	tɕiəʔ⁴⁵	tɕieʔ⁵	keʔ⁴⁵	keiʔ⁵³
割山	kəʔ⁴⁵	kəʔ⁴⁵	kɛʔ⁵	kaʔ⁴⁵	kaʔ⁵
突臻	dəʔ²²	dəʔ²²	tʰɔʔ⁵	tʰuɔʔ²²	tʰuəʔ³
博宕	pəʔ⁴⁵	pəʔ⁴⁵	pɔʔ⁵	pɔʔ⁴⁵	pɔʔ⁵³
角江	kəʔ⁴⁵	kəʔ⁴⁵	kɔʔ⁵	kɛʔ⁴⁵	kɔʔ⁵³
食曾	ʑiəʔ²²	ʑiəʔ²²	ɕieʔ²	seʔ²²	seiʔ³
席梗	ʑiəʔ²²	ʑiəʔ²²	ɕieʔ²	seʔ²²	seiʔ³
族通	zəʔ²²	zəʔ²²	səuʔ⁵	tsuʔ²²	tsɔuʔ³

苍南蛮话和泰顺蛮讲内部的差异主要是音值上的差异，下面我们分别比较苍南蛮话的内部差异和泰顺蛮讲的内部差异。

2. 苍南蛮话内部差异

苍南蛮话分为"南向腔"和"北向腔"，二者之间的差异不大。"南向腔"和"北向腔"在音类上的差异主要表现在声母和韵母上，声调基本没什么区别；二者在音值上的差异较明显，主要表现在韵母上，"北向腔"在地域上更靠近南部瓯语，受瓯语的影响更甚，在音值上也更接近瓯语。

（1）"南向腔"不分尖团，"北向腔"部分分尖团。例如：

"南向腔"	"北向腔"
椒 =骄 tɕieu⁴⁴	椒 tsieu⁴⁴ ≠骄 tɕyø⁴⁴
精 =京 tɕieŋ⁴⁴	精 tsieŋ⁴⁴ ≠京 tɕioŋ⁴⁴
节 =结 tɕiəʔ⁴⁵	节 =结 tɕiəʔ⁴⁵
戚 =吃~亏 tɕʰiəʔ⁴⁵	戚 =吃~力 tɕʰiəʔ⁴⁵
修 =休 ɕieu⁴⁴	修 sieu⁴⁴ ≠休 ɕiɑu⁴⁴
需 =虚 ɕy⁴⁴	需 =虚 ɕy⁴⁴
箱 =香 ɕiɔ̃⁴⁴	箱 =香 ɕiɔ̃⁴⁴

（2）"南向腔"止摄开口三等精组和见晓组一般都读 ts 组，其韵母为〔ɿ〕，与章组同音。"北向腔"止摄开口三等精组都读 ts 组，与章组相同，而见晓组一般都读 tɕ 组。例如：

"南向腔"	"北向腔"
资脂精=脂脂章 =肌脂见 tsɿ⁴⁴	资脂精=脂脂章 tsɿ⁴⁴ ≠肌脂见 tɕi⁴⁴
丝之心=诗之书=熙之晓 sɿ⁴⁴	丝之心=诗之书 sɿ⁴⁴ ≠熙之晓 ɕi⁴⁴
子之精=己纪之见=止之章 tsɿ⁴⁵	子之精=止之章 tsɿ⁴⁵ ≠己纪之见 tɕi⁴⁵
四脂心=戏支晓 sɿ⁴²	四脂心 si⁴² ≠戏支晓 sɿ⁴²
记之见=志痣之章 tsɿ⁴²	记之见 tɕi⁴² ≠志痣之章 tsɿ⁴²
起之溪=齿支昌 tsʰɿ⁴⁵	起之溪 tɕʰi⁴⁵ ≠齿支昌 tsʰɿ⁴⁵

（3）果摄开口一等歌韵和合口一等戈韵帮组部分字，"南向腔"读作〔o〕韵，"北向腔"则读作〔uɔ〕韵或〔u〕韵。例如：

"南向腔"	"北向腔"
拖 tʰo⁴⁴	拖鞋~ tʰuɔ⁴⁴
大形容词 do²²	大形容词 duɔ²²
我 o⁴⁵	我 uɔ⁴⁵
磨~刀 mo²¹³	磨~刀 mu²¹³
磨名词 mo²²	磨名词 mu²²

（4）假摄二等麻韵"南向腔"读作［o］韵，"北向腔"读作［uɔ］韵。例如：

"南向腔"	"北向腔"
把 po⁴⁵	把 puɔ⁴⁵
爬 bo²¹³	爬 buɔ²¹³
茶 dzo²¹³	茶 dzuɔ²¹³
沙 so⁴⁴	沙 suɔ⁴⁴
家 ko⁴⁴	家 kuɔ⁴⁴
瓜 ko⁴⁴	瓜 kuɔ⁴⁴
花 ho⁴⁴	花 huɔ⁴⁴

（5）假摄开口三等麻韵"南向腔"基本读作［i］韵，"北向腔"除读［i］韵外，还读作［iɛ］韵，且读［iɛ］韵的多为常用字。例如：

"南向腔"	"北向腔"
借 tɕi⁴²	借 tɕiɛ⁴²
写 ɕi⁴⁵	写 ɕiɛ⁴⁵
赊 ɕi⁴⁴	赊 ɕiɛ⁴⁴
遮 tɕi⁴⁴	遮 tɕi⁴⁴
谢 zi²²	谢 zi²²
麝 ʑi²¹³	麝 ʑi²¹³
夜 i²²	夜 i²²

（6）蟹摄开口一等咍韵有文白两个层次，"南向腔"白读层主要读作［aø］韵，文读层读作［e］韵。"北向腔"白读层主要读作［ø］韵，文读层读作［ɛ］韵。例如：

"南向腔"		"北向腔"	
白读层	文读层	白读层	文读层
宰 ~相 tsa⁴⁵	宰 屠~ tse⁴⁵	海大~ hø⁴⁵	海刘~ hɛ⁴⁵
财发~ dza²¹³	财 ~主 dze²¹³		
裁 ~缝 za²¹³	裁 ~衣 ze²¹³		
再 tsø⁴²	再 tse⁴²		

（7）"蟹摄开口一等泰韵和二等皆佳韵的少数字，南向腔"读作〔o〕韵，"北向腔"读作〔uɔ〕韵。例如：

"南向腔"	"北向腔"
带海 ~ to⁴²	带 ~ 子 tuɔ⁴²
债 tso⁴²	债 tsuɔ⁴²
晒 so⁴²	晒 suɔ⁴²
佳 ko⁴⁴	佳 kuɔ⁴⁴

（8）"南向腔"蟹摄开口四等齐韵端精组读作〔a〕韵的字在"北向腔"中读作〔ɛ〕韵。例如：

"南向腔"	"北向腔"
脐 dza²¹³	脐 zɛ²¹³
婿 sa⁴²	婿 sɛ⁴²

（9）止摄开口脂之韵庄章组少数字"南向腔"读作〔a〕韵，"北向腔"读作〔ɛ〕韵。例如：

"南向腔"	"北向腔"
屎 sa⁴⁵	屎 sɛ⁴⁵
治 ~ 鱼 da²²	治 ~ 鱼 dɛ²²
事物 ~ za²²	事物 ~ zɛ²²

（10）效摄一等豪韵，"南向腔"读作〔ɑu〕或〔ɔ〕韵，少数字有〔ɑu〕、〔ɔ〕两读；"北向腔"读作〔ɑu〕、〔ɔ〕或〔ɛ〕韵，少数字有〔ɑu〕、〔ɛ〕或是〔ɔ〕、〔ɛ〕两读。例如：

"南向腔"	"北向腔"
毛 mɑu²¹³ ~ mɔ²¹³	讨 tʰɑu⁴⁵ ~ tʰɛ⁴⁵
讨 tʰɑu⁴⁵ ~ tʰɔ⁴⁵	糟 tsɑu⁴⁴ ~ tsɛ⁴⁴
糟 tsɑu⁴⁴ ~ tsɔ⁴⁴	暴 bɔ²² ~ bɛ²²
糕 kɑu⁴⁴ ~ kɔ⁴⁴	淘 dɔ²¹³ ~ dɛ²¹³
豪 hɑu²¹³ ~ hɔ²¹³	告 kɔ⁴² ~ kɛ⁴²

（11）流摄一等侯韵、三等尤韵的少数字"南向腔"读作［ɔ］韵，"北向腔"读作［ɛ］韵。例如：

"南向腔"	"北向腔"
头 dɔ²¹³	头 dɛ²¹³
楼 lɔ²¹³	楼 lɛ²¹³
钩沟 kɔ⁴⁴	钩沟 kɛ⁴⁴
流 ~水 lɔ²¹³	流 ~水 lɛ²¹³
昼日 ~ tɔ⁴²	昼日 ~ tɛ⁴²
臭 tsʰɔ⁴²	臭 tsʰɛ⁴²
九 kɔ⁴⁵	九 kɛ⁴⁵

（12）咸摄一等覃韵"南向腔"基本上都读作［e］韵，"北向腔"读作［ai］、［a］或［ø］韵。例如：

"南向腔"	"北向腔"
潭谭 de²¹³	潭谭 dø²¹³
南男 ne²¹³	南男 nai²¹³
簪 tse⁴⁴	簪 tsø⁴⁴ ~ tsai⁴⁴
蚕 ze²¹³	蚕 zø²¹³
感 ke⁴⁵	感 ka⁴⁵
含 ge²¹³	含 ga²¹³ ~ ø²¹³
暗 e⁴²	暗 ai⁴²

（13）山摄开口一等寒韵和合口一等桓末韵帮组"南向腔"主要读作［e］韵，"北向腔"主要读作［a］或［ø］韵。例如：

"南向腔"	"北向腔"
旦 te⁴²	旦 ta⁴²
滩摊 tʰe⁴⁴	滩摊 tʰa⁴⁴
赞 tse⁴²	赞 tsa⁴²
半 pe⁴²	半 pa⁴²
潘姓 pʰe⁴⁴	潘姓 pʰø⁴⁴
盘 be²¹³	盘 bø²¹³
满 me⁴⁵	满 ma⁴⁵

（14）臻摄三等"南向腔"读作［iɔŋ］韵的字，"北向腔"读作［ioŋ］韵。例如：

"南向腔"	"北向腔"
巾=均谆韵军文韵tɕiɔŋ⁴⁴	巾=均谆韵军文韵tɕioŋ⁴⁴
银 n.iɔŋ²¹³	银 n.ioŋ²¹³
忍 n.iɔŋ⁴⁵	忍 n.ioŋ⁴⁵
斤筋 tɕiɔŋ⁴⁴	斤筋 tɕioŋ⁴⁴
近 =郡文韵dʑiɔŋ²²	近 =郡文韵dʑioŋ²²

（15）梗摄开口三四等庚清青韵的部分字白读音"南向腔"读作［ã］或［iã］韵，"北向腔"读作［a］或［iɛ］韵。例如：

"南向腔"	"北向腔"
平坪 bã²¹³	平坪 ba²¹³
命 miã²²	命 miɛ²²
井 tsã⁴⁵	井 tsa⁴⁵
姓 sã⁴²	姓 sa⁴²
饼 piã⁴⁵	饼 piɛ⁴⁵
声 ɕiã⁴⁴	声 ɕiɛ⁴⁴
青 tsʰã⁴⁴	青 tsʰa⁴⁴
听 tʰiã⁴⁴	听 tʰiɛ⁴⁴

（16）通摄"南向腔"读作［ɔŋ］韵的字，"北向腔"读作［oŋ］韵。例如：

"南向腔"	"北向腔"
虫东三=同东一dɔŋ²¹³	虫东三=同东一doŋ²¹³
终东三钟钟=棕东一tsɔŋ⁴⁴	终东三钟钟=棕东一tsoŋ⁴⁴
众东三=棕东一tsɔŋ⁴²	众东三=棕东一tsoŋ⁴²

3. 泰顺蛮讲内部差异

泰顺蛮讲分为"南蛮讲"和"北蛮讲",二者之间的差异也不大。"南蛮讲"和"北蛮讲"在音类上的差异主要表现在声母和韵母上,声调基本没什么区别;二者在音值上的差异较明显,主要表现在韵母上,"北蛮讲"更靠近南部瓯语,受瓯语的影响更甚,在音值上也更接近瓯语。

(1)"南蛮讲"没有浊音声母,北蛮讲则有浊音声母〔v〕。

(2)"南蛮讲"部分分尖团,"北蛮讲"不分尖团。例如:

"南蛮讲"	"北蛮讲"
济 tɕiɛ⁵³ ≠ 计 kiɛ⁵³	济 =计 tɕie⁵³
椒 tɕiɛu¹³ ≠ 骄 kiɛu¹³	椒 =骄 tɕiɛu¹³
精 tɕieŋ¹³ ≠ 京 kieŋ¹³	精 =京 tɕieŋ¹³
节 tɕiɛ?⁴⁵ ≠ 结 kiɛ?⁴⁵	节 =结 tɕiɛ?⁵
修 =休 ɕieu¹³	修 =休 ɕiou¹³
需 =虚 ɕy¹³	需 =虚 ɕy¹³
箱 =香 ɕiɔŋ¹³	箱 =香 ɕiɔ̃¹³

(3)"南蛮讲"止摄开口三等精组一般都读 ts 组,章组一般都读 tɕ 组,见组一般都读 k 组,均不同音。"北蛮讲"止摄开口三等精组和见晓组一般都读 ts 组,韵母为〔ʅ〕,与章组同音。例如:

"南蛮讲"	"北蛮讲"
滋之精tsu¹³ ≠ 芝之章tɕiɛ¹³ ≠ 基之见ki¹³	资脂精 =脂脂章 =肌脂见tsʅ¹³
撕支心su¹³ ≠ 施支书ɕiɛ¹³ ≠ 牺支晓ɕi¹³	丝之心 =诗之书 =熙之晓sʅ¹³
子之精tsu³⁵ ≠ 己纪之见ki³⁵ ≠ 止之章tɕi³⁵	子之精 =己纪之见 =止之章tsʅ²⁴
记之见ki⁵³ ≠ 志之章tɕi⁵³	记之见 =志之章tsʅ⁵³
齿脂见ki³⁵ ≠ 几茶~·脂章tɕi³⁵	起之溪 =齿之昌tsʰʅ²⁴

(4)果摄开口一等歌韵和合口一等戈韵帮组部分字,"南蛮讲"读作〔ua〕或〔ɔ〕韵,"北蛮讲"读作〔a〕或〔ou〕韵。例如:

"南蛮讲"	"北蛮讲"
我 ua³⁵	我 ŋa²⁴
磨 ~刀 mua³⁵¹	磨 ~刀 ma⁴²
磨名词 mɔ²²	磨名词 ma²²
驮拿 tɔ³⁵¹	驮拿 tou⁴²
鹅 ŋɔ³⁵¹	鹅 ŋou⁴²

（5）果摄合口一等戈韵（除帮组以外）"南蛮讲"多数读作［ɔ］或［uɔ］韵，"北蛮讲"读作［ou］韵。例如：

"南蛮讲"	"北蛮讲"
朵 tɔ³⁵	朵 tou²⁴
糯 nɔ²²	糯 nou²²
锁 sɔ³⁵	锁 sou²⁴
果裹 kuɔ³⁵	果裹 kou²⁴
货 huɔ⁵³	货 hou⁵³

（6）果摄合口一等戈韵（除帮组以外）部分字"南蛮讲"读［ɔi］韵，"北蛮讲"读作［uə］韵。例如：

"南蛮讲"	"北蛮讲"
螺 lɔi³⁵¹	螺 luə⁴²
胴 lɔi³⁵¹	胴 luə⁴²
坐座 sɔi²²	坐座 suə²²
火 hɔi³⁵	火 fuə²⁴

（7）遇摄一等模韵和三等鱼虞韵精庄组的部分字"南蛮讲"读作［u］韵，"北蛮讲"读作［ʅ］韵。例如：

"南蛮讲"	"北蛮讲"
租 tsu¹³	租 tsʅ¹³
粗 tsʰu¹³	粗 tsʰʅ¹³
苏酥 su¹³	苏酥 sʅ¹³

"南蛮讲"	"北蛮讲"
阻 tsu³⁵	阻 tsʅ²⁴
楚础 tsʰu³⁵	楚础 tsʰʅ²⁴
疏蔬 su¹³	疏蔬 sʅ¹³
数动词数名词su⁵³	数动词数名词sʅ⁵³

（8）遇摄三等部分字"南蛮讲"读作［e］或［yɛ］韵，"北蛮讲"读作［əu］或［yəu］韵。例如：

"南蛮讲"	"北蛮讲"
初 tsʰe¹³	初 tɕʰyəu¹³
梳 se¹³	梳 ɕyəu¹³
去 kʰyɛ⁵³	去 tɕʰyəu¹³
于 yɛ¹³	于 yəu¹³
主 tɕye³⁵	主 tɕyəu²⁴
输~赢ɕyɛ¹³	输~赢ɕyəu¹³

（9）蟹摄一等部分字"南蛮讲"读作［ɔi］韵，"北蛮讲"读作［uə］韵。例如：

"南蛮讲"	"北蛮讲"
袋 tɔi²²	袋 tuə²²
猜 tsʰɔi¹³	猜 tsʰuə¹³
海 hɔi³⁵	海 fuə²⁴
杯 pɔi¹³	杯 puə¹³
每 mɔi³⁵	每 muə²⁴
罪 tsɔi²²	罪 suə²²

（10）蟹摄开口四等部分口语字"南蛮讲"读作［iɛ］韵，"北蛮讲"读作［e］或［ie］韵。例如：

"南蛮讲"	"北蛮讲"
剃 tʰiɛ⁵³	剃 tʰe⁵³
弟 tʰiɛ²²	弟 te²²
隶 tiɛ²²	隶 te²²
鸡 kiɛ¹³	鸡 tɕie¹³
计 kiɛ⁵³	计 tɕie⁵³

（11）咸山摄一等入声韵"南蛮讲"基本上都读作［aʔ］或［uaʔ］韵，主要元音与同摄阳声韵相同；"北蛮讲"读作［ɛʔ］韵，主要元音与同摄阳声韵不同。例如：

"南蛮讲"	"北蛮讲"
潭谭 tʰaŋ³⁵¹	潭谭 tʰã⁴²
答搭 taʔ⁴⁵	答搭 tɛʔ⁵
谈痰 taŋ³⁵¹	谈痰 tã⁴²
塔 tʰaʔ⁴⁵	塔 tʰɛʔ⁵
兰栏 laŋ³⁵¹	旦 tã⁵³
辣 laʔ²²	辣 lɛʔ²
半 puaŋ⁵³	半 pã⁵³
钵拨 puaʔ⁴⁵	钵拨 pɛʔ⁵

（12）山摄合口三等元韵见晓组"南蛮讲"主要读作［uɔŋ］韵，"北蛮讲"读作［uə］韵。例如：

"南蛮讲"	"北蛮讲"
元原源 uɔŋ³⁵¹	元原源 ŋuə⁴²
园 huɔŋ³⁵¹	园 huə⁴²
远 huɔŋ²²	远 huə²²

（13）宕摄开口一等铎韵和江摄觉韵的部分字"南蛮讲"读作舒声的［ɔ］韵；"北蛮讲"读作［ou］韵。例如：

"南蛮讲"	"北蛮讲"
薄 pɔ²²	薄 pou²²
索 sɔ⁵³	索 sou⁵³
桌 tɔ⁵³	桌 tou⁵³
角牛 ~ kɔ⁵³	角牛 ~ kou⁵³

（14）通摄部分字"南蛮讲"读作〔uŋ〕或〔ɛŋ〕韵，"北蛮讲"读作〔əŋ〕韵。例如：

"南蛮讲"	"北蛮讲"
虫东三 tʰɛŋ³⁵¹	虫东三 tʰəŋ⁴²
重形容词·钟 tɕɛŋ²²	重形容词·钟 tɕəŋ²²
终东三钟钟 =棕东一 tsuŋ¹³	终东三钟钟 =棕东一 tsəŋ¹³
众东三 =棕东一 tsuŋ⁵³	众东三 =棕东一 tsəŋ⁵³

第 三 章
蛮话声母研究

本章我们根据声母发音部位和发音方法的不同分为四组进行讨论，分别为：古全浊声母、唇音声母、舌齿音声母和牙喉音声母。各部分的讨论主要集中在声母的演变过程和原因，辅以层次分析。

一 古全浊声母

中古全浊声母的音韵构拟大致如表 3.1，此以李方桂（1998）为例：

表 3.1 古全浊声母的拟音

	並	奉	定	澄	群	匣	从	崇	邪	船	禅
上古音	* b		* d		* g		* dz		* r（j）	* d（j） |	* g（j）
中古音	* b	（* v）	* d	* ɖ	* g	* ɣ	* dz	* dʐ	* z	* dʑ	* ʑ

中古全浊声母的读音在现代各方言中变化不一。对中古全浊声母在现代方言里的演变，杨秀芳（1989）、许宝华（1991）等都做过论述。根据杨秀芳（1989）的研究，古全浊声母在现代汉语方言中的读音有七种主要类型：

（1）全部清化。塞音塞擦音平声送气、仄声不送气——官话方言；

（2）全部清化。塞音塞擦音平仄皆送气——客赣语；

（3）全部清化。塞音塞擦音平仄皆不送气——新湘语；

（4）全部清化。塞音塞擦音多数不送气，少数送气，无条件可循——闽语、徽州方言；

（5）全部清化。塞音塞擦音平上送气、去入不送气——粤方言；

（6）单字音"清音浊流"，连读后字弱读时带音——吴语；

（7）部分读带音，部分清化——老湘语。

蛮话处于吴语和闽语的交界地带，全浊声母的演变兼具吴语和闽语的特点。下文我们进行具体分析。

（一）古全浊声母的今读

1. 古全浊声母在蛮话中的具体读音

根据《切韵》音系，中古全浊声母包括"並奉定澄群匣从崇邪船禅"十一个声母。蛮话各代表点古全浊声母的读音情况见表 3.2。

表 3.2　　　　　　　　　　蛮话各代表点古全浊声母的读音情况

	海城	芦浦	筱村	雅阳	江根
並	b	b	p|pʰ	p|pʰ	p|pʰ
奉	v|h|b	v|f|h|b	f|h|p|pʰ	h|p|pʰ	h|p|pʰ
定	d	d	t|tʰ	t|tʰ	t|tʰ
澄	dʑ|dʐ|d	dʑ|dʐ|d	tɕ|t|ts|tʰ	t|tɕ|ts|tʰ	t|ts|tɕ|tʰ
群	dʑ|dʐ|g	dʑ|dʐ|g	tɕ|ts|k|kʰ	k|kʰ	k|kʰ|tɕ
匣	Ø|v|h|g	Ø|v|h|g	Ø|v|f|h|k|kʰ	Ø|h|k|kʰ	Ø|h|k|kʰ
从	z|ʐ|dʐ	z|ʐ|dʑ|dʐ	s|ɕ|tɕ|ts	ts|tɕ|s|ɕ	ts|tɕ|s
崇	z|dʐ	dʐ|z|dʑ	ts|s	ts|tsʰ|s	ts|s
邪	ʐ|z	ʐ|z	ɕ|s|tɕʰ	ɕ|s|tɕʰ	ɕ|s
船	ʐ|z	ʐ|z	ɕ	ɕ|s	s|ɕ
禅	ʐ|z|dʑ|dʐ	ʐ|z|dʑ	ɕ|s	ɕ|s	ɕ|s

注：声母有多种语音的情况，根据辖字由多到少排列。

从表 3.2 的读音来看，我们可以把古全浊声母在蛮话中的演变分为两类：一是古全浊声母今读浊音声母，与吴语类似，如芦浦、海城等点。我们称之为"吴语型"。二是古全浊声母全部清化，多数读为不送气清音，少数读为送气清音，没有规律可循，且读送气清音的字在各点基本相同，与今闽语的情况类似，如雅阳、筱村、江根等点。我们称之为"闽语型"。

2. "吴语型"古全浊声母的演变

（1）"並定群"母

表3.3　　　　　　　　　　"並定群"母今读

	婆並	被名·並	洞定	头定	骑群	轿群	柜群
海城	bu²	bø⁶	doŋ⁶	dɛ²	dʑi²	dʑieu⁶	guai⁶
芦浦	bu²	bø⁶	dɔŋ⁶	dɔ²	dʑʅ²	dʑieu⁶	guai⁶

"並定"二母基本都读浊塞音［b］［d］，"群"母大部分字已经腭化，读作［dʑ］，还有少数字读作塞音［g］。

（2）"奉匣"母

表3.4　　　　　　　　　　"奉匣"母今读

	扶奉	凤奉	浮奉	胡匣	害匣	咸~淡·匣	汗匣
海城	vu²	hoŋ⁶	bu²	vu²	hɛ⁶	a²	ga⁶
芦浦	vu²	hɔŋ⁶	bu²	vu²	ha⁶	e²	ge⁶

"奉"母除读作重唇的［b］外，基本读作浊擦音［v］和清擦音［h］；"匣"母大部分字读作清擦音［h］或零声母，也有一部分字读作浊擦音［v］。

（3）"从邪澄崇船禅"母

表3.5　　　　　　　　　　"从邪澄崇船禅"母今读

	坐从	墙从	徐邪	词邪	茶澄	赵澄
海城	zø⁶	ʑiɛ²	zi²	zʅ²	dʐuɔ²	dʑyø⁶
芦浦	zø⁶	ʑiã²	zy²	zʅ²	dʐɔ²	dʑieu⁶
	锄崇	床崇	神船	食吃·船	是禅	城禅
海城	dʐu²	ʑiɔ²	zeŋ²	ʑiɛ⁶	zi⁶	ʑiɛ²
芦浦	dʑy²	dʑiɔ̃²	ʑieŋ²	ʑiaʔ⁸	zʅ⁶	ʑiã²

"从邪船禅"母基本读作浊擦音［z ʑ］；"澄崇"母则大部分读作浊塞擦音［dʐ dʑ］，少数读作浊擦音［z ʑ］。

3. "闽语型"古全浊声母的演变

（1）"並定群"母

表3.6 "並定群"母今读

	婆並	被名·並	洞定	头定	骑群	轿群	柜群
筱村	pou²	pʰuə⁶	təŋ⁶	tʰau²	tʂʅ²	tɕiɛu⁶	kue⁶
雅阳	pɔ²	pʰɔi⁶	tuŋ⁶	tʰau²	kʰi²	kiɛu⁶	kue⁶
江根	po¹	pʰe⁶	tɔŋ⁶	tʰau²	ki²	kiau⁶	kue⁶

"並定群"母全部清化,"並"母清化后读作[p pʰ],"定"母清化后读作[t tʰ],"群"母清化后基本读作[k kʰ],而筱村则有进一步的演变。

（2）"奉匣"母

表3.7 "奉匣"母今读

	扶奉	妇奉	浮奉	胡匣	河匣	咸~淡·匣	环匣
筱村	hu⁶	pu⁶	pʰu²	hu²	ou²	kɛ̃²	
雅阳	hu¹	pu⁶	pʰu²	hu²	ɔ²	kɛŋ²	kʰuaŋ²
江根	hu²	pu⁶	pʰu²	hu²	ho²	kɛ̃²	

"奉"母清化后基本读作[h],少数读作重唇音,也清化为[p pʰ];"匣"母清化后基本读作[h]或零声母,少数字读作舌根清塞音[k kʰ]。

（3）"从邪澄崇船禅"母

表3.8 "从邪澄崇船禅"母今读

	坐从	墙从	徐邪	词邪	茶澄	赵澄
筱村	suə⁶	tɕʰiɔ̃²	ɕy²	sʅ²	ta²	tɕiɛu⁶
雅阳	sɔi⁶	tɕʰiɔŋ²	ɕy²	su²	ta²	tɕiɛu⁶
江根	sue⁶	tɕʰiɔ̃²	ɕy²	sʅ²	ta²	tɕiau⁶
	锄崇	床崇	神船	食吃·船	是禅	城禅
筱村	ty²	tsʰɔ̃²	ɕieŋ²	ɕia⁶	ɕie⁶	ɕiã²
雅阳	tʰy²	tsʰɔŋ²	seŋ²	ɕia⁶	ɕie⁶	ɕiaŋ²
江根	tʰy²	tsʰɔ̃²	seŋ²	ɕia³	si⁶	ɕiã²

据表3.8，"从"母除筱村外基本读作清化的塞擦音［tɕʰ］，少数字读作清擦音［sɕ］，筱村则是主要读作清擦音［sɕ］；"邪"母基本读作清擦音［ɕs］，少数字读作清塞擦音［tɕʰ］；"澄"母部分读作清塞音［t tʰ］，部分读作清塞擦音［tɕ tɕʰ］；"崇"母基本读作清塞擦音［tɕ tɕʰ］；"船禅"母基本读作清擦音［sɕ］。

（二）"闽语型"古全浊声母清化的规律

我们现在所得出的一些"浊音清化"的结论是通过文献记载和方言现状推断的一个大概情况。杨秀芳（1989）认为历史上纵向的语音变化，是每一个时代横断面"语音游离"和"语音重组"累积的结果。因此，所谓的"浊母清化"，就是声母清浊音类的历次重组，若要了解"浊音清化"的规律，必须从发生"浊母清化"以后的每个时间横断面来考察。虽然有一些材料可以大约看出清浊声母在当时重组的情况，但是要想追究历史上每个横断面的重组情况则几乎无法做到。

对"浊音清化"的次序，学者们各有观察，所得结论总的来说有两条：以声母为条件和以声调为条件。夏俐萍（2012）考察官话浊音清化，得出官话方言古全浊声母清化时，在声类、调类之间体现出不平衡性。声类方面，浊擦音的清化早于浊塞音浊塞擦音，这也是汉语方言古全浊声母清化的共性。调类方面，官话方言以声调的平仄为顺序清化，浊声母平声字先清化，浊声母仄声字后清化，这与官话方言古全浊声母平声字和仄声字的调值高低有关。曹志耘（2002：25）在考察南部吴语古全浊声母的清化过程时，得出结论："在一个方言里，如果古全浊声母系统是部分地发生了清化，从声母的类别来看，最先清化或者说最容易清化的是浊擦音声母，其次是浊塞擦音声母，而浊塞音声母的变化速度是最缓慢的。"辛世彪（2001）考察汉语方言浊音的清化情况后总结浊音清化的三种类型：以发音方法为条件，以声调为条件，以字类为条件。我们认为以字类为条件是作者没有严格区别文白异读而得出的错误条件，事实上也是一种以声母为条件的清化次序。

闽语全浊声母清化后读送气清音还是不送气清音没有明显的规律，大部分字读作不送气清音，少部分字读作送气清音。关于闽语中全浊声母清化后读作送气清音和不送气清音的性质，现在多数学者认为是不同层次造成的，而不是像官话那样，全浊声母清化后由于声调的平仄分化为送气和不送气。

余霭芹（1976）分析闽语古全浊声母一字两读时发现不送气清音多数与白读韵母结合，送气清音则与文读韵母结合，据此推论不送气清音的层次早于送气清音的层次，前者反映古老的侗台语底层。李如龙（1985）也赞成层次异读的说法，但该文根据大量词汇的对比统计，认为送气清音的层次早于不送气清音的层次，两者都是北方汉语层次，但是进入闽地的时间不同，读送气清音来自较早时期，当时北方汉语全浊声类可能带有送气成分，而读不送气清音的字来自稍晚时期，北方汉语全浊声类已失去送气成分。丁邦新（1998）根据梵文对音资料发现中古汉语浊塞音有从不送气到送气的变化，推测闽地早期北方移民带入不送气的全浊声类，晚期北方移民则带入送气的全浊声类，两者清化后分别读同全清、次清。杜佳伦（2013）则辨析出闽语中存在四个层次：A. 文读层；B. 浊音白读层；C. 不送气的清音白读层；D. 送气的清音白读层。各个层次来源不同：文读层的音韵特点符合唐宋以来的音韵发展；浊音白读层反映自秦汉以来由北方引进的音韵系统；不送气的清音白读层反映南朝江东地区的音韵系统；送气的清音白读层则反映闽地非汉语底层的母语音韵干扰。我们比较赞成闽语中的全浊声母清化后读作送气清音和不送气清音是层次的不同的说法，并且送气清音的层次早于不送气清音的层次。

"闽语型"蛮话的全浊声母清化后，与闽语清化后的情况相似。蛮话"闽语型"全浊声母主要分布于泰顺、庆元地区，这些点的全浊声母基本都已清化，清化后大多数字读作不送气清音，少数字读作送气清音。由于读作送气清音的字较少，我们将读作送气清音的字按声母和声调的不同全部列举于表3.9。如：

表3.9　　　　　　　　古全浊声母今读送气清音情况

古调	今读	筱村	雅阳	江根
平声	pʰ	皮嫖藻浮彭膨蓬	皮疲嫖藻浮膨	皮疲脾袍嫖瓢藻浮彭膨
	tʰ	苔啼槌锤桃头绸潭谭橼糖虫	涂锄槌锤桃萄头绸稠潭谭橼糖虫	锄提啼持槌锤桃淘陶萄涛头绸稠筹酬潭谭团橼糖虫
	tsʰ	柴床塍	柴愁床塍	柴床塍
	tɕʰ	斜蚕钳墙	邪斜囚蚕墙	墙潜
	kʰ		骑求球钳岑琴禽擒环门~芹群	钳岑琴芹

续表

古调	今读	筱村	雅阳	江根
上声	pʰ	被~子	被~子皁奉	被~子皁
	tʰ	柱杖挺艇	柱弟	柱挺艇
	tsʰ	柿市		市
	tɕʰ	徛像象	市像象	
	kʰ	臼	徛柿臼	徛柿臼舰菌强勉~
去声	pʰ	佩鼻	稗鼻判	稗鼻佩
	tʰ	稗	蛇	
	tsʰ	树饲	树	树示饲
	tɕʰ	匠	饲匠	
	kʰ	溃		
入声	pʰ		曝	曝
	tʰ	叠读值宅	叠突	值突
	tsʰ	贼	凿贼	凿贼
	tɕʰ	席	席	席

从表 3.9 我们可以观察到以下几点：

（1）从声调来看，平声读作送气清音的字数远远多于其他三声。

（2）从声母来看，读作塞音的送气清音字比塞擦音要多。

（3）从各点读作送气清音的字来看，多数都比较一致，且多为口语用字。

上述三个特点，与闽语中全浊声母读作送气清音的特点比较一致。

我们将"闽语型"各点读作送气清音的字与"吴语型"蛮话点，福州、寿宁等闽东方言以及平阳、温州等瓯语进行比较。如：

表 3.10　　　"闽语型"古全浊声母今读送气清音与周边方言比较

例字	闽东方言		"闽语型"蛮话			"吴语型"蛮话		吴语	
	福州	寿宁	雅阳	筱村	江根	芦浦	海城	平阳	温州
皮並	pʰui²		pʰɔi²	pʰuə²	pʰe²	bø²/bi²	bø²/bi²	bi²	bei²
浮並	pʰu²	pʰu²	pʰu²	pʰu²	pʰu²	bu²/fu²	bu²/vu²	vœ²	vøy²
桃定	tʰo²	tʰɔ²	tʰɔ²	tʰou²	tʰo²	dɑu²	dɑu²	dæ²	dʒ²

续表

例字	闽东方言		"闽语型"蛮话			"吴语型"蛮话		吴语	
	福州	寿宁	雅阳	筱村	江根	芦浦	海城	平阳	温州
头定	tʰau²		tʰau²	tʰau²	tʰau²	dɔ²	dɛ²	deu²	dɣu²
糖定	tʰouŋ²		tʰɔŋ²	tʰɔ̃²	tʰɔ̃²	dɔ̃²	do²	do²	duɔ²
虫定	tʰøyŋ²	tʰoŋ²	tʰɛŋ²	tʰəŋ²	tʰɔŋ²	doŋ²/dʑioŋ²	doŋ²	dʑiøŋ²	dʑoŋ²
床崇	tsʰouŋ²	tsʰoŋ²	tsʰɔŋ²	tsʰɔ̃²	tsʰɔ̃²	dʑɔ̃²	ziɔ²	zyo²	jyɔ²
墙从	tsʰuoŋ²		tɕʰiɔŋ²	tɕʰiɔ̃²	tɕʰiɔ̃²	ziã²	ziɛ²	zie²	ji²
骑群	kʰia²		kʰi²	tsʅ²	ki²	dʑʅ²	dʑi²	dʑi²	dʑʅ²
被~子·并	pʰui⁶	pʰuoi⁶	pʰɔi⁶	pʰuə⁶	pʰe⁶	bø⁶	bø⁶	bi⁴	bei⁴
柱定	tʰiu⁶	tʰiu⁶	tʰieu⁶	tʰiou⁶	tʰiou⁶	dieu⁶/dʑy⁶	dieu⁶/dʑy⁶	dʑy⁴	dʑʅ⁴
市禅	tsʰi⁶	tsʰi⁶	tɕʰi⁶	tsʰʅ⁶	tsʰi⁶	zʅ⁶	zʅ⁶	zʅ⁴	zʅ⁴
稗并	pai⁶~官	pʰɛ⁵	pʰe⁵	tʰe⁵	pʰe⁵	pʰai⁵	pʰai⁵	ba²	ba⁶
鼻并	pʰi⁵	pʰi⁵	pʰi⁵	pʰi⁵	pʰi⁵	biəʔ⁸	pʰi⁵/biəʔ⁸	bi⁸	bei⁸
树禅	tsʰiu⁵		tsʰa²	tsʰa⁵	tsʰa²	tɕʰieu⁵/zy⁶	tsʰieu⁵/zy⁶	zy⁶	zʅ⁶
值定	tiʔ⁸	ti⁻³³~钱		tʰeʔ⁸	tʰeiʔ⁸	diəʔ⁸/dʑiəʔ⁸	dʑiəʔ⁸	dʑi⁸	dʑei⁸
贼从	tsʰeiʔ⁸		tsʰɛʔ⁸	tsʰɛʔ⁸	tsʰɛʔ⁸	zəʔ⁸	zəʔ⁸	ze⁸	ze⁸
席邪	tsʰuoʔ⁸		tɕʰyeʔ⁶	tɕʰyəu⁶	tɕʰye³	yʔ⁶/ziəʔ⁸	zy⁶/ziəʔ⁸	zi⁸	zei⁸

从表 3.10 我们可以很容易发现，这些字不但在"闽语型"蛮话各点和闽东方言中都读作送气清音，而且连声韵调的配置都是惊人的一致。而"吴语型"蛮话中，这些字都可读作浊音，且有较多文白异读现象。从"吴语型"蛮话的文白异读中，我们发现，"吴语型"蛮话这些字的白读音虽然多数读浊音，但是声韵调的配置与闽语相似，而文读音同吴语平阳、温州等地非常接近。如海城的"浮"白读［bu²］，文读［vu²］；芦浦的"柱"白读［dieu⁶］，文读［dʑy⁶］等。

从这个角度来说，我们可以得到蛮话和闽语的关系更为密切的结论。虽然"吴语型"蛮话中的全浊声母现在还读作浊音声母，跟吴语相同，但是在"吴语型"蛮话的文白异读中，还有一种现象，即白读送气清音，文读浊音。从这些字的白读音中，我们也可以窥见，即使"吴语型"蛮话的古全浊声母今读浊音，这种读法应该不是这些方言固有的，而是从吴语中借过来的。

（三）"吴语型"浊音声母的性质

蛮话"吴语型"浊音声母主要分布于浙江省苍南县的金乡、钱库和龙港等地区。颜逸明（1981）和傅佐之（1984）都认为应该将苍南蛮话归入吴语系统。郑张尚芳（1984）认为平阳蛮话（今苍南蛮话）的闽语性质更明显。温端政（1991：23—28）虽然没有详细讨论，但还是认为蛮话的底层是闽语。丁邦新（1988）和潘悟云（1992）都认为蛮话的白读层更接近闽语，而文读层则更接近吴语。游汝杰（2004：113—121）认为蛮话是一种过渡方言，是不同方言相互接触和交融的产物。秋谷裕幸（2005：259—260）指出苍南蛮话与泰顺蛮讲为浙江境内的闽东方言，并且提出了"蛮话片"的概念。从已有研究来看，多数学者倾向于认为苍南蛮话是一种闽语，我们也认同这一观点。

1. 苍南蛮话古全浊声母今读浊音的特点

颜、傅两位先生认为苍南蛮话应当归属吴语，其最主要的理由是苍南蛮话的古全浊声母字今仍读浊音，因而，苍南蛮话的塞音、塞擦音声母有清音送气、清音不送气和浊音三套，与吴语一致，而与闽语大不同。如果按照赵元任先生当初划分方言区的标准，那么，苍南蛮话划归吴语应该是毫无争议的。但是，事实上，苍南蛮话古全浊声母今读浊音在很多方面与吴语的古全浊声母今读浊音有差别。

首先，苍南蛮话古全浊声母字今虽然读作浊音声母，但是配置跟一般吴语不同。郑张尚芳（1984）指出："平阳蛮话虽然有一套跟吴语相同的浊的塞音、塞擦音、擦音声母"，"但还有好些字的浊音声母的配置跟一般吴语不同，而跟其他两种蛮话（指泰顺蛮讲和庆元蛮话）有明显对应"，"而且这些字的韵母、词义也带有闽语特色"。如：

表3.11　　　　　　　　　苍南蛮话古全浊声母字的配置

	悬高	汗	咬	柱、住	粙稻	塍田	丈夫男人
平阳	gai	ga	gɔ	dʑeu	deu	dʑai	dʑiɔ bu
泰顺	kē	kæ	ka	tʰiu	tiu	tsʰē	tio po
庆元	kɛi	kɛ	ka	tʰiu		tsʰɛ	tio pɯ

表 3.11 引自郑张尚芳（1984）的研究，我们对其进行了适当修改。表中的"悬高""籼稻""塍田""丈夫男人"都是闽语的特征词，吴语里一般不用。"悬""汗""咬"等中古匣母字读［g］，"柱、住"读 u 尾韵都是吴语中所罕见的，而常见于闽语。此外，郑张先生还指出有些古全浊字苍南蛮话今读送气清音，而不读浊音声母。如："树"［tsʰeu］、"鼻 ~头"［pʰi］等，也都与泰顺蛮讲相同，而这些字的读法跟闽语也有很高的一致性。

其次，苍南蛮话中的浊擦音有清化的趋势。潘悟云（1992）指出："苍南蛮话的浊擦音已经清化，变作带浊流的清擦音。如'情'，ziŋ，实际上是cziŋ；'凡'vɛ，实际上是fvɛ。""有些浊塞音处于连读前字的情况下，也发生清化，如道理中的'道'读tɔ。"

再次，在我们调查的芦浦、海城等蛮话中还存在古全浊声母今读清音声母或零声母的现象。这些读法主要分布在奉母和匣母。以芦浦蛮话为例。如：

表 3.12   芦浦蛮话 "奉匣" 母的特殊现象

奉母	匣母		
冯 hɔŋ²¹³	蟆虾 ~ hɔ²¹³	翰 he²²	画 o²²
凤 hɔŋ²²	害 ha²²	痕 hʌŋ²¹³	话 o²²
逢 hɔŋ²¹³	蟹 hai²²	恨 hʌŋ²²	喉 ɑu²¹³
缝 ~衣服 hɔŋ²¹³	毫 hɔ²¹³	核 hɔ²²	候 ɑu²²
奉 hɔŋ²²	号呼 ~ hɔ²¹³	恒 hʌŋ²¹³	函 e²¹³
俸 hɔŋ²²	合 ha²²	衡 hʌŋ²¹³	嫌 ai²¹³
缝门 ~ hɔŋ²²	盒 ha²²	斛 hɔ²²	杭 ɔ̃²¹³
伏埋 ~ hɔ²²	旱 he²²	河 ɑu²¹³	幸 ã²¹³
罚 fəʔ²²	横 hã²¹³	霞 o²¹³	形 ieŋ²¹³
	宏 hɔŋ²¹³	鞋 ai²¹³	红 ɔŋ²¹³

上述苍南蛮话古全浊声母今读浊音的特点都与吴语的古全浊声母今读浊音有所不同。

2. 苍南蛮话古全浊声母今读浊音的性质

那么，苍南蛮话古全浊声母今读浊音到底是一种什么性质的现象呢？

是存古的，还是后起的呢？

（1）存古说的困难

众所周知，闽语的古全浊声母现在已经全部清化，清化后大部分读不送气清音，小部分读送气清音，读送气清音的字在闽语内部有一致性。而吴语的古全浊声母今读浊音是与中古《切韵》系统一脉相承的。即使苍南蛮话属于闽语，也不能排除苍南蛮话的古全浊声母今读浊音是一种存古现象。我们也一度认为苍南蛮话古全浊声母今读浊音是一种存古现象。

从地域来看，苍南蛮话区地处浙闽的交界地带，是吴语和闽语的边界地区。而吴语和闽语关系密切，闽语对古吴语多有继承这一说法有很多的支持者。从移民史的角度来看，从唐代开始，闽人移民温州地区的现象开始普遍。据杨勇（2010：39－44）指出，唐代三百年间，福建时有人口迁温，其中以乾符五年（878）黄巢起义军入闽，温州无战事，流迁来温尤多。而迁入的人口主要来自赤溪一带，即今天的福鼎、霞浦一带。由于人口的迁移也使得语言发生接触融合。因此，现在苍南蛮话中既有闽语的特征又有吴语的特征实属正常。

李如龙、邓享璋（2007）指出："闽语形成于唐五代，据王力《汉语史稿》，晚唐五代的朱翱反切还有全套的全浊声母"，也就是说当时的闽语可能还有全套的全浊声母。吴语则至今还保留着全浊声母。因此处于吴语和闽语交界地带的蛮话肯定也有过古全浊声母读浊音的时期。有可能在闽人入温时期所带入的闽语还保存着中古的全浊声母，即使后来闽语的全浊声母清化，但是在吴地的蛮话还是和吴语一样保留着全浊声母读浊音的特征。

如果这种说法成立，即苍南蛮话的全浊声母是闽语全浊声母清化前带入苍南地区，至今保留读浊音的特征，那么，就可以解释为什么现在闽语的全浊声母已经清化而苍南蛮话的全浊声母仍读浊音。

至于苍南蛮话中有些古全浊声母字今读送气清音，而不读浊音声母，如："树""鼻~头""稗"等，则是因为闽语中这些读送气清音的全浊声母字有不同的来源，与全浊声母读不送气清音的字是不同的层次。送气清音的读法在年代上更加久远，反映了广韵以前的上古音的特点。详细的论述见李如龙（1985），这里不再赘述。而这些字在闽人入温时也随闽语带入蛮话地区。

另外，今苍南蛮话的全浊声母部分清化的现象也不难解释，因为处于边缘地区的许多吴语方言也有不同程度的浊音清化现象。如：靖江方言、丹阳方言、庆元方言等。

但是，"存古说"也有其无法解释的困难。苍南蛮话中有些浊塞音处于连读前字时会发生清化的现象，如上述潘文指出的"道理"中的"道"读［tɔ］。芦浦蛮话中也有这种情况，如"场屋"的"场"读［tiɔ̃］。吴语中基本不存在这种情况。因此，苍南蛮话的古全浊声母今读浊音是存古的这一说法就有无法令人信服的漏洞。

（2）"清音反浊"说的不足

李含茹（2009）从接触的角度利用控制音变理论证明蛮话中最"吴语"的塞音、塞擦音三分是受吴语控制的后起音变，而不是中古音的保留。她认为蛮话中的古全浊声母原先也跟闽语一样全部清化，后来由于受权威方言吴语的影响，原先清化的全浊声母以声调为条件，发生了反浊演变，这种演变是一种受强烈吸引或者说是受控制的演变，也是一种自身的纯语音条件的演变，因此显得整齐划一，找不到词汇、语法的条件。

李文认为，苍南蛮话属于闽东方言。闽东方言古全浊声母清化后有送气及不送气两种情况，但在蛮话里清一色变成浊音，这些变成浊音的字有一个共同的特点就是都是阳调字。以"舅""柱"两字为例（＊的读音同泰顺蛮讲）：

舅：＊ ku⁶ > gu⁶_阳调　　　　　柱：＊ tʰio⁶ >dio⁶_阳调

对于其中的例外现象，李文也给出了解释。

首先，个别古全浊声母字读阴调类的送气清声母，是因为这些字清化后读为阴调类而丧失了浊变的语音环境。而它们的文读则无疑是通过词汇方式从瓯语中引进的。如：

表3.13　　　　　　　　　　　个别古全浊声母字读音

	树	稗	鼻	饲
钱库	tɕʰio⁵/zy⁶ ~立	pʰai⁵	pʰi⁵/biə?⁸ ~粱	tsʰɿ⁵ ~奶/zɿ⁶ ~养员
缪家桥	tsʰio⁵/zy⁶ ~立	pʰai⁵	pʰi⁵	tsʰɿ⁵ ~奶/zɿ⁶ ~养员

其次，有极个别声韵调都带有明显的闽语色彩的字，存在清声母配阳调类的现象。如：

表 3.14　　　　　　　　个别古全浊声母字今读清声母配阳调类

	雨	园	远	云
钱库	fu^6/y^3	hõ^2/ỹ^2	hõ^6/ỹ^3	ioŋ^2/faŋ^2/vaŋ^2
缪家桥	fu^6/y^3	he^2/ye^2	he^6/ye^3	ioŋ^2/vaŋ^2

李含茹解释这些字是清音反浊演变的"不慎遗漏"，至于为何只遗漏这些字则没有解释。

李含茹的"清音反浊"说具有一定的解释力，但是有以下几个方面的问题很难得到很好的解释。

首先，既然"清音反浊"演变是一种自身的纯语音条件的演变，那么就应该整齐划一，即使有例外，也只是少数。但是，事实并非如此，苍南蛮话中除了李文所举的清声母配阳调类的字外，还有上文我们所举的"奉母"和"匣母"清化的字，除了零声母外，都是清声母配阳调类。

其次，既然是受瓯语的强烈影响而发生的控制音变，为什么在瓯语的浊擦音还很稳定的情况下，苍南蛮话的浊擦音却已经开始清化了？按照温端政（1991：155－193）记载的苍南瓯语龙港话和笔者的母语瑞安话，吴语的塞音、塞擦音三分还是很稳定的，且浊擦音也没有出现清化的迹象。关于这一点李文并没有给出解释。

最后，闽语和吴语都是历史悠久的方言，语音层次比较复杂。李文在分析"清音反浊"演变时完全没有区分层次的问题。上文我们也提到，闽语的古全浊声母清化后读为送气清音和不送气清音实际上是两个不同的层次，而不是有条件的语音演变。苍南蛮话中，"舅、柱"是不同层次在同一语音环境中的清音反浊演变，但是"树、鼻、稗、饲"等字的浊音却是从瓯语中借入的，那么，苍南蛮话中古全浊声母今读浊音到底是一种清音反浊，还是只是一种词汇扩散的结果？对此，李文并未涉及。

3. 声调借贷

虽然李含茹的"清音反浊"说存在诸多纰漏，但是我们认为她在解释为什么苍南蛮话古全浊声母今读浊音这一问题的方向是正确的，即与相邻的强势方言——瓯语——有密切的关系。

我们从表 3.13 提到的几个读阴调的古全浊声母字入手。除"稗"以外，"树、鼻、饲"三个字都有文白异读现象。这三个字的两读很明显来自两个层次，白读音是闽语的层次，而文读音则来自瓯语。虽然，在闽语中这几个浊去字已经读为阴调类的送气清声母（"鼻"字有两个音韵地位，闽语一般读为去声，而吴语一般读为入声），但是借入的文读音则是完全按照瓯语的配置，浊音声母配阳调。两种读音虽然差异甚大，但是还是有一个对应关系，那就是这些字的音韵地位。

从上述三个字的文白异读我们可以明显地看到，浊音声母是通过词汇借入的方式从瓯语进入苍南蛮话的，而非自身的语音演变。从表3.13的文白异读我们可能想当然地会认为苍南蛮话从瓯语中借入了浊音声母，但是我们忽略了一点，那就是，表3.13中文读音的声调也与白读音不同。表面上看起来是苍南蛮话借入了瓯语的浊音声母，但实际上苍南蛮话是从吴语中借入了声调，并且进行了声调的对应。为什么说不是借入浊音声母，而是借入声调呢？在这里，我们需要阐述一下吴语浊音的性质。

赵元任在《现代吴语研究》中提出"清音浊流"说，指出吴语的浊音声母在大多数地方都是本身不带音，而是带一个带音的气流［ɦ］。但是在轻读和前头有字的时候又读作纯带音的［b z dz］等声母。也就是说在单念的时候，吴语的浊音声母都清化了，只有在轻读或前头有字的时候才读作浊音。

曹剑芬（1982、1987、1992）用实验语音学的方法证明吴语的古全浊声母字在单念或是处于连读首字时都是不带音的，声带不振动，而在双字组的下字时才是真正的带音。

魏钢强（2010）指出吴语有浊音，也有"浊流"。该文通过翔实的材料和严密的逻辑证明吴语的"浊流"不是声母的属性，而是"阳调"的伴随现象，声母的清浊辩义功能已经逐步让位于声调的阴阳。而吴语的浊音只在连读后字的时候出现，表明吴语的浊音曾经是真正的带音。我们很赞同魏先生的说法。

也就是说，吴语的浊音其实已经清化，但是在连读后字的时候还能体现其原本的面貌。至于为什么吴语的浊音给人"浊"的感觉，那是因为吴语的阳调带有"浊流"，显得低沉。

苍南蛮话的浊音声母也不带音。下图是苍南蛮话中不送气清音字和浊音字的语图，浊音字的语图上没有出现显示浊音特征的浊音杠，清音和浊音之间并没有什么实质性的区别。

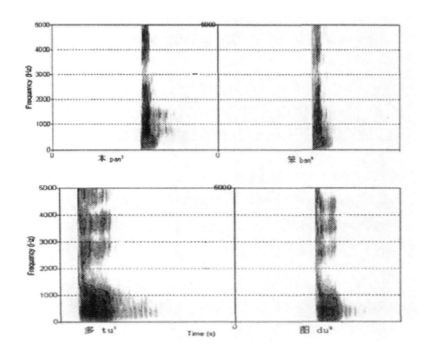

上图引自李含茹（2009）。

　　通过对比吴语和苍南蛮话的浊音声母，我们发现，这两种方言中的浊音所表现出来的"浊"不是因为声带的振动，而是跟"浊流"有关，而这种"浊流"又是阳调的伴随现象，因此，我们不禁想到，苍南蛮话的古全浊声母已经清化，但是在瓯语的强势影响下，苍南蛮话的声调系统是否是在向瓯语的声调系统靠近后才造成如今苍南蛮话中有浊音声母的假象呢？

　　苍南蛮话的声调系统内部比较一致，我们以芦浦蛮话的声调系统为例，跟吴语的声调系统进行比较，发现这两个声调系统很相似。中古的平上去入四声基本按照古声母清浊分为阴调和阳调两类，且调值阴高阳低。再考察闽语的闽东方言，中古的平上去入四声也基本按照古声母清浊分为阴调和阳调两类，但是，调值基本是阴低阳高。如：

表3. 15   芦浦蛮话的声调系统与周边方言的比较

	阴平	阳平	阴上	阳上	阴去	阳去	阴入	阳入
苍南蛮话	44	213	45	归阳去	42	22	<u>45</u>	<u>22</u>
平阳瓯语	44	21	54	35	32	22	24	213
福鼎白琳	44	41	45	归阳去	221	33	2	5
福州	44	53	31	归阳去	213	242	23	5

由于苍南蛮话区的移民基本来自闽东方言区，我们猜想蛮话的声调系统原先应该和闽东方言的声调系统相近。但是，现在苍南蛮话的声调系统和瓯语的声调系统非常接近，我们认为这是由于方言间的接触使得苍南蛮话从瓯语中借入带"浊流"性质的声调，通过方言间"对应借贷"的原则，先从小部分词语借入，然后经过词汇扩散，渗透到所有的调类，尤其是阳调类。因为阳调类的声调与其原有声调的性质差异较大，因此人们在借入时会比较敏感。而在对权威方言的模仿中，阳调类的"浊流"特征也就进入了苍南蛮话。

李含茹（2009）指出，在其调查的蛮话里，无论南乡腔还是北乡腔，在两字组连读变调中都存在"浊音清化"的现象：前字阳去和阳入的二字组变调会发生清化，而阳平则不会。阳平为前字的，一般变调为低调11，而阳去和阳入则变为中高调44或33。当调值较高的时候，听感上浊声母与清音声母就没有差别了。也就是说，蛮话的浊声母本质上与声调的联系更加密切，如果浊声母是低调，那么听感上就是浊的，而一旦调值升高，听感上就跟清音没有差别。这也在一定程度上证明我们所说的蛮话的浊音是由于声调的浊流造成的。从连读变调的前字的变化我们也可以发现，苍南蛮话阳调类的调值似乎经历了一个低化的过程，原本古全浊声母清化后配高调，但在瓯语阴高阳低声调系统的影响下，不断地行调值的调整。曾晓渝（2003）在谈到古语里的汉语借词层次时就曾精辟地总结：早期声调层次是调类对应，晚期声调层次是调值对应，因为声调的系统性很强，其规律易于把握。

因此，我们认为苍南蛮话的古全浊声母原先也跟其他闽语一样全部清化，既没有浊音也没有浊流。后来，苍南蛮话在当地权威方言瓯语的影响下，先是一部分全浊声母带"浊流"的阳调通过文读的形式进入苍南蛮话，然后通过词汇扩散的方式推及其他阳调类的字，甚至最后从文读层渗透到白读层。

考察芦浦蛮话声调的文白异读，结果也支持我们的这一看法。苍南蛮话的声调系统基本接近瓯语的声调系统，浊声母配阳调。这已经是词汇扩散的结果，文白读的竞争已经告一段落，文读音占据了统治地位，如"坐"［zø⁶］、"茶"［dzo⁶］、"弟"［di⁶］等都只有一读。但是在一些核心词、常用词中还有白读音的踪迹，如上文提到的"树～立［tɕʰieu⁵］/［zy⁶］"，而一些生僻词（对瓯语而言），其白读音还没有受到丝毫影响，如"稗"，所有的蛮话点都只读［pʰai⁵］。

二　唇音声母

本节讨论蛮话的唇音声母。唇音声母包括帮组和非组声母。本节着重讨论蛮话古无轻唇音的特征。

（一）帮组声母

帮组声母包括帮母、滂母、并母和明母，蛮话中今读主要为 p 组声母，与古音一脉相承，没有什么变化。如：

表 3.16　　　　　　　　　　帮组声母今读情况

	杯	半	派	品	步	病	米	门
海城	꜀pai	pa꜕	pʰɛ꜕	꜀pʰeŋ	bu꜕	ba꜕	꜀mi	꜀mø
芦浦	꜀pai	pe꜕	pʰe꜕	꜀pʰieŋ	bu꜕	ba꜕	꜀mi	꜀mø
筱村	꜀puə	pa꜕	pʰai꜕	꜀pʰeŋ	pou꜕	pa꜕	꜀mi	꜀muə
雅阳	꜀pɔi	puaŋ꜕	pʰai꜕	꜀pʰieŋ	puɔ꜕	paŋ꜕	꜀mi	꜀muɔŋ
江根	꜀pe	pa꜕	pʰai꜕	꜀pʰeŋ	pø꜕	pa꜕	꜀mi	꜀mẽ

（二）非组声母

非组声母主要包括非母、敷母、奉母和微母。蛮话中非组声母的读音比较复杂，主要读作 f 组声母、h 组声母和 p 组声母。

1. 轻唇读如重唇

非组读 p 组声母，读同帮组，是古无轻唇音的遗留。如：

表 3.17　　　　　　　　　　　　　　非组读重唇现象

	斧白读	飞白读	麸	蜂白读	吷	肥白读	尾	袜
海城	꜀pʰu	꜀pø	꜀pʰu	꜀pʰoʊ	bai²	꜀bai	꜀mø	məʔ꜄
芦浦		꜀pø	꜀pʰu	꜀pʰɔʊ		꜀bai	꜀mø	məʔ꜄
筱村	꜀pou	꜀puə	꜀pʰou	꜀pʰɔʊ	pe²	꜀pe	꜀muə	mɛʔ꜄
雅阳	꜀puɔ	꜀pɔi	꜀pʰɔi	꜀pʰuŋ	pue²	꜀pue	꜀mɔi	muaʔ꜄
江根	꜀pʰø	꜀pe		꜀pʰɔʊ	pe²	꜀pe	꜀me	maʔ꜄

周祖谟（1993）指出，唐五代时，"重唇音在北方有的方言如秦音已开始分化为重唇、轻唇两类，由 pf、pfʰ、bv 进而读为 f、fʰ、v，鼻音 m 没有变"。也就是说，"非敷奉"先从"帮滂并"里分化，而明母和微母的分化要晚一些。这种说法也能从现代汉语方言中得到验证。在多数南方方言中还存有微母读如明母的现象，但是"非敷奉"读如"帮滂并"的情况除了在闽语中大量存在外，在其他方言里数量都较少。蛮话中"非敷奉"读如"帮滂并"的情况明显跟闽语的情况接近，吴语中虽也有"非敷奉"读如"帮滂并"的情况，但在辖字方面还是略有不同。如：

表 3.18　　　　　　　　　　　　非组读重唇在各方言的辖字

瓯江片	温州	反粪
处衢片	庆元	斧飞痱粪放腹翻扶缚冯
	遂昌	痱反翻动粪腹缚
	常山	痱反粪放腹纺扶缚
	龙游	粪缚
	金华	缚
闽东片	福州	夫麸扶浮福伏斧腐富妇缚腹覆复飞肥匪吷沸帆反饭方防房纺放蜂逢缝

对比吴语和闽语，蛮话中出现的如"夫麸匪吷沸饭房蜂缝"等字都只出现在闽语中。

2. 有无唇齿音

蛮话的非组声母除读如重唇的部分字外，大都读作喉音声母［h］或唇

齿音声母 [f v]。蛮话内部可以分为两种情况：（1）有唇齿音声母，如海城、芦浦、筱村等点；（2）没有唇齿音声母，如雅阳、江根等点。如：

表3.19　　　　　　　　　　　非组有无唇齿音现象

	斧文读	飞文读	肺	芳	符	烦	巫	微
海城	ᶜfu	ꞈfi	fiꜛ	ꞈfɔ	ꞈvu	ᶜva	ꞈvu	ꞈvi
芦浦	ᶜfu	ꞈfi	fiꜛ	ꞈfɔ̃	ꞈvu	ꞈve	ꞈvu	ꞈvi
筱村	ᶜfu	ꞈfe	feꜛ	ꞈhɔ̃ ~ ꞈfɔ̃	ꞈhu	ꞈfã	ꞈu	ꞈmiɛ/ꞈve
雅阳		ꞈhue	hiɛꜛ	ꞈhuɔŋ	ꞈhuɔ	ꞈhuaŋ	ꞈhu	ꞈhue
江根	ᶜhu		hieꜛ	ꞈhɔ̃	ꞈhu	ꞈhuã	ꞈu	ꞈhue

如表3.19所示，海城、芦浦等点读作唇齿音的字在雅阳、江根等点读作喉音声母，而筱村则可两读。

闽语的声母多为十五音，大部分点都没有唇齿音声母，而吴语的方言点基本都有唇齿音声母。蛮话中的海城、芦浦和筱村等点出现唇齿音声母可能是自身演变，也可能是受吴语影响所致。非组声母的读音情况显示出蛮话过渡方言的特征。

三　舌齿音声母

中古舌齿音声母主要包括端系和知系，端系包括端组、泥组和精组，知系包括知组、庄组、章组和日组。本节讨论的舌齿音声母主要包括端组、精组、知组、庄组和章组，主要讨论上述各组声母的演变情况以及相互之间的关系。

（一）端组和知组的关系

1. 端组声母的今读

端组声母包括中古的端母、透母和定母。在蛮话里，端母今天都读 [t]，透母都读 [tʰ]，定母如上节讨论，"吴语型"蛮话基本保留浊音，读 [d]，"闽语型"蛮话基本都已经清化，大多数读作不送气清音 [t]，少数读作送气清音 [tʰ]。见表3.20。

表 3.20 端组声母今读情况

例字	海城	芦浦	筱村	雅阳	江根
鸟端	t -	t -	t -	t -	t -
店端	t -	t -	t -	t -	t -
滴端	t -	t -	t -	t -	t -
土透	t^h -	t^h -	t^h -	t^h -	t^h -
天透	t^h -	t^h -	t^h -	t^h -	t^h -
塔透	t^h -	t^h -	t^h -	t^h -	t^h -
桃定	d -	d -	t^h -	t^h -	t^h -
洞定	d -	d -	t -	t -	t -
毒定	d -	d -	t^h - ǀ t -	t -	t -

筱村话的"毒"字有两读,动词读作送气的 [t^h -],名词读作不送气的 [t -]。定母读送气的字在各点基本相同。

2. 知组读同端组的情况

蛮话各点知组声母今多读作 ts 组和 tɕ 组声母,这种情况下文会详细分析,这里暂不展开。此外,也有一部分字存在两读,白读音读如端组,读作 t 组声母;文读音读作 ts 组或 tɕ 组声母。如:

表 3.21 知组读同端组现象

例字	海城	芦浦	筱村	雅阳	江根
昼知	$tɐ^5$ /$tsieu^5$	$tɔ^5$ /$tɕieu^5$	tau^5	tau^5	tau^5
中知	$tɔ^1$ /$tsoŋ^1$	$tɔ̃^1$ /$tsɔŋ^1$	$təŋ^1$ /$tsəŋ^1$	$tuŋ^1$ /$tsuŋ^1$	$toŋ^1$ /$tɕiɔŋ^1$
摘知	tsa^5	ta^5	tia^5	tia^5	tia^5
抽彻	ts^hieu^1	t^hieu^1	t^hiou^1	t^hieu^1	t^hiou^1
撑彻	$ts^hã^1$	$t^hã^1$	$t^hã^1$	$t^haŋ^1$	$t^hã^1$
拆彻	ts^ha^5	t^ha^5	t^hia^5	t^hia^5	t^hia^5
柱澄	$dieu^6$ /$dʐy^6$	$dieu^6$ /$dʐy^6$	t^hiou^6	t^hieu^6	t^hiou^6
缠澄	di^2 /$dʑi^2$	di^2 /$dʑi^2$	ti^2	$tiɛŋ^2$	$tiɛ̃^2$
值澄	$dʑiəʔ^8$	$diəʔ^8$ /$dʑiəʔ^8$	$t^heʔ^8$	$tseʔ^8$	$t^heiʔ^8$

表 3.21 中,知组的字多数只有一读,读如端组。部分有两读的情况,也是读如端组的更为口语。也就是说,知组读如端组是更早的层次,而 t

组声母和 ts 组、tɕ 组声母是两个不同层次的音值。

蛮话知组声母无论二等还是三等都有读如端组的情况。表 3.22 和表 3.23 罗列了各点知组读如端组的字，有些点不读如端组的表中不列，以空格形式出现。如：

表 3.22　　　　　　　　　　知组二等读同端组

例字	海城	芦浦	筱村	雅阳	江根
比例	3.3%	20%	26.7%	30%	26.7%
茶			ta²	ta²	ta²
赚				tʰieŋ⁵	
桩		tɔ̃¹	tɔ̃¹		
卓			tiɔʔ⁷	tɔ⁵	tiɔʔ⁷
桌	tɑu⁵	tɑu⁵	tou⁵	tɔ⁵	to⁵
琢				tɔʔ⁷	tɔʔ⁷
啄				tɔʔ⁷	tɔʔ⁷
撑		tʰã¹	tʰã¹	tʰaŋ¹	tʰã¹
掌		tʰã⁵			
拆		tʰa⁵	tʰia⁵	tʰia⁵	tʰia⁵
宅			tʰa⁶		
摘		ta⁵	tia⁵	tia⁵	tia⁵

表 3.23　　　　　　　　　　知组三等读同端组

例字	海城	芦浦	筱村	雅阳	江根
比例	10.9%	22.5%	31.2%	34.8%	40.6%
爹	ti¹	ti¹	tia¹	tia¹	tia²
猪		ty¹	ty¹	ty¹	ty¹
除		ty²	ty²	ty²	ty²
苎	dai⁶		te⁶	te⁶	te⁶
箸			ty⁶	ty⁶	ty⁶
蛛			tɤu¹		ty¹
厨		dy²	tɤu²	ty²	tye²
柱	dieu⁶	dieu⁶	tʰiou⁶	tʰieu⁶	tʰiou⁶

例字	海城	芦浦	筱村	雅阳	江根
住	dieu⁶	dieu⁶			
知					ti¹
池				tiɛ²	ti²
驰					ti²
迟		di²	ti²	ti²	ti²
置			ti⁵	ti⁵	ti⁵
持					tʰi²
治	dɛ⁶	da²	tʰai⁶	tʰai⁶	ti²
槌			tʰy²	tʰy²	tʰy²
锤			tʰy²	tʰy²	tʰy²
朝~代					tiau²
潮		dieu²			tiau²
昼	tɛ⁵	tɔ⁵	tau⁵	tau⁵	tau⁵
抽		tʰieu¹	tʰiou¹	tʰieu¹	tʰiou¹
丑		tʰieu³	tʰiou³	tʰieu³	tʰiou³
绸			tʰiou²	tʰieu²	tʰiou²
稠				tʰieu²	tʰiou²
筹					tʰiou²
沉			teŋ²	tieŋ²	teŋ²
蛰				teʔ⁸	teiʔ⁸
缠	di²	di²	ti²	tiɛŋ²	tĩɛ²
传		tỹɛ²		tyɛŋ²	tỹɛ²
转				tyɛŋ³	tỹɛ³
椽		dø²	tʰỹɛ²	tʰyɛŋ²	tʰỹɛ²
镇			teŋ⁵	teŋ⁵	teŋ⁵
陈	dai²	dai²/dieŋ²	teŋ²	tieŋ²	teŋ²
尘			teŋ²	tieŋ²	teŋ²
阵		dieŋ⁶	teŋ⁶	tieŋ⁶	teŋ⁶
张		tiɔ̃¹	tiɔ̃¹	tiɔŋ¹	tiɔ̃¹
涨	tɔ³	tɔ̃³		tiɔŋ⁵	tiɔ̃⁵
长生~				tɔŋ²	tɔ̃²

续表

例字	海城	芦浦	筱村	雅阳	江根
帐		tiɔ̃⁵	tiɔ̃⁵	tiɔŋ⁵	tiɔ̃⁵
账		tiɔ̃⁵	tiɔ̃⁵	tiɔŋ⁵	tiɔ̃⁵
胀			tiɔ̃⁵	tiɔŋ⁵	tiɔ̃⁵
畅				tʰiɔŋ⁵	tʰiɔ̃⁵
长身无~物	dɔ²	dɔ̃²	tɔ̃²/tiɔ̃⁶	tɔŋ²	tiɔ̃⁶
肠	dɔ²		tɔ̃²	tɔŋ²	tɔ̃²
场		tiɔ̃²	tiɔ̃²	tiɔŋ²	tiɔ̃²
丈	dɔ⁶	diɔ̃⁶/dɔ̃⁶	tiɔ̃⁶/tɔ̃⁶	tiɔŋ⁶/tɔŋ⁶	tɔ̃⁶
仗			tʰiɔ̃⁶	tɔŋ⁶	tiɔ̃⁶
着~衣		ty⁵	təu⁵		
着晒~		dy⁶		tyɛ⁶	
直		diə?⁸	te?⁸	te?⁸	tei?⁸
值		diə?⁸	tʰe?⁸		tʰei?⁸
中	tɔ¹	tɔ̃¹	təŋ¹	tuŋ¹	tɔŋ¹
虫	doŋ²	dɔŋ²	tʰəŋ²	tʰɤŋ²	tʰɔŋ²
重~复					tiɔŋ²
重轻~		dɔŋ⁶	təŋ⁶	tɤŋ⁶	tɔŋ⁶
竹		tə?⁷	təu?⁷	tu?⁷	tiɔu?⁷
筑			təu?⁷	tu?⁷	
程					tiã²
郑	da⁶	dã⁶	tã⁶	taŋ⁶	tã⁶

通过分析表 3.22 和表 3.23，我们可以总结出以下两点规律：

1. 知组读如端组的字，二等字较少，三等字较多；

2. 蛮话各点保存有知组读如端组现象的字数从多到少依次为江根、雅阳、筱村、芦浦、海城，地域上存在从北到南逐渐减少的趋势。

上述地域上的明显差异与方言间的影响密不可分。蛮话和蛮讲内部，海城方言和筱村方言靠近吴方言，受吴语影响大，而芦浦方言和雅阳方言则受吴语影响相对较少。江根方言虽受庆元方言（吴语）的影响，但是庆元方言中也存在知组读如端组的现象，因而江根方言中知组读如端组的辖字较多。

　　此外，蛮话各点也存在少数庄组字读如端组的现象。如：

表 3.24　　　　　　　　　庄组读同端组现象

例字	海城	芦浦	筱村	雅阳	江根
锄			ty²	tʰy²	tʰy²
筛	tʰɛ¹		tʰai¹	tʰai¹	tʰai¹
馊			tʰɛu¹	tʰɛu¹	tiɔʔ⁷
窗	tʰoŋ	tʰoŋ¹	tʰɔ̃¹		

　　庄组读如端组的字数很少，且一致性较高，应该是存古的现象，否则很难解释其演变。在闽语中这些字也多是读舌尖塞音。

　　汉语方言里存在知组读如端组现象的方言有闽语、赣语、客家话、湘语、乡话等，但是它们的性质并不一定都是相同的。蛮话各点知组读如端组的性质，我们认为是存古的，与闽语的性质相同。因为，蛮话中知组读如端组的字基本都是常用字，且同闽语中的读音相近，如表 3.25 所示。文白异读的情况，也同样支持我们的观点。

表 3.25　　　　　　　　周边方言知组读同端组的情况

	福州	厦门	建瓯	温州	平阳	庆元
茶	₌ta	₌te/₌ta	ta²	₌dʑo	₌dʑo	₌tso
桌	tɔʔ₎	toʔ₎/tɔk₎	tɔ₎	tɕyo₎	tɕyo₎	ʔdio₎
摘	tieʔ₎/teiʔ₎	tiaʔ₎/tɪk₎	tia₎	tei₎/tsa₎	tsa₎	ʔdiʔ₎/tsa₎
猪	₌ty	₌ti/₌tu	ʿkʰy	₌tsei	₌tsi	₌do?/₌tɕye
柱	tʰieu²/tsøy²	tʰiau²/tsu²	tʰiu²/tsy₎	ʿdʑʅ	ʿdʑy	ʿtɕye
迟	₌ti	₌ti	ʿti	₌dʑʅ	₌dʑʅ	₌tɕi
昼	tau²/tieu²	tau²/tiu²	te²/tiu₎	tɕiəu₎	tseu²	ʔdiu₎
沉	₌tʰeiŋ/₌tʰiŋ	₌tiam/₌tim	teiŋ²	₌dʑaŋ/dʑaŋ₎	₌dʑaŋ	₌tsã/₌tsəŋ
肠	₌touŋ/₌tuɔŋ	₌tŋ/₌tiɔŋ	ʿtiɔŋ	₌dʑi	₌dʑie	₌tã/₌tɕiã
郑	taŋ²	tĩ²/tŋ²	tʰiaŋ²	dʑeŋ²	dʑeŋ²	tɕieŋ²
中	₌touŋ/₌tyŋ	₌taŋ/₌tiɔŋ	tɔŋ²/₌tœyŋ	₌tɕyoŋ	₌tsoŋ	₌ʔdiɔ̃～央
竹	tøyʔ₎	tɪk₎/tiɔk₎	ty₎	tɕiəu₎	tsu₎	ʔdiɯ?₎/tɕiɯ₎

（二）知庄章三组的分合关系

知庄章三组声母指中古《切韵》时期的"知彻澄、章昌船书禅、庄初崇生"三套声母。根据王力的拟音，上古时"知彻澄"读作 ȶ 组声母，"庄初崇生"读作 ʧ 组声母，"章昌船书禅"读作 tɕ 组声母。这三组声母发展到唐末形成了知一组、庄章一组的二分状态，宋人三十六字母分别用知组、照组表示它们。随后到南宋时期，知组与照组合并，三组声母合一，在现代汉语普通话中它们基本合流为一套声母，读作 [tʂ tʂʰ ʂ]。

桑宇红（2008）总结了南方方言中知庄章三组的分合关系。主要有以下四种：知庄章三分型；二分型包括知、照对立型，知二庄、知三章对立型，开口、合口对立型；擦音游离型；合一型。

蛮话中知庄章三组的分合关系，由于文白异读的关系，相对比较复杂，不能只看表面现象。单从音值来分析，我们会得出知庄章三组声母合流的简单结论。然而，事实远非如此。

1. 从今读来看蛮话各点知庄章三组的关系

蛮话各点知庄章三组今读的声母情况基本可以概括如表 3.26。

表 3.26　　　　　　　　蛮话各点知庄章声母今读情况

	知组	庄组	章组
白读	t 组		
文读	ts 组 ⏐ ＿ 洪音	ts 组 ⏐ ＿ 洪音	ts 组 ⏐ ＿ 洪音
	tɕ 组 ⏐ ＿ 细音		tɕ 组 ⏐ ＿ 细音

知组有读如端组的现象，请参看上文。此外，庄组基本读作 ts 组声母，知章二组在今洪音前读作 ts 组声母，在今细音前读作 tɕ 组声母。也就是说，单从音值来看，今读知庄章三组已经合流，洪音前读作 [ts tsʰ s]，细音前读作 [tɕ tɕʰ ɕ]。

2. 从古音韵摄来看蛮话各点知庄章三组的关系

以古音韵摄来看，具体情况如表 3.27（以江根方言为例）。

表 3.27　　　　　　　　江根方言知庄章三组具体读音情况

	知			庄	章	
	t tʰ	ts tsʰ	tɕ tɕʰ	ts tsʰ	ts tsʰ	tɕ tɕʰ
假开二	茶 a	搽 o		渣榨叉查 a		
假开三	爹 ai					遮蛇 ia
遇合三	猪 y 苎 e 厨 ye 柱 iou	储 u	着显~ 驻 y 诛拄注 ye	阻 ɿ 初楚助 uɿ 锄 tʰy		煮鼠 y 珠 ye
蟹开二				斋寨 ai 钗柴 a		
蟹开三					制逝 i	世 ie
止开三	知池 i	耻痔 i		师 ɿ 柿 kʰi	屎 ai 时 i	纸 ia 支 ie
止合三	槌锤 y		追 y	帅 ai	垂 ue	水 y 吹 ye
效开二		罩 au		爪抄 au 笊炒 a		
效开三	朝潮 iau		超赵 iau			招照 iau
流开三	昼 au 抽丑绸 iou	宙 ɛu		皱愁 ɛu		周手 iou
咸开二		站 ã 扎 aʔ		斩 ã 插 aʔ		
咸开三						占 ĩɛ
深开三	沉 eŋ 蛰 eiʔ				针 ɛ 深 eŋ	
山开二		绽 ã		盏 ã 察 aʔ		
山开三	缠 ĩɛ	哲 eiʔ 撤 ɛʔ	展 ĩɛ 彻 iaʔ			战 ĩɛ 浙 ieʔ
山合三	转椽 ỹɛ					专砖 ỹɛ
臻开三	镇尘陈 eŋ	珍 ɛ 侄 eiʔ		榛衬 eŋ	真 eŋ 质 ueʔ	
臻合三		椿 øŋ 术白 ueʔ			春 øŋ 出 ueʔ	
宕开三	肠丈 ɔ 张帐场 iɔ		仗 iɔ 着认~ iaʔ	庄装床 ɔ		章商 iɔ
江开二	桌 o 卓 iɔʔ 琢 ɔʔ	桩 ɔ	撞 iɔ 戳浊 iɔʔ	窗 ɔ 捉 tɕiɔʔ		
曾开三	澄 ɛ 直值 eiʔ	征惩 eŋ		侧测 ɛʔ	蒸 eŋ 织 eiʔ	
梗开二	撑 ã 拆摘 ia	泽择宅 aʔ		争 ã 责 aʔ 册 a		
梗开三	程 iã 郑 ã	贞侦 eŋ			整 eŋ 赤 eiʔ	声 iã 尺 ye
通合三	虫虫 ɔŋ 竹 iɔʔ	宠 ɔŋ 逐 ɔuʔ	虫忠 iɔŋ 筑轴 iɔuʔ			钟 iɔŋ 粥 iɔuʔ

由于知组声母存在文白异读的现象，根据徐通锵、王洪君叠置式音变理论，庄、章二组的读音既与知白在一个层面，又与知文在一个层面。从这个角度出发，我们从白读层和文读层两个层面来分析蛮话知庄章三组的关系。

（1）白读层：知—庄—章三分

基本上，知组读作 t 组声母，庄组读作 ts 组声母，章组读作 tɕ 组声母。但也不是非常齐整，知组不论外，庄组字的读法非常整齐，除了少数例外，全部读作 ts 组声母。如遇合三的"锄"读作 [tʰy]，与知组混；止开三的"柿"读作 [kʰi]，江开二的"捉"读作 [tɕiɔʔ]，与章组混。章组的读音就有较大的变化，但这种变化还是比较规则的。深、臻、曾三摄全部混入庄组读作 ts 组声母，蟹、止、梗三摄的部分字混入庄组读作 ts 组声母。在江根方言 ts 组声母和 tɕ 组声母是互相对立的。这说明蛮话处于由知、庄、章三分向知、照（庄章）二分模式发展的过渡状态。蛮话白读层知庄章三组的分合关系与闽东方言相近。桑宇红（2008）中将闽东方言的类型归为知、照对立型，但同时也指出庄组和章组声母虽然合流为一套照组声母，但不妨碍它们仍旧存在韵母方面的对立。也就是说，闽东方言已完成从三分到二分的演变，而蛮话部分仍然处于三分到二分的过渡状态。

（2）文读层：知二庄—知三章二分

在文读层，知二庄一组，读作 ts 组声母，知三章一组，读作 tɕ 组声母。但是也有一些例外，如深、臻、曾、梗摄，知三章也读作 ts 组声母，和庄组混。

此外，还有一个值得关注的问题。在上述两个层次之外，蛮话又产生了一个新的文读层，这个层次是受普通话的影响而产生的，如表 3.27 中斜体的字。这也表明蛮话中知庄章三组的关系似乎朝着合流的方向发展。在如今普通话大行其道的大环境下，这种趋势也是必然。

（三）知庄章三组和精组的分合关系

1. 蛮话各点精组的读音

蛮话各点精组的读音比较一致，部分读作 ts 组声母，部分读作 tɕ 组声母。各点精组字读音的中古来源情况主要是以下几种。

（1）ts 组：精组一三四等字（表 3.28 中加括号的表示该来源的字很

少，下同）。如：

表3.28　　　　　　　　精组读洪音的古音来源

海城	芦浦	筱村	雅阳	江根
果开一、果合一	果开一、果合一	果开一、果合一	果开一、果合一	果开一、果合一
遇合一	遇合一	遇合一	遇合一	遇合一
蟹开一、蟹开四、蟹合一、（蟹合三）	蟹开一、（蟹开三）、蟹开四、蟹合一、（蟹合三）	蟹开一、蟹开四、蟹合一、（蟹合三）	蟹开一、蟹开四、蟹合一、（蟹合三）	蟹开一、（蟹开三）、蟹开四、蟹合一、（蟹合三）
止开三、（止合三）	止开三、（止合三）	止开三、（止合三）	止开三、（止合三）	止开三、（止合三）
效开一、效开三（效开四）	效开一	效开一、（效开三四）	效开一、（效开三）	效开一、（效开三）
流开一、流开三	流开一	流开一	流开一	流开一
咸开一	咸开一	咸开一	咸开一	咸开一
深开三	深开三		深开三	深开三
山开一、山开三四（白读）、山合一	山开一、山开三四（白读）、山合一	山开一、山开三四（白读）、山合一	山开一、山开三四（白读）、山合一	山开一、山开三四（白读）、山合一
臻开三、臻合一	（臻开三）、臻合一	臻合一	臻开三、臻合一	臻开三、臻合一、臻合三
宕开一	宕开一	宕开一	宕开一	宕开一
曾开一	曾开一	曾开一	曾开一	曾开一
梗开三四（白读）	梗开三四（白读）	梗开三四（白读）	梗开三四（白读）	梗开三四（白读）
通合一、通合三	通合一、通合三	通合一、通合三	通合一、通合三	通合一、通合三

精组读 ts 组声母的来源各点比较一致，分歧主要表现在深臻摄。

（2）tɕ 组：精组三四等字。如：

表 3. 29　　　　　　　　　精组读细音的古音来源

海城	芦浦	筱村	雅阳	江根
假开三	假开三	假开三	假开三	假开三
遇合三	遇合三	遇合三	遇合三	遇合三
（蟹开三）、蟹开四（文读）	（蟹开四文读）	（蟹开三）、蟹开四（文读）	蟹开三、蟹开四（文读）	
（止开三）、止合三	（止开三）、止合三	（止开三）、止合三	止开三、止合三	止合三
效开三、（效开四）	效开三、（效开四）	效开三、（效开四）	效开三、（效开四）	效开三、（效开四）
（流开三）	流开三	流开三	流开三	流开三
咸开三	咸开三	咸开三	咸开三	咸开三
（深开三）	深开三	深开三	深开三	（深开三）
山开三四（文读）、山合三	山开三四（文读）、山合三	山开三四（文读）、山合三	山开三四（文读）、山合三	山开三四（文读）、山合三
臻开三、臻合三	臻开三、臻合三	臻开三、臻合三	臻开三、臻合三	
宕开三	宕开三	宕开三	宕开三	宕开三
曾开三	曾开三	曾开三		
梗开三、梗开四（文读）	梗开三、梗开四（文读）	梗开三、梗开四（文读）	梗开三	梗开三
通合三	通合三	通合三	通合三	通合三

精组读 tɕ 组声母的中古来源，除了江根外，其他各点都比较一致。江根精组读舌面音的来源较少。

2. 精组和知庄章三组的关系

上文已经分析了蛮话中知庄章三组的分合关系：（1）白读层，知一庄一章三分；（2）文读层，知二庄一知三章二分。

那么精组和这三组的关系又是如何呢？我们同样从文读和白读两个层面来看。以江根方言为例。如：

表 3.30　　　　　　　　江根方言精知庄章白读层的关系

	精		知白	庄	章	
	ts tsʰ	tɕ tɕʰ	t tʰ	tʂ tʂʰ	tʂ tʂʰ	tɕ tɕʰ
假开二			茶 a	渣榨叉查 a		
假开三	借 ɿ	邪写 ia	爹 ai			遮蛇 ia
遇合三		徐需 y	猪 y 苎 e 厨 ye 柱 iou	阻 ɿ 初楚助 u		煮鼠 y 珠 ye
蟹开二				斋寨 ai 钗柴 a		
蟹开三	际 i				制逝 i	世 ie
止开三	四死 i 紫刺 ɿ		知池 i	师 ɿ	屎 ai	纸 ia 支 ie
止合三	翠 ue	醉 ye	槌锤 y	帅 ai		水 y 吹 ye
效开二				爪抄 au 笊炒 a		
效开三		焦笑 iau	朝潮 iau			招照 iau
流开三		酒修 iou	昼 au 抽丑绸 iou	皱愁 ɛu		周手 iou
咸开二				斩 ã 插 aʔ		
咸开三		尖 ĩɛ 接 ieʔ				占 ĩɛ
深开三	心 eŋ 习 eiʔ		沉 eŋ 蛰 eiʔ	针 ɜ 深 eŋ		
山开二				盏 ã 察 aʔ		
山开三	剪 ɜ	煎 iã 仙 ĩɛ 薛 iaʔ	缠 ĩɛ			战 ĩɛ 浙 ieʔ
山合三		泉 ỹɛ 雪 yeʔ	转椽 ỹɜ			专砖 ỹɜ
臻开三	进秦 eŋ 七 eiʔ		镇尘陈 eŋ	榛衬 eŋ	真 eŋ 质 uʔ	
臻合三	巡 øŋ 戌 ueʔ				春 øŋ 出 ueʔ	
宕开三		墙 iɔ 雀 iaʔ	肠丈 ɔ 张帐场 iɔ	庄装床 ɔ		章商 iɔ
江开二			桌 o 卓 iɔʔ 琢 ɔʔ	窗 ɔ 捉 tɕiɔʔ		

续表

	精		知白	庄	章	
	ts tsʰ	tɕ tɕʰ	t tʰ	ts tsʰ	ts tsʰ	tɕ tɕʰ
曾开三	即息 ei?		澄 ɜ 直值 ei?	侧测 ɛʔ	蒸 eŋ 织 ei?	
梗开二			撑 ā 拆摘 ia	争 ā 责 aʔ 册 a		
梗开三	迸 ā 迸 eŋ 眷 ei?	请 iā 眷 ia	程 iā 郑 ā		整 eŋ 赤 ei?	声 iā 尺 ye
通合三	松 ɔŋ 促 ɔ?	粟 ye 足 iɔ?	中虫 ɔŋ 竹 iɔʔ			钟 iɔŋ 粥 iɔ?

在白读层，假摄、遇摄、效摄、流摄、咸摄、山摄、宕摄，精组和章组合流，读作 tɕ 组声母。深摄、臻摄、曾摄和章组合流，读作 ts 组声母。蟹摄、止摄、梗摄、通摄和章组合流，部分读作 zl 组声母，部分读作 tɕ 组声母。也就是说，在白读层，精章合流与知组和庄组并列，形成知白—庄—章精的局面。

表 3.31　　　　　　　　江根方言精知庄章文读层的关系

	精		知文		庄	章	
	ts tsʰ	tɕ tɕʰ	ts tsʰ	tɕ tɕʰ	ts tsʰ	ts tsʰ	tɕ tɕʰ
假开二			搪 o		渣榨叉 查 a		
假开三	借 ɻ	邪写 ia					遮蛇 ia
遇合三		徐需 y		着显~驻 y 诛拄注 ye	阻 ɻ 初 楚助 u		煮鼠 y 珠 ye
蟹开二					斋寨 ai 钗柴 a		
蟹开三	际 i					制逝 i	世 ie
止开三	四死 i 紫刺 ɻ				师 ɻ	屎 ai	纸 ia 支 ie
止合三	翠 ue	醉 ye		追 y	帅 ai		水 y 吹 ye

	精		知文		庄	章	
	ts tsʰ	tɕ tɕʰ	ts tsʰ	tɕ tɕʰ	ts tsʰ	ts tsʰ	tɕ tɕʰ
效开二			罩 au		爪抄 au 笊炒 a		
效开三		焦笑 iau		超赵 iau			招照 iau
流开三		酒修 iou			皱愁 ɛu		周手 iou
咸开二			站 ã 扎 aʔ		斩 ã 插 aʔ		
咸开三		尖 ĩɛ 接 ieʔ					占 ĩɛ
深开三	心 eŋ 习 eiʔ					针 ɛ̃ 深 eŋ	
山开二			绽 ã		盏 ã 察 aʔ		
山开三	剪 ɛ̃	煎 iã 仙 ĩ ɛ 薛 iaʔ	哲 eiʔ 撤 ɛʔ	展 ĩɛ 彻 iaʔ			战 ĩɛ 浙 ieʔ
山合三		泉 ỹɛ 雪 yeʔ					专砖 ỹɛ
臻开三	进秦 eŋ 七 eiʔ		珍 ɛ̃ 侄 eiʔ		榛衬 eŋ	真 eŋ 质 uʔ	
臻合三	巡 øŋ 戌 ueʔ		椿 øŋ 术 白 ~ ueʔ			春 øŋ 出 ueʔ	
宕开三		墙 iɔ̃ 雀 iaʔ		仗 iɔ̃ 着 认 ~ iaʔ	庄装 床 ɔ̃		章商 iɔ̃
江开二			桩 ɔ̃	撞 iɔ̃ 戳 浊 iɔʔ	窗 ɔ̃丨 捉 tɕiɔʔ		
曾开三	即息 eiʔ		征惩 eŋ		侧测 ɛʔ	蒸 eŋ 织 eiʔ	
梗开二			泽择宅 aʔ		争 ã 责 aʔ 册 a		

续表

	精		知文		庄	章	
	ts tsʰ	tɕ tɕʰ	ts tsʰ	tɕ tɕʰ	ts tsʰ	ts tsʰ	tɕ tɕʰ
梗开三	<u>並</u> ā <u>並</u> eŋ <u>耷</u> ei?	请 iā <u>耷</u> ia	贞侦 eŋ			整 eŋ 赤 ei?	声 iā 尺 ye
通合三	松 ɔŋ 促 ɔu?	粟 ye 足 iɔ?		<u>虫</u>忠 iɔi? 筑轴 iɔu?			钟 iɔŋ 粥 iɔi?

在文读层，知二庄读 ts 组声母，精组和知三章混，部分读作 ts 组声母，部分读作 tɕ 组声母。也就是说，在文读层，知二庄、知三章精对立。

（四）古心生书邪禅母读塞擦音现象

蛮话中，古精组和知系的擦音声母"心生书邪禅"，除了读为擦音外，或多或少存在读塞擦音和塞音的现象。各点累计字数有 54 个。下面分两个部分讨论这一现象。

1. 古心生书母今读塞擦音现象

在蛮话各点中都存在古心生书母今读塞擦音的现象，现选取各点比较一致的字进行比较。如：

表 3.32　　　　　　　　古心生书母今读塞擦音现象

	海城	芦浦	筱村	雅阳	江根
笑心	tsʰieu	tɕʰieu	tɕʰiɛu	tɕʰiɛu	tɕʰiau
醒心	tsʰa	tsʰā	tsʰā	tsʰaŋ	tsʰā
粟心		tɕʰy	tɕʰyɐu	tɕʰyɛ	tɕʰye
膝心		tɕʰiə?	tɕʰie?	tsʰe?	tsʰei?
产生	tsʰa	tsʰā			tsʰā
生生	tsʰa	tsʰā	tsʰā	tsʰaŋ	tsʰā
鼠书	tɕʰy	tɕʰy	tɕʰy	tɕʰy	tɕʰy
水书	tɕy	tɕy	tɕy	tɕy	tɕy
少书		tɕiɛu	tɕiɛu	tɕiɛu	tɕiau
手书	tsʰieu	tɕʰieu	tɕʰiou	tɕʰieu	tɕʰiou

续表

	海城	芦浦	筱村	雅阳	江根
深书	tsʰeŋ	tɕʰieŋ	tɕʰieŋ	tɕʰieŋ	tsʰeŋ
伸书	tɕʰioŋ		tɕʰỹɛ	tɕʰyɛŋ	tsʰũɛ
春书	tsʰoŋ	tsɔŋ	tsəŋ	tsuŋ	tɕioŋ

海城方言中"春"字的读音可能受平阳话的影响读为送气音，其他蛮话都读为不送气音。在平阳话中，该字读为送气塞擦音。

除了吴语和闽语外，古心、生、书母读作塞擦音的现象还存在于粤、湘、赣、客等方言中，应该是整个南方方言共有的一个层次。谢留文（2002）认为汉语方言古心、生、书母今读塞擦音是一种早期现象。各家对《切韵》的拟音，一般将心、生、书母拟作擦音，但是从上古谐声关系和反切异文中，我们可以发现中古擦音字常与塞音及塞擦音相谐。蛮话中古心、生、书母读塞擦音的现象应该是一种上古音的遗留。

2. 古邪禅母今读塞擦音现象

蛮话中，古邪禅母也有今读塞擦音的现象，古邪禅母今读塞擦音的字不像心生书母那么一致，现选取各点比较一致的字进行比较。如：

表3.33　　　　　　　　古邪禅母今读塞擦音现象

	海城	芦浦	筱村	雅阳	江根
斜邪			tɕʰia	tɕʰia	
饲邪		tsʰɿ	tsʰɿ	tɕʰi	tsʰi
囚邪	dzieu	dzieu	tiou	tɕʰieu	kiou
席邪			tɕʰyəu	tɕʰyɛ	tɕʰye
树禅	tsʰieu	tɕʰieu	tsʰa	tsʰa	tsʰa
售禅	dzieu	dzieu	tɕiou	tɕiou	
市禅			tsʰɿ	tɕʰi	tɕʰi
酬禅	dzieu	dzieu	tɕiou	tɕiou	tʰiou
植禅	dʑiə?	dʑiə?	tɕie?	tse?	tsei?
属禅	dʑiə?	dʑiə?	tɕiɔ?	tɕiɔ?	

颜之推《颜氏家训·音辞篇》："其谬失轻微者，则南人以钱为涎，

以石为射，以贱为羡，以是为舐……"说明南北朝时期，南人从与邪、船与禅不分。蛮话里"邪""禅"母读塞擦音的现象应该也是这种古音的遗留。

　　3. 小结

　　古心生书邪禅母读塞擦音现象在许多方言中都有分布，其中属闽语最多，此外，吴湘赣客粤都存在这种现象，可以说是一种比较普遍的现象。蛮话地处吴闽交界，而吴语和闽语中都有古心生书邪禅母读塞擦音的现象。但是，对比蛮话和吴语、闽语中的情况，我们就能发现，蛮话中的这种现象更接近闽语。如：

表 3.34　　　蛮话古心生书邪禅母今读塞擦音现象与周边方言比较

	笑心	生生	鼠书	席邪	树禅
建瓯	siau⊃	₋tsʰaŋ	ᶜtsʰy	siɔ⊃	tsʰiu⊃/sy⊃
厦门	tsʰiau⊃/siau⊃	₋tsʰ ĩ	ᶜtsʰu	tsʰioʔ₂/sik₂	tsʰiu⊃/su⊃
福州	tsʰieu⊃	₋tsʰaŋ	ᶜtsʰy	tsʰuɔ⊃/siʔ₂	tsʰieu⊃/søy⊃
江根	tɕʰiau⊃	₋tsʰã/₋sã	ᶜtɕʰy	₋tɕʰye/seiʔ₂	tsʰa⊃/ɕy⊃
雅阳	tɕʰiɛu⊃	₋tsʰaŋ/₋saŋ	ᶜtɕʰy	tɕʰyɛ⊃/seʔ₂	tsʰa⊃/ɕy⊃
芦浦	tɕʰieu⊃	₋tsʰã/₋sã	ᶜtɕʰy	y⊃/ziəʔ₂	tɕʰieu⊃/zy⊃
平阳	ɕyø⊃	₋sa	ᶜtsʰi	zi₂	zy⊃
温州	ɕiɛ⊃	₋siɛ	ᶜtsʰei	zei₂	zɿ⊃

　　表 3.34 所举的例子说明，虽然吴语、闽语中都有古心生书邪禅母读塞擦音的现象，但是蛮话该现象的语音面貌与闽语更接近。此外，文白异读则反映出蛮话的文读层更接近吴语。

（五）小结

　　对蛮话舌齿音声母的演变进行分析，我们可以发现，在音类分合上，无论是端知的关系，还是精知庄章的关系，蛮话都更接近闽语闽东方言。而从音值上来看，古心生书邪禅母的读音，无论从字数还是音值上，也都更接近闽语闽东方言。

四　牙喉音声母

本节讨论蛮话牙喉音声母的演变。牙喉音声母主要包括见组、晓组和影组声母。此外，本节还将涉及见晓组声母与非组、精组、章组等声母之间的关系。

（一）见组声母

1. 今读总体情况

见组声母包括见母、溪母、群母和疑母，中古拟音各家都比较一致，拟作 k 组声母。蛮话中见组声母的今读可以分为两种类型：（1）在洪音前读作 [k kʰ g]，疑母读作 [ŋ] 或零声母，在细音前读作 [tɕ tɕʰ dʑ]，疑母读作 [ȵ] 或零声母，如海城、芦浦、筱村；（2）不论洪音、细音，基本都读作 [k kʰ]，疑母读作 [ŋ] 或零声母，除了少数字腭化读作 [tɕ tɕʰ]，疑母读作 [ȵ] 或零声母，如雅阳、江根。如：

表3.35　　　　　　　　　　　　　　　　见组声母今读情况

	哥	夸	熬	久	牵	骑	拳	银
海城	₌ku	₌kʰua	₌ŋɛ	ꜛtɕiau	₌tɕʰi	₌dʑi	₌guʌŋ	₌ȵioŋ
芦浦	₌ku	₌kʰua	₌ŋɑu	ꜛtɕieu	₌tɕʰi	₌dʑʅ	₌guʌŋ	₌ȵiɔŋ
筱村	₌kou	₌kʰua		ꜛtɕiou	₌kʰɛ̄	₌tsʅ	₌kueŋ	₌ȵyŋ
雅阳	₌kɔ	₌kʰua	₌ŋɛu	ꜛkieu	₌kʰɛŋ	₌kʰi	₌kuŋ	₌ȵyŋ
江根	₌ko	₌kʰua	₌ŋo	ꜛkiou	₌kʰɛ̄	₌ki	₌kuəŋ	₌ŋøŋ

"骑"字在芦浦、筱村已经进一步舌尖化，"拳"在各点的读音很一致，可以算是蛮话的一个区别字。

2. 腭化情况

蛮话的见组一等、二等字不腭化，除了少数例外，如：见组一等里，"刚"的白读音在各个点都读作舌面音 [tɕ]，"开"的白读音在海城、芦浦和筱村都读作 [tɕʰ]；见组二等里，"腔"在海城、芦浦、筱村都读作 [tɕʰ]，雅阳的"额"、江根的"岩"读作 [ȵ]。

蛮话的见组三等部分腭化，各点腭化的程度不一。从地域而言，从南到北呈现渐少的趋势。其中海城、芦浦、筱村等点腭化的程度较深，江根、雅阳等点较少，且腭化的字多为不常用字。从声母来看，见溪群三母在各点腭化的程度不一，疑母在各点腭化的程度比较一致且腭化较多。

蛮话见组四等腭化的情况可以分为两种类型：（1）基本腭化，除了少数例外，如海城、芦浦、筱村。各点的"犬"字都不腭化，读〔kʰ〕。筱村的"溪、牵"二字不腭化，读〔kʰ〕。（2）基本不腭化，如雅阳、江根。除了疑母少数字读作〔n̠〕外，全部保留舌根音的读法。如：

表 3.36　　　　　　　　　蛮话见组声母腭化情况

	一等		二等		三等		四等	
	歌	口	家	眼	京	月	鸡	牵
海城	ꞔku	ꞔkʰɜ	ꞔkuɔ	ꞔŋai	ꞔtɕiʌŋ	ŋ̩iəʔꞈ	ꞔtɕi	ꞔtɕʰi
芦浦	ꞔku	ꞔkʰɑu	ꞔko	ꞔŋai	ꞔtɕieŋ	n̠iəʔꞈ	ꞔtsʅ	ꞔtɕʰi
筱村	ꞔkou	ꞔkʰɐu	ꞔka	ꞔŋɛ̃	ꞔtɕieŋ	ŋuɔʔꞈ	ꞔtɕie	ꞔkʰɜ̃
雅阳	ꞔkɔ	ꞔkʰɐu	ꞔka	ꞔŋeŋ	ꞔkieŋ	ŋuɔʔꞈ	ꞔkie	ꞔkʰɛŋ
江根	ꞔko	ꞔkʰɐu	ꞔka	ꞔŋã	ꞔkeŋ	n̠yeʔꞈ	ꞔkie	ꞔkʰɛ̃

3. 见组与精组的关系

见组与精组的关系，这里主要分析尖团的分混。蛮话各点可以分为三种类型：（1）不分尖团，如芦浦和筱村；（2）部分分尖团，如海城和雅阳；（3）分尖团，如江根。如：

表 3.37　　　　　　　　蛮话各点见组和精组的分混情况

	海城	芦浦	筱村	雅阳	江根
椒—骄	tsieu⁴⁴≠tɕɣø⁴⁴	tɕieu⁴⁴	tɕieu¹³	tɕieu¹³≠kieu¹³	tɕiau¹¹≠kiau¹¹
箱—香	ɕiɔ⁴⁴	ɕiɔ⁴⁴	ɕiɔ¹³	ɕiɔŋ¹³	ɕiɔ¹¹≠hiɔ¹¹
节—结	tɕiəʔ⁴⁵	tɕiɔʔ⁴⁵	tɕieʔ⁵	tɕieʔ⁴⁵≠kieʔ⁴⁵	tɕieʔ⁵³接≠kieʔ⁵³结

4. 小结

从上述三个方面来看，蛮话各点见组声母的演变可以分为两种类型，海城、芦浦和筱村这三个点的情况同相邻的吴语比较接近，雅阳和江根这两个点的情况与闽语相近。前者在地域上接近浙南吴语，后者则接近闽东方言。当然，这两种类型也不是绝对对立的，其中一些点的语音表现说明音变可能正在进行中，因而呈现过渡状态的特点，如各点的腭化程度在地域上的渐变分布，分尖团的不均等等。

（二）晓组声母

1. 晓母的读音

蛮话中晓母的读音可以分为三种类型：（1）洪音前读 [h]，细音前读 [ɕ]，少数字唇化读为 [f]，如海城、芦浦；（2）洪音前读 [h]，细音前读 [ɕ]，少数字唇化读为 [f]，少数字舌尖化读为 [s]，如筱村；（3）不论洪音细音前都读 [h]，少数字细音前读 [ɕ]，如雅阳、江根。如：

表3.38 蛮话晓母的今读情况

	火	虾	海	喜	献	兄	货	虎	虚
海城	ᶜhø	ɕhuɔ	ᶜhø	ᶜɕi	ɕiᶜ	ᶜɕiɛ	fuᶜ	ᶜfu	ᶜɕy
芦浦	ᶜhø	ɕho	ᶜhø	ᶜɕi	ɕiᶜ	ᶜɕiɑ̃	fuᶜ	ᶜfu	ᶜɕy
筱村	ᶜfuə	ɕhuɔ	ᶜfuə	ᶜsɿ	ɕiᶜ	ᶜɕiɑ̃	houᶜ	ᶜhu	ᶜɕy
雅阳	ᶜhɔi	ɕha	ᶜhɔi	ᶜhi	ɕiɛŋᶜ	ᶜhiaŋ	huɔᶜ	ᶜhu	ᶜɕy
江根	ᶜhue	ɕha	ᶜhe	ᶜhi	hiɛ̃ᶜ	ᶜhiɑ̃	huɔᶜ	ᶜhu	ᶜɕy

上述读为 [f] 声母的字基本来自古合口韵。这种演变应该是近期，是在韵母影响下发生的声母演变：h→f | ＿ 合口。此外，筱村只有一个"海"字读 [f] 声母，来自古开口韵，但是"海"读同"火"，随同"火"字一同演变，是个例外。

2. 匣母的读音

蛮话中匣母的读音也可分为三种类型：（1）匣母主要读作 [h v] 声母或零声母。[h] 主要来自古开口韵，[v] 主要来自古合口韵，零声母两者皆有。如，海城、芦浦；（2）匣母今读开口呼时主要读作 [h v f] 声母，[h] 主要来自古开口韵，[v f] 主要来自古合口韵，零声母两者皆有。如，筱村；（3）匣母主要读作 [h] 声母，还有一部分匣母字读作零声母，如雅阳、江根。如：

表 3.39　　　　　　　　　　　　蛮话匣母的今读情况

	河开	贺开	害开	盒开	闲开	回合	活合	魂合	横合	红合
海城	₋au	vu²	hɛ²	ha²	₋ai	₋ø	vəʔ₋	₋ø	₋ha	₋ou
芦浦	₋au	vu²	ha²	ha²ʔ₋	₋ai	₋ø	vəʔ₋	₋ø	₋hã	₋ou
筱村	₋ou	hou	hai²	hɛʔ²	₋ɛ̃	₋fuə	vɜʔ₋	fuə	₋fã	₋vəŋ
雅阳	₋ɔ	hɔ²	hai²	ha²ʔ₋	₋eŋ	₋huə	uaʔ²	₋huəŋ	₋huaŋ	₋ɤŋ
江根	₋ho	ho²	hai²	ha²ʔ₋	₋ɛ̃	₋hue	uaʔ²	₋ũɛ	₋huā	₋oŋ

匣母的中古拟音为［ɣ］。从表 3.39 可以看到蛮话匣母的演变有两个方向：一是清化；一是弱化。从表中我们无法得知蛮话的匣母是否经过浊音［ɦ］的阶段，但是从已有研究来看，［ɣ］一般都要先弱化为［ɦ］，然后再清化或再弱化。因此，蛮话的匣母应该经历了 ɣ→ɦ→h 或 ɣ→ɦ→ø 这两种演变过程。这两种演变应该是独立进行的，代表了官话方言和南方方言的两种演变类型。

此外，匣母也不可能有 h→ø 的演变，因为晓母中有读［h］的声母，但不存在读为零声母的情况。

筱村话在上述演变之后，又经历了"h→f | ＿ 合口"的演变。筱村话的这一演变应该是晓匣母在共同的语音条件即古合口韵下同时进行的。

在这里，我们需要解决一个上文遗留的问题，那就是为什么芦浦、海城等蛮话中，匣母读［h］声母的字没有像其他古全浊声母一样读作同部位的浊音，也就是喉浊音［ɦ］？上文我们在讨论苍南蛮话古全浊声母今读浊音现象的时候已经指出，我们认为苍南蛮话的古全浊声母今读浊音是在吴语影响下的一种声调借贷。在吴语中一般都是浊声母配阳调，清声母配阴调，苍南蛮话的其他古全浊声母的今读基本也是遵循这条规律，但是在匣母中出现了一批例外字，用清声母［h］配阳调，这与吴语的情况不合，上文我们并未给出解释，这里我们进行详细说明。

海城、芦浦这两个点读［h］声母的匣母字都来自一、二等韵，且韵母都是开口呼。不同于其他几个点，海城、芦浦的匣母四等没有读［h］声母的字，因为这两个点的匣母四等字由于韵母的关系已经腭化。

对于上述这种例外的产生，我们认为是语音演变时两条语音规律共同作用的结果。这两条语音规律我们分别称之为规律 1 和规律 2。规律 1 是匣母的历史音变规律，而规律 2 是受吴语影响而形成的声调借贷规律。

规律1："ɦ→h"或"ɦ→∅"

规律2："h→hɦ|_阳调"或"∅→∅ɦ|_阳调"

规律1中的［ɦ］是真正的喉浊音，在历史音变中它可以清化为清喉音［h］，或是弱化为零声母。规律2中的［ɦ］实际上是一种从喉部发出的浊流，它依附于声调，不受声母清浊的影响，因而即使是清声母也可以携带这种浊流。这种阳调浊流是吴语的本质特征，海城、芦浦蛮话在吴语的影响下发生声调借贷，在上述规律的作用下产生清音浊流的现象。

蛮话的匣母还有少数字读作［ɕ］声母。蛮话各点可以分为两种情况，如：

表3.40　　　　　　　　蛮话的匣母还有少数字读作［ɕ］声母

		贤	现	弦	玄	形	型	刑
A	海城	₋i	i²	₋i	₋yø	₋iʌŋ	₋iʌŋ	₋iʌŋ
	芦浦	₋i	i²	₋i		₋ieŋ	₋ieŋ	₋ieŋ
B	筱村	₋ɕi	ɕi²	₋ɕỹɛ	₋ɕỹɛ	₋ɕieŋ	₋ɕieŋ	₋ɕieŋ
	雅阳	₋ɕieŋ	ɕieŋ²	₋ɕyɛŋ	₋ɕyɛŋ	₋hieŋ	₋hieŋ	₋hieŋ
	江根	₋hĩɛ	hĩɛ²	₋hĩɛ	₋ɕỹɛ	₋heŋ	₋heŋ	₋heŋ

如表3.40所示的A和B两类。A类点全都读作零声母，B类点则呈现从h→ɕ变化的经过，最终都读为［ɕ］声母。

表3.40中B类点的字可能经历了ɣ→ɦ→h→ɕ的演变，而A类点的字虽然结果呈现为零声母，但是在吴语的影响下也可能经历过浊化ɕ→ʑ，然后又弱化为零声母ʑ→j→∅的过程，从声调上仍然能体现吴语阳调浊流的性质。

蛮话的匣母也存在读舌根音的现象。如：

表3.41　　　　　　　　蛮话匣母读舌根音的情况

	怀~里	悬高	厚	咬	含	寒冷	汗	环门~	猴	咸~淡
海城	₋guai	₋gai	gɛ²	gɔ²	₋ga	₋ga	ga²			
芦浦	₋guai	₋gai	gɔ²	gɔ²	₋ge	₋ge	ge²	₋gue		
筱村		₋kɛ̃	kau²	ka²	₋kã	₋kã	ka²		₋kau	₋kɛ̃

续表

	怀~里	悬高	厚	咬	含	寒冷	汗	环门~	猴	咸~淡
雅阳	kue²	ˌkɛŋ	kau²	ka²	ˌkaŋ	ˌkaŋ	kaŋ²	ˌkʰuaŋ	ˌkau	ˌkɛŋ
江根		ˌkē	kau²	ka²	ˌkā		kā²		ˌkau	ˌkē

匣母读如群母是上古音的一种遗留，在吴闽语中都有这种现象，但是闽语中匣母读舌根音的字的数量比吴语多。表 3.42 中的例字在吴语中多数不读舌根音，但在闽语中都读为舌根音。如：

表 3.42　　　　　　　　吴闽语中匣母读舌根音的情况

	怀~里	悬高	厚	咬	含	寒冷	汗	环门~	猴	咸~淡
温州	ˌga		ˌgau	ŋɔ²	ˌɦiaŋ	ˌjy	jy²	ˌva	ˌɦiau	ˌɦia
福州	ˌkøy	ˌkeiŋ	kau²	ka²	ˌkaŋ	ˌkaŋ	kaŋ²	ˌkʰuaŋ	ˌkau	ˌkeiŋ

3. 晓组和非组的关系

蛮话各点都存在晓组合口读音和同摄非组相混的现象。如：

表 3.43　　　　　蛮话各点晓组合口读音和同摄非组相混的情况

		府—虎	番—欢	方—慌	万—换	风—烘
A	海城	ᶜfu			va²	ˌhɔŋ
	芦浦	ᶜfu		ˌfɔ̃	ve²	ˌhɔŋ
B	筱村	ᶜhu	ˌfã	ˌhɔ̃ ~ ˌfɔ̃	vã²	ˌfəŋ
C	雅阳	ᶜhu	ˌhuaŋ	ˌhuɔŋ	uaŋ²	ˌhuŋ
	江根	ᶜhu	ˌhuã	ˌhɔ̃	uã²	ˌhɔŋ

晓组和非组相混的现象在闽语和吴语中都存在，但是在闽语中所涉及的范围更广。如：

表 3.44　　　　　吴闽语中晓组合口读音和同摄非组相混的情况

	府—虎	番—欢	方—慌	万—换	风—烘
温州	ᶜføy　ᶜfu	ˌfa　ᶜɕy	ˌhuɔ	va²	ˌhoŋ
福州	ᶜxu	ˌxuaŋ	ˌxuɔŋ	uaŋ²	ˌxuŋ

观察表 3.43 和表 3.44，对比蛮话各点和吴语、闽语的情况，我们发现，蛮话晓组、非组相混的现象也分为三种类型：A 类接近吴语；B 类处于过渡阶段；C 类接近闽语。

（三）影组声母

1. 影母的读音及其与疑母的分合

蛮话的影母今读基本为零声母。蛮话的疑母今读基本读作鼻音声母 [ŋ] 或者 [ȵ]，根据今韵母洪细的不同有两种情况：（1）在洪音前读作 [ŋ]，在细音前读作 [ȵ]，如海城、芦浦、筱村；（2）不论洪音、细音，基本都读作 [ŋ]，除了少部分字腭化读作 [ȵ]，如雅阳、江根。也就是说，蛮话的疑母原先应该都读作 [ŋ] 声母，在韵母前高元音的影响下慢慢腭化。

在中古《切韵》的声母系统中影疑母就是对立的，根据王力先生（1980）的拟音，影母为 [Ø]，疑母为 [ŋ]。但是，在现代汉语方言里，影母和疑母的关系不是单纯的对立这么简单。

根据赵学玲（2007）对汉语方言影疑母字声母分合类型的分析，汉语方言中影疑母字声母的分合类型首先可以分为北方型和南方型两种。南方型方言又可以分为湘赣型、吴闽客型和粤语型三种小的类型。吴闽客型方言影疑二母基本分开，根据读音的不同又分为苏州型、嵊县型和厦门型。其中苏州型方言影母基本读零声母，疑母开口呼、合口呼基本读 [ŋ] 声母，齐齿呼、撮口呼基本读 [ȵ] 声母；厦门型方言影母都读 [Ø]（[ʔ]）声母，疑母都读 [ŋ]（[g]）声母。蛮话地处吴闽交界地带，影疑二母的分合类型也介于苏州型和厦门型。海城、芦浦、筱村等蛮话属于苏州型，雅阳、江根等蛮话则处于厦门型向苏州型转变的中间状态。这种情况也说明了蛮话的影疑母是各自发展至如今的面貌。

除了上述的总体情况外，蛮话还有少数影母字读 [ȵ ŋ] 声母，这是比较特殊的情况，如：海城、芦浦、雅阳的"衣~裳"都读作 [ȵi]，芦浦的"轭"读 [ŋã]，芦浦、筱村的"映看"读 [ŋɔ̃]，江根的"轭"读 [ŋa] 等。另据秋谷裕幸（2005）的记录，泰顺三魁的"衣~裳"读 [ȵi]，"烟~酒丝"读 [ȵie]，"瘾"读 [ȵie]，"轭"读 [ŋa]，"映看"读 [ŋɔ̃]；苍南炎亭的"衣~裳"读 [ŋī]，"烟香~"读 [ȵī]，"映看"读 [ŋõ]，等等。

蛮话影母读〔n̠ ŋ〕声母的字有一些共同特点：（1）这些字都是常用字；（2）这些字的读音在蛮话内部有很高的一致性；（3）这些字都是古开口字。

影母字读〔n̠ ŋ〕声母在南方方言中比较少见，我们查阅相邻吴语、闽语方言的材料，未发现有这种情况。我们怀疑蛮话影母读〔n̠ ŋ〕声母与疑母有很大关联。

赵学玲（2007）曾指出："中原官话汾河片、晋语以及河西走廊的一些方言影疑母在齐齿呼和撮口呼前除了大部分字读零声母外，少数字读〔n̠〕或〔z〕声母，和泥娘母字读音相同。"她指出，以山西临猗方言为例，影母读〔n̠〕声母的有"鸦、鸭、钳、压、哑、央、秧、约、衣、持、倚、淹、腌、阉、映、应、影"等字，疑母读〔n̠〕声母的有"牙、芽、疟、逆、宜、疑、咬、牛、颜、言、凝、迎、硬、雁、眼"等字。关于这种情况，她认为可能性较大的解释是"疑母在齐齿呼和撮口呼前没有全部并入影母，而是变成了和泥娘母读音相同的〔n̠〕声母，因为〔ŋ〕声母与〔i y〕相拼时，协同发音的作用使〔ŋ〕变成〔n̠〕，然后吸引少数影母字也读〔n̠〕声母"。

蛮话中影母读〔n̠ ŋ〕声母的情况与上述情况不同。王力（1985）指出："在现代某些方言里，影母开口呼的字转入疑母〔ŋ〕或泥母〔n〕，……大约因为影母是喉塞音〔ʔ〕，发音部位转移为舌根音〔ŋ〕，是很自然的。"

蛮话的影疑母可能经历了以下演变：

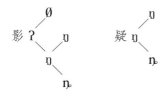

影母的少数常用开口呼的字，发音部位转移为舌根音〔ŋ〕，读入疑母，舌根音〔ŋ〕又在前高元音的影响下腭化成〔n̠〕，从而出现少数常用影母字读鼻音声母的情况。

2. 云母的读音

云母在上古属于匣母，中古《切韵》时代云母仍属于匣母，到唐末守温三十六字母里，云母归喻母。根据王力（1980）的拟音：

ɣ（匣）
ɣ（匣）
j（喻三丨云）

蛮话的云母今基本读作零声母，但也有少数的字读作擦音。如：

表 3.45   云母字读擦音的情况

	雨做~	园	远	云	熊雄
海城	vu²²	hø²¹³	hø²²	vʌŋ²¹³	
芦浦	fu²²			vʌŋ²¹³	
筱村	hou²²	huə⁴²	huə²²		
雅阳	huə²²	huɔŋ³⁵¹	huɔŋ²²	huŋ³⁵¹	ɕiuŋ³⁵¹
江根	huə⁵³	huə³³		huøŋ³³	hiɔŋ³³

另外，据秋谷裕幸（2005）记录，泰顺三魁蛮话的"雨做~"读
[hou⁴²]，"园"读［fuɔi³³］，"远"读［fuɔi⁴²］，"云"读［fɤŋ³³］；苍南
炎亭蛮话的"雨做~"读［fu¹¹］，"园"读［hõ²¹³］，"远"读［hõ¹¹］，
"云"读［faŋ²¹³］。

云母除读零声母外，还有［h v f ɕ］等擦音读法，我们认为这些声母
都是在上古音的基础上演变而来的。演变过程如下：

　　　　　　　　f
　　ɣ—ɦ—h
ɣ　　　　　　ɕ
　　j—Ø(v)

读［h］声母的云母字应该是对上古云匣不分的继承，［ɣ］声母弱化
为［ɦ］声母，然后清化为［h］声母。［h］声母在合口呼韵母的影响下
唇化为［f］声母，而后有些字的 u 介音脱落。或在前高元音的影响下腭
化为［ɕ］声母。读为［v］声母的字实际上是合口呼韵母在零声母的情
况下元音 u 摩擦加强的结果，与零声母没有形成音位对立，可以说是零声
母的变体。

根据杨慧君（2012）的统计，云母读 h 类声母在闽语、南部吴语和
粤语中都有分布，主要集中在东南沿海。如：福建福安的"雨"读

［hʊ］，"园远"读［hʊŋ］，"云"读［houŋ］；浙江常山的"园远"读
［xoŋ］；广东容县的"雨"读［hy］，等等。也就是说，上古云匣不分的
特征在东南沿海方言里都或多或少的有所遗留。但是，闽语中这种现象尤
其普遍，字数也比较多。

蛮话中云母读 h 类声母的现象也呈现出过渡地带的特征，靠近闽语的
蛮话点在字数上更多，而越靠近吴语的蛮话点则相对稀少。

3. 以母的读音

以母也就是《切韵》时代的余母，王力（1980）指出"余母的字，
绝大部分和端透定相谐，小部分和邪母等相谐，可见它的上古音是 d"。
他认为"上古的 d 到中古失落了，剩下来是些以半元音 j 起头的字"。

蛮话的以母今基本读作零声母。但也有少数字读鼻音或擦音。如：

表3. 46　　　　　　　　　　少数以母字读擦音或鼻音的情况

	盐腌	痒	锐	页	翼	疫	夷武~山
海城		ʑio²²			n̠iəʔ²²		
芦浦		ʑiɔ̃²²	zai²²		n̠iəʔ²²		
筱村	çi⁵³	çiɔ̃²²	çyəu²²		n̠i²²	n̠i²²	n̠i⁴²
雅阳	çiɛŋ⁵³	çiɔŋ²²		çiaʔ²²			
江根	çĩɛ³³	çiɔ̃⁵³					

另据秋谷裕幸（2005）的记录，泰顺三魁蛮话的"盐腌"读
［çie⁵³］，"锐"读［søy⁴²］，"痒"读［çiɔ̃⁴²］，"淫"读［n̠ɪŋ³³］；苍
南炎亭蛮话的"痒"读［ʑiõ¹¹］，"沿"读［n̠ĩ²¹³］，"姨~娘"读［n̠ĩ⁻¹¹］，
"檐~头滴水"读［n̠ĩ⁻¹¹］，"翼"读［n̠iəʔ²］，等等。

蛮话以母的特殊声母主要有擦音声母［z ʑ z̠ ç］和鼻音声母［n̠］。
读作擦音声母应该与上古余母和邪母相谐有关，因此今音读同邪母。庄初
升（2002）在考证闽语平和方言中的几个以母本字时，再一次论证上古
以母和邪母的关系密切。读作鼻音声母则是由于零声母鼻音化的结果。覃
远雄（2005）指出桂南平话中以母读［n̠］声母是 ji→ɲi 的演变，而蛮话
中以母读［n̠］声母，则可能是 ji→ɲi→n̠i 的进一步演变。

此外，江根蛮话的"维惟"读［mi³³］，为［m］声母，与明母读音
混。罗常培（1932）指出，"《中原音韵》微母字惟齐微部'微薇'纽下

混入喻母'惟维'二字。案利玛窦标音亦注'惟'为 üui，与其他喻母字不同。且今安南译音、客家、山西及闽语、吴语亦皆读为微母"。另据秋谷裕幸（2010）记载，闽东区福宁片和侯官片的脂韵合口以母字"维"读［m］声母，如：福州、福清、古田等都读［mi］。此外，刘勋宁（1988）指出，"我们所知的'维惟'读入'微'母的北方方言就已有了陕西、河南、山西，即以河南为中心的广大的'中原'地区"。可见，"维惟"读如微母的分布范围十分广泛。"维惟"读［m］声母应该是一种后起的演变，经过 u→ɯ→m 的演变。

第 四 章
蛮话韵母研究

一 果摄

（一）果摄的今读情况

中古切韵系统中，果摄包括开口一等、三等和合口一等、三等。果摄三等的字很少，常用字只有"茄~子、瘸、靴"等字，在蛮话中的读音分别如下："茄"，芦浦白读〔dʑy²¹³〕、文读〔ga²¹³〕，海城读〔dʑy²¹³〕，筱村读〔tɕyəu⁴²〕，雅阳读〔kyɛ³⁵¹〕，江根读〔kuə³³〕；"靴"，芦浦读〔ɕy⁴⁴〕，海城读〔su⁴⁴〕，江根读〔hia¹¹〕；"瘸"，江根读〔kia³³〕。

果摄开口一等歌韵和合口一等戈韵帮组，海城话主要读〔uɔ ɑu u〕韵，其中〔uɔ〕韵与假摄麻韵开口二等的读音相同。芦浦话主要读〔o ɑu u〕韵，其中〔o〕韵与假摄麻韵开口二等的读音相同。筱村话主要读〔a ou〕韵。其中〔a〕韵与假摄麻韵开口二等的读音相同。雅阳话主要读〔a ua ɔ〕韵，其中〔a ua〕韵与假摄麻韵开口二等的读音相同。江根话主要读〔a o〕韵。其中〔a〕韵与假摄麻韵开口二等的读音相同。如：

海城	〔uɔ〕韵	拖鞋~tʰuɔ⁴⁴｜大形容词duɔ²²｜我 =哑麻uɔ⁴⁵
	〔ɑu〕韵	驮拿dɑu²¹³｜舵 dɑu²²｜锣 lɑu²¹³｜鹅 ŋɑu²¹³｜饿 ɑu⁴⁴｜河 ɑu²¹³
	〔u〕韵	罗箩lu²¹³｜左 tsu⁴⁵｜歌哥 ku⁴⁴｜何 vu²¹³｜波 pu⁴⁴｜坡 pʰu⁴⁴｜破 pʰu⁴²｜磨 ~刀mu²¹³｜磨名词mu²²
芦浦	〔o〕韵	拖 tʰo⁴⁴｜大形容词do²²｜我 =哑麻o⁴⁵｜簸 =霸麻po⁴²｜磨 ~刀 =麻麻mo²¹³｜磨名词mo²²
	〔ɑu〕韵	驮拿dɑu²¹³｜舵 dɑu²²｜锣 lɑu²¹³｜搓 tsʰɑu⁴⁴｜鹅 ŋɑu²¹³｜饿 ɑu⁴⁴｜河 ɑu²¹³
	〔u〕韵	多 tu⁴⁴｜罗箩 lu²¹³｜左 tsu⁴⁵｜歌哥 ku⁴⁴｜何 vu²¹³｜波 pu⁴⁴｜坡 pʰu⁴⁴｜破 pʰu⁴²

续表

筱村	[a] 韵	拖 tʰa¹³ ｜ 大形容词 ta²² ｜ 笋 la⁴² ｜ 我 =雅麻 ŋa²⁴ ｜ 簸 =霸麻 pa⁵³ ｜ 磨~刀 =麻麻 ma⁴²
	[ou] 韵	驮拿 tou⁴² ｜ 舵 tou²² ｜ 罗锣 lou⁴² ｜ 搓 tsʰou¹³ ｜ 左 tsou²⁴ ｜ 歌 kou¹³ ｜ 鹅 ŋou⁴² ｜ 饿 ŋou²² ｜ 何 hou⁴² ｜ 河 ou⁴² ｜ 波坡 pʰou¹³ ｜ 破 pʰou⁵³ ｜ 磨名词 mou²²
雅阳	[a] 韵	拖 tʰa¹³ ｜ 大形容词 ta²² ｜ 笋 la³⁵¹ ｜ 阿~胶 a¹³
	[ua] 韵	我 ua³⁵ ｜ 簸 pua⁵³ ｜ 破 pʰua⁵³ ｜ 磨~刀 =麻麻 mua³⁵¹
	[ɔ] 韵	驮拿 tɔ³⁵¹ ｜ 舵 tɔ³⁵¹ ｜ 罗锣 lɔ³⁵¹ ｜ 搓 tsʰɔ¹³ ｜ 左 tsɔ³⁵ ｜ 歌 kɔ¹³ ｜ 鹅 ŋɔ³⁵¹ ｜ 饿 ŋɔ²² ｜ 何 hɔ³⁵¹ ｜ 河 ɔ³⁵¹ ｜ 波 pɔ¹³ ｜ 破 pʰɔ⁵³ ｜ 磨名词 mɔ²²
江根	[a] 韵	拖 tʰa¹¹ ｜ 大形容词 ta⁵³ ｜ 笋 la³³ ｜ 我 ŋa²⁴ ｜ 破 pʰa³¹ ｜ 磨~刀 =麻麻 ma³³
	[o] 韵	驮拿 to³³ ｜ 舵 to³³ ｜ 罗锣 lo³³ ｜ 搓 tsʰo¹¹ ｜ 左 tso²⁴ ｜ 歌 ko¹¹ ｜ 饿 ŋo⁵³ ｜ 何 ho³³ ｜ 河 o³³ ｜ 波坡 po¹¹ ｜ 磨名词 mo⁵³

果摄合口一等戈韵（除帮组以外），海城话主要读 [ø ɑu u] 韵，其中 [ø] 韵与蟹摄一等咍灰韵的读音相同。芦浦话主要读 [ø ɑu u] 韵，其中 [ø] 韵与蟹摄一等咍灰韵的读音相同。筱村话主要读 [uə ou] 韵，其中读 [uə] 韵与蟹摄一等咍灰韵的读音相同。雅阳话主要读 [ɔi ɔ uɔ] 韵，其中 [ɔi] 韵与蟹摄一等咍灰韵的读音相同。江根话主要读 [uə ue o] 韵，其中 [ue] 韵与蟹摄一等咍灰韵的读音相同。如：

海城	[ø] 韵	螺螣~胭 lø²¹³ ｜ 坐 =罪灰 zø²² ｜ 火 =海咍 hø⁴⁵
	[ɑu] 韵	朵 tɑu⁴⁵ ｜ 剁 tɑu⁴² ｜ 糯 nɑu²² ｜ 梭 sɑu⁴⁴ ｜ 锁 sɑu⁴⁵
	[u] 韵	螺~蛳 lu²¹³ ｜ 锉 tsʰu²² ｜ 座 dzu²² ｜ 果 ku⁴⁵ ｜ 过 ku⁴² ｜ 科窠 kʰu⁴⁴ ｜ 课 kʰu⁴² ｜ 货 fu⁴² ｜ 祸 vu²²
芦浦	[ø] 韵	胭 lø²¹³ ｜ 莝 tsʰø⁴² ｜ 坐 =罪灰 zø²² ｜ 火 =海咍 hø⁴⁵
	[ɑu] 韵	朵 tɑu⁴⁵ ｜ 剁 tɑu⁴² ｜ 糯 nɑu²² ｜ 梭 sɑu⁴⁴ ｜ 锁 sɑu⁴⁵（端精组）
	[u] 韵	果裹 ku⁴⁵ ｜ 过 ku⁴² ｜ 科窠 kʰu⁴⁴ ｜ 课 kʰu⁴² ｜ 货 fu⁴² ｜ 祸 vu²²（见晓组）；螺 lu²¹³
筱村	[uə] 韵	螺 luə⁴² ｜ 胭 luə⁴² ｜ 莝 tsʰuə⁵³ ｜ 坐座 =罪灰 suə²² ｜ 火 =海咍 fuə²⁴
	[ou] 韵	朵 tou²⁴ ｜ 糯 nou²² ｜ 梭 sou¹³ ｜ 锁 sou²⁴ ｜ 果裹 kou²⁴ ｜ 过 kou⁵³ ｜ 科窠 kʰou¹³ ｜ 课 kʰou⁵³ ｜ 货 hou⁵³ ｜ 禾 hou⁴²

续表

雅阳	［ɔi］韵	螺 lɔi³⁵¹ ｜ 胭 lɔi³⁵¹ ｜ 坐座 =罪灰sɔi²² ｜ 火伙 =海哈hɔi³⁵
	［ɔ］韵	朵 tɔ³⁵ ｜ 糯 nɔ²² ｜ 梭 sɔ¹³ ｜ 锁 sɔ³⁵
	［uɔ］韵	果裹 kuɔ³⁵ ｜ 过 kuɔ⁵³ ｜ 科窠 kʰuɔ¹³ ｜ 课 kʰuɔ⁵³ ｜ 货 huɔ⁵³ ｜ 禾 huɔ³⁵¹
江根	［ue］韵	胭 lue³³ ｜ 莝 tsʰue³¹ ｜ 蓑 sue¹¹ ｜ 坐座 sue⁵³ ｜ 火 hue²⁴ ｜ 禾 ue³³；罪灰tsue⁵³ ｜ 猜哈tsʰue¹¹
	［o］韵	朵 to²⁴ ｜ 糯 no³³ ｜ 梭 so¹¹ ｜ 锁 so²⁴ ｜ 课 kʰo³¹ ｜ 祸 o¹¹
	［uə］韵	果裹 kuə²⁴ ｜ 过 kuə³¹ ｜ 科窠 kʰuə¹¹ ｜ 货 huə³¹

从上文的读音情况我们可以总结出以下几点：

（1）蛮话各点都存在开口和合口相混的情况。如：

表4.1　　　　　　　　果摄开合口相混的情况

	海城	芦浦	筱村	雅阳	江根
驮拿·开	dɑu²¹³	dɑu²¹³	tou⁴²	tɔ³⁵¹	to³³
朵合	tɑu⁴⁵	tɑu⁴⁵	tou²⁴	tɔ³⁵	to²⁴
歌开	ku⁴⁴	ku⁴⁴	kou¹³	kɔ¹³	ko¹¹
果合	ku⁴⁵	ku⁴⁵	kou²⁴	kuɔ³⁵	kuə²⁴

（2）蛮话各点都存在果摄与假摄、蟹摄相混的情况，且字类上基本都相同。

（3）蛮话各点果摄的读音，虽然音值差异较大，但是音类的分合情况大同小异，可以明确地看出各点的关系字。

（二）果摄韵母的层次

通过对蛮话各点今音情况的分析，我们可以看到蛮话各点果摄的读音都比较复杂，果摄一等的韵母，最多的有八个，最少的也有四个。果摄一等由中古的两个韵演变成如今的繁复情况，这些韵母之间是何关系，下文进行具体分析。

蛮话各点在音类上的对应比较清晰，因此，我们先以层次比较丰富的雅阳话入手，分析果摄的历史层次。然后通过层次关系字联系其他蛮话果摄的层次，再指出各点的特殊演变。

　　雅阳话的果摄有［a ua ɔ uɔ ɔi ai yɛ e］八种读法。其中读［e］韵的只有一个"裸"，读［ai］韵的只有"大~家"，暂时不论。

　　第一，果摄读为 a 的层次。

　　雅阳方言读［a］韵母的字有"拖他大~学挪箩阿"等。其中"他"字读［a］应该是来自北方官话，在蛮话里"他"只用在书面语里，口语里不常用，且第三人称代词蛮话一般说"伊"。"挪"的情况与"他"类似。"大"字有两读的情况，在"大学"等比较新的义项中读［a］，在"大家"等比较口语的词中读［ai］。明显地，"他、挪、大~学"这三个字读［a］韵是比较晚近的文读，是受普通话的影响而新生的读音。

　　但是，雅阳方言中读［a］韵母的音除了上述受普通话影响而产生的文读音，还有一些字如"拖、箩、阿"等读［a］韵母，应该是中古音的演变滞留。雅阳话的"阿"多用于称谓如"阿爸、阿母、阿爷、阿奶"等，且变读入声，这种现象郑张尚芳（1983）和戴黎刚（2012）在讨论温州话和闽语歌韵的层次时都有论述，这里不再赘述。此外，"箩"是日常生活常用的工具，而"拖"出现在"鞋拖"等较古的词中，因此，我们认为雅阳话中读［a］的层次混合了受官话影响产生的文读音和本方言由于语音演变产生的滞留音两个层次。

　　在其他蛮话中也存在这两个层次混同的现象，如：

表 4.2　　　　　　　　　　蛮话各点［a］音类的层次

	文读音 a 类	滞留音 a 类
芦浦	他大	阿
海城	他大	搓阿
雅阳	他大挪	拖箩阿
筱村	他大挪	拖箩我阿｜簸磨~刀莎祸
江根	他大挪	拖箩我阿｜破磨~刀摩莎

　　各点文读音［a］类的字基本相同，而滞留音［a］类的字则相差较大，在筱村和江根，除了开口韵中读［a］，合口韵中的一部分字也读［a］，而这部分字在芦浦读［o］，海城读［uɔ］，雅阳读［ua］，如：

表4.3　　　　　芦浦等点对应筱村和江根合口字读［a］韵的层次

芦浦	拖<u>我</u>｜磨_{~刀}摩蓑莎	o
海城	拖<u>大</u>箩可我｜蓑；磨_{~刀}祸	u｜ɔu
雅阳	我｜簸<u>破</u>磨_{~刀}祸	ua

在芦浦和海城，除了"阿""搓"等字的读音演变滞留外，其他字的读音都已高化，雅阳的情况则不同，还处于开合口有别的阶段，而筱村和江根则是开合口相混的阶段。

此外，芦浦的"阿"在"阿弥陀佛"中读［ɔ］韵，这可能跟佛教用语的推广有关。

第二，果摄读为 ua 的层次。

雅阳话中读［ua］韵的字主要有"我簸破磨_{~刀}祸"，除了"我"字外，与滞留层［a］韵的区别是古开合的语音条件造成的，上文已分析过。因此［ua］韵和滞留层的［a］韵应该是互补的。"我"字读［ua］可能跟声母有关，雅阳话的"我"为零声母，而筱村和江根的"我"都读鼻音声母。雅阳话的"我"可能经历过 ŋa→ŋua→ua 的演变。雅阳话该层次与假摄有交叉，假摄也存在读［ua］韵的情况，如：麻嬷 ＝磨_{~刀}mua³⁵¹。果摄读［ua］韵应该是上古音的层次，上古果假止（支）不分。

筱村、江根该层次的字读［a］韵，芦浦该层次的字读［o］韵，海城该层次的字一分为二读［uɔ］和［u］韵。

第三，果摄读为 ɔ｜uɔ 的层次。

这一层次是雅阳果摄的主体层次，［ɔ］和［uɔ］有互补的关系，我们将其归为一层。大部分常用字集中在这一层，如：

［ɔ］韵：驼驮舵罗锣左佐搓歌哥可蛾鹅俄饿何河荷_{薄~荷}~_花贺｜波菠玻<u>破</u>薄_{~荷}婆魔摩磨_{石~}朵啰糯锉梭唆锁琐锅戈

［uɔ］韵：果裹课过科棵窠颗课货禾和_{~气}倭

蛮话各个方言果摄的主体层次都比较明确，筱村为［ou］韵，雅阳为［ɔ］类韵，江根分化为［o］和［uə］韵，芦浦、海城相对应的为［ɑu］韵。各地的韵母之间存在明显的高化复化的演变：ɔ→o→ou→ɑu。

另外，芦浦、海城的主体层次有分化，除［ɑu］韵外，大部分字都集中在［u］韵，如：

表4.4　　　　　　　　　[ɑu] 韵和 [u] 韵在芦浦和海城的分布

	u 韵	ɑu 韵
芦浦	罗左佐歌哥蛾鹅俄娥何荷_{薄~荷}~荷~花贺｜波菠颇坡玻破~环婆魔磨~刀摩磨石~妥~当惰啰骡螺~丝刀裸锉座唆锅戈果裹过科棵窠颗课卧货和~气祸窝燕~	驮舵锣搓鹅饿河｜朵剁糯梭锁琐
海城	罗左佐歌哥蛾鹅俄娥何荷_{薄~荷}~荷~花贺｜波菠颇坡玻破~环婆魔磨~刀摩磨石~妥~当惰啰骡螺~丝刀裸锉座唆锅戈果裹过科棵窠颗课卧货和~气祸窝燕~	驼驮舵锣鹅饿河｜朵剁糯梭锁

这种分化没有语音条件，且部分字有文白异读现象，我们认为 [u] 韵应该是外方言影响产生的新层，通过词汇扩散已经占据主要地位。

第四，果摄读为 ɔi 的层次。

雅阳话里读 [ɔi] 韵的基本为合口字，如"螺胭坐座火伙"，还有一个开口字的例外，即"个"。"坐""座"二字在蛮话中都是不分的，多将"座"读为"坐"。该层次蛮话各点的对应比较整齐：芦浦、海城读 [ø] 韵，如"个｜螺_脮~胭坐火伙"；筱村读 [uə] 韵，如"个｜螺胭莝坐火伙"；江根读 [ue] 和 [e] 韵，这两个韵互补，如"个｜胭莝坐蓑火伙禾"。

该层次的读音与蟹摄灰哈韵的读音相同，如：坐座 =罪_灰sɔi²²｜火伙 =海_哈hɔi³⁵。歌韵读同灰韵与古音学所谓的歌微通转有关，郑张尚芳（1983）已有详细论述，不再赘述。

这一现象在吴闽语中普遍存在。戴黎刚（2012：20）指出，"在沿海片闽语中都有这个层次，福州话读为 [øy]，有四个字：螺胭坐锉。泉州话读为 [ə]，有三个字：螺胭坐。莆仙话读为 [ø]，也有三个字：螺胭坐"，他认为这一层次是古越语的遗留。我们认为这一说法是有问题的，比较蛮话中同类字的读音情况，我们认为该层次和歌微通转有关，而不是古越语的遗留，因为闽语该层次和蟹摄读音也是相同的。

除了雅阳话的上述层次之外，江根话的"鹅"读 [ȵia³³]，"靴"读 [hia¹¹]，"瘸"读 [kia³³]，皆为 [ia] 韵，以三等字为主，为雅阳方言所无。江根话中的假摄开口三等基本读 [ia] 韵，如"写斜车_马~蛇"等，此外，止摄支韵的"纸寄徛蚁"也读 [ia] 韵。江根话的这一层次可能与上古音有关，上古歌部分化为中古果摄、假摄和止摄支韵（举平以赅上去）。因此，该层次与上文雅阳话的［ua］韵应该同属一个层次，是互补的。除了江根话之外，其他蛮话方言的果摄都没有保留这一层次。这一层次在闽语中普遍存在。参考戴黎刚（2012：16）莆仙话的"鹅靴蛇纸骑企"读［ya］韵，泉州话的"鹅蛇纸骑寄企"读［ia］韵，福州话的"奇斜骑企"读［ia］韵。

从上文的分析中我们大概可以得到蛮话果摄的以下这些层次。如：

表4.5 果摄一等的层次

	雅阳话	海城话	芦浦话	筱村话	江根话
1	ɔi	ø	ø	uə	ue｜e
2	a｜ua	uɔ	o	a	a｜ia
3	ɔ｜ɔ	ɑu	ɑu	ou	o｜uə
4	—	u	u	—	—

上表的层次基本上按时间的先后排列。

二 假摄

（一）假摄的今读情况

1. 假摄二等

假摄二等麻韵，海城话主要读作［uɔ］韵。芦浦话主要读作［o］韵。筱村话开口二等读作［a］韵，合口二等读作［ua］韵。雅阳话开口二等读作［a］韵，合口二等读作［ua］韵。江根话开口二等读作［a］韵，合口二等读作［ua］韵。例如：

海城	开口	把 puɔ⁴⁵｜怕 pʰuɔ⁴²｜爬 buɔ²¹³｜马 muɔ⁴⁵｜茶 dʑuɔ²¹³｜渣 tsuɔ⁴⁴｜沙 suɔ⁴⁴｜家 kuɔ⁴⁴｜牙 ŋuɔ²¹³｜虾 huɔ²¹³｜哑 uɔ⁴⁵
	合口	瓜 kuɔ⁴⁴｜花 huɔ⁴⁴｜化 huɔ⁴²
芦浦	开口	把 po⁴⁵｜怕 pʰo⁴²｜爬 bo²¹³｜马 mo⁴⁵｜茶 dʑo²¹³｜渣 tso⁴⁴｜沙 so⁴⁴｜家 ko⁴⁴｜虾 ho²¹³｜哑 o⁴⁵
	合口	瓜 ko⁴⁴｜花 ho⁴⁴｜化 ho⁴²

筱村	开口	把 pa²⁴ ｜ 爬 pa⁴² ｜ 马 ma²⁴ ｜ 茶 ta⁴² ｜ 渣 tsa¹³ ｜ 沙 sa¹³ ｜ 家 ka¹³ ｜ 虾 ha¹³ ｜ 哑 a²⁴
	合口	瓜 kua¹³ ｜ 花 fa¹³ ｜ 化 fa⁵³
雅阳	开口	把 pa³⁵ ｜ 爬 pa³⁵¹ ｜ 马 ma³⁵ ｜ 茶 ta³⁵¹ ｜ 渣 tsa¹³ ｜ 沙 sa¹³ ｜ 家 ka¹³ ｜ 虾 ha³⁵¹ ｜ 哑 a³⁵
	合口	瓜 kua¹³ ｜ 花 hua¹³ ｜ 化 hua⁵³
江根	开口	把 pa²⁴ ｜ 爬 pa³³ ｜ 马 ma²⁴ ｜ 茶 ta³³ ｜ 渣 tsa¹¹ ｜ 沙 sa¹¹ ｜ 家 ka¹¹ ｜ 虾 ha³³ ｜ 哑 a²⁴
	合口	瓜 kua¹¹ ｜ 花 hua¹¹ ｜ 化 hua³¹

2. 假摄三等

假摄开口三等，海城话主要读作［i iɛ］韵。芦浦主要读作［i］韵。筱村话、雅阳话和江根话主要读作［ia］韵。如：

表 4.6　　　　　　　蛮话各点假摄开口三等主要读音

	写	谢	遮	车马~	蛇	射麝	爷	夜
海城	çiɛ⁴⁵	ʑi²²	tçi⁴⁴	tçʰiɛ⁴⁴	zyɔ²¹³	ʑi²¹³	i²¹³	i²²
芦浦	çi⁴⁵	ʑi²²	tçi⁴⁴	tsʰo⁴⁴	zo²¹³	ʑi²²	i²¹³	i²²
筱村	çia²⁴	çia²²	tçia¹³	tçʰia¹³	çia⁴²	çia²²	ia⁴²	ia²²
雅阳	çia³⁵	çia²²	tçia¹³	tçʰia¹³	çia³⁵¹	çia²²	ia³⁵¹	ia²²
江根	çia²⁴	çia⁵³	tçia¹¹	tçʰia¹¹	çia³³	çia⁵³		ia⁵³

根据上文的读音情况，我们发现假摄字在雅阳话中还完整地呈现出开合口有别，二、三等有异的面貌，这种情况在筱村话和江根话中也保留完整。苍南地区的蛮话则变化较大：首先，芦浦、海城蛮话的假摄二等开口和合口已经相混没有区别；其次，芦浦、海城的假摄二等和三等的读音分别明显，二等芦浦读［o］，海城读［ɔ］；三等芦浦读［i］，海城读［i iɛ］。如：

表 4.7　　　　　　　蛮话各点假摄的读音情况

二等开口	雅阳	筱村	江根	芦浦	海城
爬	pa³⁵¹	pa²⁴	pa³³	bo²¹³	buɔ²¹³
茶	ta³⁵¹	ta²⁴	ta³³	dzo²¹³	dzuɔ²¹³

续表

二等开口	雅阳	筱村	江根	芦浦	海城
沙	sa¹³	sa¹³	sa¹¹	so⁴⁴	suɔ⁴⁴
家	ka¹³	ka¹³	ka¹¹	ko⁴⁴	kuɔ⁴⁴
二等合口	雅阳	筱村	江根	芦浦	海城
瓜	kua¹³	kua¹³	kua¹¹	ko⁴⁴	kuɔ⁴⁴
花	hua¹³	fa¹³	hua¹¹	ho⁴⁴	huɔ⁴⁴
化	hua⁵³	fa⁵³	hua³¹	ho⁴²	huɔ⁴²
三等开口	雅阳	筱村	江根	芦浦	海城
写	çia³⁵	çia²⁴	çia²⁴	çi⁴⁵	çiɛ⁴⁵
车马~	tɕʰia¹³	tɕʰia¹³	tɕʰia¹¹	tɕʰi⁴⁴	tɕʰiɛ⁴⁴
蛇	çia³⁵¹	çia⁴²	çia³³		
爷	ia³⁵¹	ia⁴²		i²¹³	i²¹³

海城、芦浦蛮话假摄的演变速度明显快于其他地区，这些地区假摄的演变，我们认为是受权威方言影响的自身内部演变，因而在速度上明显快于其他蛮话。

（二）假摄韵母的层次

上古果假不分，中古假摄除了一小部分来自鱼部外，都属于歌部。蛮话还部分保留着上古果假不分这一古老的音韵特点，详见上文对果摄的分析。

根据假摄的今读音情况，我们发现，以雅阳话为例，蛮话假摄的［a ua ia］三韵是以古音开合和等为条件的分化，筱村话和江根话的情况相同。海城话和芦浦话与之对应的层次是［o iɛ］和［o i］韵，此外海城话和芦浦话还存在其他层次。

海城、芦浦等地［a ua ia］韵的层次明显是来自普通话新的文读音，其所辖字都是非常用的字。如：

表4.8　　　　　　　　　　海城、芦浦的新文读

	爸	妈	拿	洒	丫	夸
海城	pa⁴²	ma²¹³		sa²¹³	ia⁴⁴	kʰua⁴⁴
芦浦	pa⁴²	mã²¹³	na²¹³	sa⁴²	ia⁴⁴	kʰua⁴⁴

此外，海城话的［i］和［iɛ］韵也是对立的，应该是两个不同的层次。但是从辖字的常用度上来说［iɛ］韵的字更常用。如：

表 4.9　　　　　　　　　　海城话［i］、［iɛ］韵字

	写	谢	遮	车马~	野	射麝	爷	夜
海城	ɕiɛ⁴⁵	ziɛ²²	tɕi⁴⁴	tɕʰiɛ⁴⁴	iɛ⁴⁵	zi²¹³	i²¹³	i²²

但是，我们无法判断［i］韵是外来层次还是自身演变滞后层次，从芦浦话的读音来看，海城话的［i］韵可能是因不常用而演变滞后。

从上文的分析中我们可以看到，假摄的层次比较简单，总结如下：

表 4.10　　　　　　　　　　假摄的层次

	雅阳话	海城话	芦浦话	筱村话	江根话
1	a｜ua｜ia	uɔ｜iɛ	o｜i	a｜ua｜ia	a｜ua｜ia
2		i			
3		a｜ua｜ia	a｜ua｜ia		

三　遇摄

上古的鱼部，中古分为遇摄和假摄两部分，在蛮话中遇摄和假摄泾渭分明，已经看不出这种密切的关系。有些遇摄合口三等虞韵字，上古和流摄字同归侯部，在今蛮话中也存在虞韵字读归流摄的现象，但具体是什么性质还有待探讨。本节讨论遇摄模鱼虞三韵的演变及其层次。

（一）模韵

蛮话各点的模韵今音基本都是［u］韵，但是有一些共同的例外。模韵精组部分字的韵母不同于其他声母。海城话、芦浦话、筱村话和江根话都读作［ɿ］韵，雅阳话读作［u］。如：

芦浦：租 tsɿ⁴⁴；祖组 tsu⁴⁵；粗 tsʰu⁴⁴/tsʰɿ⁴⁴；醋 tsʰɿ⁴²；苏酥 su⁴⁴；塑 su⁴²；素诉 sɿ⁴²/su⁴²

海城：租 tsɿ⁴⁴；祖 tsɿ⁴⁵/tsu⁴⁵；组 tsu⁴⁵；粗 tsʰɿ⁴⁴；醋 tsʰɿ⁴²；苏酥 su⁴⁴；素塑诉 sɿ⁴²

雅阳：租 tsu¹³；祖组 tsu²⁴；粗 tsʰu¹³；醋 tsʰu⁵³；苏酥 su¹³；素塑诉 su⁵³

筱村：租 tsɿ¹³；祖组 tsɿ²⁴；粗 tsʰɿ¹³；醋 tsʰɿ⁵³；苏酥 sɿ¹³；素塑诉 sɿ⁵³

江根：租 tsu¹¹；祖组 tsɿ²⁴；粗 tsʰu¹¹；醋 tsʰu³¹；苏 sɿ¹¹；酥 su¹¹；塑 sɿ³³；素诉 su³¹

关于模韵精组字读［ɿ］韵的现象，我们查阅周边方言的材料，发现吴语、闽语都很少有这种情况。戴黎刚（2012：29）提到闽语永安话中模韵的清母字读为［ɿ］，他认为是受到邻近客家话的影响。戴文涉及的清母字极个别，而蛮话中读［ɿ］韵在精组声母中大范围存在，且周边方言都没有这种现象，所以受外方言影响这个说法在蛮话中似乎行不通。而且，芦浦话和海城话中的［ɿ］韵是白读层，［u］韵是文读层，受外方言影响产生的也应该是［u］韵。

海城等四个点的精组字除了读［ɿ］韵外，还有读［u］韵的字。在芦浦话和海城话，［u］韵应该是外来层次。但是在江根话中没有异读情况，而且不存在语音分化条件，所以不清楚［ɿ］韵和［u］韵的具体关系。而雅阳话中则全都读［u］韵，没有读［ɿ］韵的字。因此我们猜测蛮话精组字可能存在两类韵母，其中读［u］韵的字高化为［ɿ］，而另一类韵母则演变为现在的［u］。后来，海城和芦浦受权威方言影响，读［ɿ］韵的字借入［u］韵读法而与演变而来的［u］韵合流，雅阳话则是另一种情况，即另一类韵母演变为［u］韵，与原先读［u］韵的字合流。我们发现宁德方言模韵精组字的读音分为两类：一类读［u］，一类［ou］，这在一定程度上佐证了我们的猜测具有可能性。

另外，蛮话各点模韵帮组字和见系少数字的读音不读［u］韵，而读为其他韵母，以雅阳话为例。雅阳话中的模韵大部分字读［u］韵，但是帮组和见系的少数字如"护乌污坞"等读［uɔ］韵，如：

［uɔ］韵：补谱布铺~路普浦铺店苦~薜蒲部簿步捕埠模~型模~范摹暮墓募慕护乌污坞

［u］韵：都~城都~是堵赌肚猪~炉土吐~痰吐呕兔途涂屠图徒肚~子杜度渡镀奴努怒卢炉芦鲁橹虏露路赂租祖组阻粗醋苏酥素塑诉嗉孤姑估古牯股

鼓故顾固雇枯苦库裤梧吾吴午伍悟呼虎浒戽乎壶葫胡狐湖户沪互

　　粗看这两个韵母好像是互补的，但是实际上这两个韵母属于不同的层次。在筱村话中，相当于雅阳话 [uɔ]、[u] 韵的 [ou]、[u] 韵存在文白异读现象，如：护 ou⁶/u⁶；乌 ou¹/u¹。这说明筱村话的 [ou] 和 [u] 韵分属两个不同的层次。根据语音对应关系，我们认为雅阳话的 [uɔ]、[u] 韵也属于不同的层次。此外，观察蛮话各点相当于雅阳话 [uɔ]、[u] 韵的字频，如：

表 4.11　　　　　蛮话各点相当于雅阳话 [uɔ]、[u] 韵的字频

海城	[uɔ] 韵	模~型模~范摹
	[u] 韵	补谱布铺~路普浦铺店~怖苦~萨蒲脯部簿步捕埠墓募慕都~城都~是堵赌肚猪~妒土吐~痰吐呕~兔途涂屠图徒肚~子杜度渡奴努怒卢炉芦鸬卤鲁橹房露路鹭祖组苏酥孤姑估古牯股鼓故顾固雇锢枯苦库裤梧吴午呼虎浒戽乎壶葫胡狐湖户沪互护乌污坞恶可~
芦浦	[o] 韵	模~型模~范摹暮墓募慕
	[u] 韵	补谱布铺~路普浦铺店~怖苦~萨蒲部簿步捕埠都~城都~是堵赌肚猪~妒土吐~痰吐呕~兔途涂屠图徒肚~子杜度渡奴努怒卢炉芦鸬卤鲁橹房露路祖组阻粗错苏酥素塑诉孤姑估古牯股鼓故顾固雇锢枯库裤梧吾蜈午伍悟误呼虎浒戽乎壶葫胡狐湖户沪互护乌污
筱村	[ou] 韵	补谱布铺~路普浦铺店~怖部簿步捕埠模~型模~范摹墓募做错~误悟误护乌
	[u] 韵	苦~萨蒲脯胸~都~城都~是堵赌肚猪~土吐~痰吐呕~兔途涂屠图徒肚~子杜度渡奴努怒卢炉芦鸬卤鲁橹房露路鹭孤姑估古牯股鼓故顾固雇锢枯库裤梧 2 呼虎浒戽乎壶葫胡狐湖户沪互护乌污坞
雅阳	[uɔ] 韵	补谱布铺~路普浦铺店~怖苦~萨蒲部簿步捕埠模~型模~范摹暮墓募慕护乌污坞
	[u] 韵	都~城都~是堵赌肚猪~妒土吐~痰吐呕~兔途涂屠图徒肚~子杜度渡奴努怒卢炉芦鸬卤鲁橹房露祖组阻粗错苏素塑诉孤姑估古牯股鼓故顾固雇锢枯库裤梧吾蜈午伍悟误呼虎浒戽乎壶葫胡狐湖户沪互
江根	[ø] 韵	补谱布铺~路普浦铺店~怖蒲脯胸~簿步捕埠模~型模~范摹墓募
	[u] 韵	苦~萨部都~城都~是堵赌肚猪~土吐~痰吐呕~兔途涂屠图徒肚~子杜度渡奴努怒卢炉芦鸬卤鲁橹房露鹭粗醋酥素诉孤姑估古牯股鼓故顾固雇锢枯库裤梧吾五午伍悟呼虎浒乎壶葫胡狐湖户沪互护乌污坞

我们可以确定，根据对立原则，蛮话的这两类韵母属于不同的层次。而从江根话到海城话，我们发现［u］韵的范围不断扩大。这其中，［u］韵可能包括两类来源，一类是自身演变的结果，另一类则是从外方言借入，两者重合。

另外，雅阳话的"路"读［tyɛ²²］。声母读舌尖塞音，是蛮话的一个白读层，只有这一个字。不过这不算孤例，在筱村话中"路"读［təu²²］，江根话中"路"读［tye⁵³］，都是相同的情况。这一读音与鱼虞韵相同。遇摄一等读同三等的现象在闽语中也存在。如：

表 4.12　　　　　　　　　遇摄一等读同三等的现象

	路模	去鱼	于鱼	主虞	输～赢·虞
雅阳	tyɛ²²	kʰyɛ⁵³	yɛ¹³		ɕyɛ¹³
筱村	təu²²	tɕʰyəu¹³	yəu¹³	tɕyəu²⁴	ɕyəu¹³
江根	tye⁵³			tɕye²⁴	ɕye¹¹
福州	tuɪˀ²			ᶜtsu	ᶜsu

因此，我们大概可以得到蛮话各点模韵的层次。如：

表 4.13　　　　　　　　　　　模韵的层次

	雅阳话	海城话	芦浦话	筱村话	江根话
1	yɛ			əu	ye
2	uɔ	o	uɔ	ou	ø
3		ɿ	ɿ	ɿ	ɿ
4	u	u	u	u	u

表中层次 1、2、3 孰早孰晚暂时还不能确定。

（二）鱼韵

雅阳话的鱼虞韵既有相混的层次，也有不混的层次。根据语音史，鱼虞不混的层次要早于鱼虞相混的层次。

在蛮话各点中，从音韵特点来看，雅阳话相对更为保守，这里以雅阳话为例分析鱼虞韵的层次。雅阳话鱼韵读 [ɔ] 韵的只有一个"所"字，暂时不论。

1. 鱼虞不混的层次

雅阳话中以下这些鱼韵字的韵母不见于虞韵，属于鱼虞不混的层次，应该是中古以前的层次，如：

苎 te⁶丨初 tsʰe¹丨梳 se¹丨去 kʰeʔ⁷

鱼虞不混的层次，蛮话各点的关系字比较一致。芦浦、海城读 [ai] 韵，如芦浦的"梳头~"读 [sai¹]，海城的"苎"读 [dai⁶]、"梳头~"读 [sai¹]；筱村、江根读 [e] 韵，如"苎"读 [te⁶]、"去"读 [kʰe⁵]；江根的"苎"读 [te⁶]、"去"读 [kʰe⁵]。

2. 鱼虞相混的层次

雅阳话中大多数鱼韵字的韵母都是鱼虞相混的读音，主要读为 [y] 韵。如：

表4.14　　　　　　　　　　　　鱼虞韵读 [y]

除鱼	厨虞	署鱼	竖虞	舒鱼	输运~·虞	举鱼	具虞
ty²		çy⁶		çy¹		ky³	ky⁶

其他蛮话也都是读 [y] 韵。该层次是蛮话鱼虞韵的主体层次，包括大多数字。

此外，雅阳话鱼韵还有一个读 [yɛ] 的层次，也和虞韵相混，如：

表4.15　　　　　　　　　　　　鱼虞韵读 [yɛ]

蛆鱼	暑~假·鱼	去鱼	蛛虞	输~赢·虞	句虞	于虞
tɕyɛ¹	çyɛ³	kʰyɛ⁵	tɕyɛ¹	çyɛ¹	kyɛ⁵	yɛ¹

雅阳话中读 [yɛ] 韵的层次，海城、芦浦都已读作 [y] 韵，筱村读 [yəu] 韵，如：初 tɕʰyəu丨梳 çyəu丨处到~tɕʰyəu丨去 tɕʰyəu。江根话则读 [ye] 韵，如：车象棋 kye丨厨 tye丨朱珠 tɕye丨主 tɕye丨输~赢çye。

雅阳话庄组声母后少数鱼虞韵字读 [u] 韵，蛮话各点同类字读音不尽相同，但与同组声母其他字的读音不同。如：

表 4.16 部分鱼虞韵庄组字读音

	鱼韵	虞韵
海城	阻 tsu⁴⁵｜楚础 tsʰu⁴⁵｜疏蔬 su⁴⁴	数动词ɕy⁴²｜数名词su⁴²
芦浦	阻 tsu⁴⁵｜楚础 tsʰu⁴⁵｜疏蔬 su⁴⁴	数动词ɕy⁴²｜数名词su⁴²
筱村	阻 tsʅ²⁴｜楚础 tsʰʅ²⁴｜疏蔬 sʅ¹³	数动词数名词sʅ⁵³
雅阳	阻 tsu³⁵｜楚础 tsʰu³⁵｜疏蔬 su¹³	数动词数名词su⁵³
江根	阻 tsʅ²⁴｜梳蔬疏 sʅ¹¹	数动词数名词su⁵³

这种现象跟上文模韵精组字的现象相似，参考上文分析。雅阳话的
［yɛ］和庄组声母后的［u］韵是互补的，应该属于同一个层次。

芦浦、海城、筱村等地的鱼韵还有一个新的文读层读［u］韵，主要
是来母字。如海城的"旅"文读［lu³］，白读［ly³］；筱村的"庐驴新"
［lu²］。应该是新产生的一个层次。

根据上述分析，我们大概能得出蛮话鱼韵的层次分为鱼虞韵不混和鱼
虞相混两个大类，至于每个类内部各个层次时间的早晚还不能判断。如：

表 4.17 鱼韵的层次

	雅阳话	芦浦话	海城话	筱村话	江根话
鱼虞不混	e	ai	ai	e	e
鱼虞相混	yɛ｜u	u	ʅ	yəu｜u	ye｜ʅ
	y	y	y	y	y
	u	u	u		

（三）虞韵

虞韵的层次较为复杂，雅阳话虞韵主要有以下几种韵母。如：

表 4.18 雅阳话虞韵主要韵母

u	夫 hu¹、府 hu³、无 u²、武 u³、数动词数名词su⁵
uɔ	夫 huɔ¹、斧 pʰuɔ³、无 mɔ²、雾 muɔ⁶、雨 huɔ⁶
ieu	柱 tʰieu⁶
yɛ	蛛朱 tɕyɛ¹、主 ɕyɛ³、输～赢ɕyɛ¹、何 kyɛ⁵
y	屡 ly³、取 tɕʰy³、厨 ty²、区 kʰy¹、遇 ŋy⁶、芋 y⁶

1. 鱼虞不混的层次

虞韵读［uɔ］韵是一个白读层，所辖字基本都是常用字，且没有出现在鱼韵中，我们认为这个层次可能是鱼虞不混的层次。在海城、芦浦中这个层次都已被［u］韵覆盖，在筱村话中读［ou］韵，在江根话中，这一层次根据声母的不同，韵母分化为［ø］和［uə］韵。

雅阳话中"柱"字读［ieu］韵，读同流摄。虽然只有一个字，但不是孤例，其他蛮话中也存在这一现象，如：海城、芦浦的"柱住树"读［ieu］韵，筱村、江根的"柱"读［iou］韵，都是读同流摄。

虞韵该层次与流摄字相混，如尤韵的抽［tʰieu］、丑［tʰieu］等都是读［ieu］韵。但是虞韵和尤韵的［ieu］应该不是同一个时期的产物，因为尤韵的［ieu］是一个文读层次，与其相对的白读为［au］。而虞韵的［ieu］韵应该是一个比较早期的层次，参照戴黎刚（2012：33－37）对闽语虞韵层次的分析，我们通过关系字认为蛮话［ieu］韵的字相当于闽语的［iu］韵，属于鱼虞不混层，且比［uɔ］韵要早。

此外，在雅阳话中，"树"的读音比较特别，读［tsʰa²］，与"柴"字同音，筱村和江根的情况相同，应该是训读。

2. 鱼虞相混的层次

根据上文鱼韵的层次分析我们知道［y］韵属于鱼虞相混的文读层次。此外，虞韵读［yɛ］韵的层次也属于鱼韵相混的层次。

综上所述，我们得到虞韵的层次如下：

表4.19　　　　　　　　　　　　虞韵的层次

	雅阳话	芦浦话	海城话	筱村话	江根话
鱼虞不混	ieu	ieu	ieu	iou	iou
	uɔ	—	—	ou	ø｜uə
鱼虞相混	yɛ｜u	u	u	yəu｜ɿ	ye｜u
	y	y	y	y	y

四　蟹摄

（一）蟹摄的今读情况

蟹摄开口一等咍韵，海城话有文白两个层次，白读层主要读作［ø］

韵，文读层读作 [ɛ] 韵。芦浦话也有文白两个层次，白读层主要读作 [a ø] 韵，文读层读作 [e] 韵。筱村话一等哈韵主要读作 [ai uə] 韵，雅阳话主要读作 [ai ɔi] 韵，江根话读作 [ai ue] 韵。如：

表 4.20　　　　　　　　蟹摄开口一等哈韵的文白层次

	胎	袋	再	猜	海大~	菜	财	爱
海城	$t^h ø^{44}$	$dø^{22}$	$tsø^{42}$	$ts^h ø^{44}$	$hø^{45}$ / $hɛ^{45}$	$ts^h ɛ^{42}$	$zɛ^{213}$	$ɛ^{42}$
芦浦	$t^h ø^{44}$	$dø^{22}$	$tsø^{42}$ / tse^{42}	$ts^h ø^{44}$	$hø^{45}$	$ts^h a^{42}$	dza^{213} /dze^{213}	e^{42}
筱村	$t^h uə^{13}$	$tuə^{22}$	$tsai^{53}$	$ts^h uə^{13}$	$fuə^{24}$	$ts^h ai^{53}$	sai^{42}	ai^{53}
雅阳	$t^h ai^{13}$	$tɔi^{22}$	$tsai^{53}$	$ts^h ɔi^{13}$	$hɔi^{35}$	$ts^h ai^{53}$	sai^{351}	ai^{53}
江根	$t^h ai^{11}$	tue^{53}	$tsai^{31}$	$ts^h ue^{11}$	he^{24}	$ts^h ai^{31}$	$tsai^{33}$	ai^{31}

蟹摄合口一等灰泰韵，海城话有文白两个层次，白读层主要读作 [ø] 韵，文读层读作 [ai uai] 韵。芦浦话白读层主要读作 [ø] 韵，文读层读作 [ai uai] 韵。筱村话蟹摄合口一等灰韵主要读作 [uə] 韵。雅阳话主要读作 [ɔi ue] 韵。江根话主要读作 [ue] 韵。如：

表 4.21　　　　　　　　蟹摄合口一等灰泰韵的文白层次

	杯	每	内~部	推	罪	灰	块
海城	pai^{44}	mai^{45}	nai^{22}	$t^h ø^{44}$	$zø^{22}$	$hø^{44}$	
芦浦	pai^{44}	mai^{45}	nai^{22}	$t^h ø^{44}$	$zø^{22}$	$hø^{44}$	$k^h uai^{42}$
筱村	$puə^{13}$	$muə^{24}$	$nuə^{22}$	$t^h uə^{13}$	$suə^{22}$	$fuə^{13}$	$k^h uə^{53}$
雅阳	$pɔi^{13}$	$mɔi^{35}$	$nɔi^{22}$	$t^h ɔi^{13}$	$tsɔi^{22}$	hue^{13}	$kɔi^{53}$
江根	pe^{11}	me^{24}	nue^{53}	$t^h ue^{11}$	$tsue^{53}$	hue^{11}	

蟹摄开口二等，蛮话主要读作 [ai] 韵，部分字读作 [e] 韵（海城读 [ɛ] 韵），但是各点两个韵母所辖的字刚好相反。如：

表 4.22　　　　　　　　蟹摄开口二等的主要读音

	排	摆	稗	买	鞋	埋	派	寨
海城	bai^{213}	pai^{45}	$p^h ai^{42}$	mai^{45}	ai^{213}	$mɛ^{213}$	$p^h ɛ^{42}$	

续表

	排	摆	秤	买	鞋	埋	派	寨
芦浦	bai²¹³	pai⁴⁵	pʰai⁴²	mai⁴⁵	ai²¹³	me²¹³	pʰe⁴²	dzɛ²²
筱村	pe⁴²	pe²⁴	tʰe⁵³	me²⁴	e⁴²	mai⁴²	pʰai⁵³	sai²²
雅阳	pe³⁵¹	pe³⁵	pʰe⁵³	me³⁵	e³⁵¹	mai³⁵¹	pʰai⁵³	tsai²²
江根	pe³³	pe³³	pʰe³¹	me²⁴	e³³	mai³³	pʰai³¹	tsai⁵³

蟹摄开口一等哈泰韵和二等皆佳韵的少数字读音特殊，如：

表4.23　　　　　　　　　蟹摄开口一、二等的特殊读音

	雷~雨	腿火~	碓	带~子	债	晒	佳	芥	柴
海城	lɛ²¹³			tuɔ⁴²	tsuɔ⁴²	suɔ⁴²	kuɔ⁴⁴		dzɔ²¹³
芦浦	la²¹³	tʰa⁴⁵	ta⁴²	to⁴²	tso⁴²	so⁴²	ko⁴⁴		dzɔ²¹³
筱村	lai⁴²	tʰai²⁴	tai⁵³		tsa⁵³	sa⁵³	ka¹³	ka¹³	tsʰa⁴²
雅阳		tʰai³⁵	tai⁵³			sa⁵³	ka¹³	kua³⁵	tsʰa³⁵¹
江根	lai³³	tʰai²⁴	tai³¹	tai³¹	tsai³¹			ka²⁴	tsʰa³³

海城话和芦浦话蟹摄开口四等齐韵端精组的多数字读作［ai］韵，部分端组口语字读［i］韵。筱村话和雅阳话蟹摄开口四等齐韵（除帮组外）的多数字读作［e］韵。江根话蟹摄开口四等齐韵（除帮组外）主要读作［i e］等韵。如：

表4.24　　　　　　　　　蟹摄开口四等的主要读音

	底	啼哭	弟	妻	泥	西	洗	溪
海城	ti⁴⁵/tai⁴⁵	di²¹³	di²²	tsʰai⁴⁴	nai²¹³	sai⁴⁴	sai⁴⁵	
芦浦	ti⁴⁵/tai⁴⁵	di²¹³	di²²	tsʰai⁴⁴	nai²¹³	sai⁴⁴	sai⁴⁵	
筱村	te²⁴	tʰe⁴²	te²²		ne⁴²	se¹³	se²⁴	kʰe¹³
雅阳	te³⁵	te³⁵¹	te²²	tsʰe¹³	ne³⁵¹	se¹³	se³⁵	kʰe¹³
江根	ti²⁴/te²⁴	tʰi³³	ti⁵³	tsʰe¹¹	ne³³	se¹¹	se²⁴	kʰe¹¹

蛮话各点对应比较一致的特殊读音。如：

表4.25 蟹摄各点一致的特殊读音

	来哈	开~门·哈	外~婆·泰合	快夬合	梯	脐	婿
海城	li²¹³	tɕʰy⁴⁴	n̠io²²	kʰai⁴²	tʰai⁴⁴	zɛ²¹³	sɛ⁴²
芦浦	li²¹³	tɕʰy⁴⁴	n̠io²²	kʰai⁴²	tʰai⁴⁴	dza²¹³	sa⁴²
筱村	li⁴²	tɕʰy¹³	n̠ia²²	kʰe⁵³	tʰai¹³	sai⁴²	sai⁵³
雅阳	li³⁵¹	kʰy¹³	n̠ia²²	kʰe⁵³	tʰai¹³	tsai³⁵¹	sai⁵³
江根	li³³	kʰy¹¹	n̠ia³³	kʰe³¹	tʰai¹¹	tsai³³	sai³¹

通过对蛮话蟹摄今读音的分析，我们大致可以看到，蟹摄的异读比较多且层次比较复杂。存在一、二等合流，二、四等同韵等现象。另外，蟹摄各点例外的一致性也能从侧面说明蛮话的一致性。

（二）蟹摄韵母的层次

中古蟹摄的分韵比较复杂，开口、合口各有四等，共计十六个韵目。不过，蟹摄有些韵的字很少，比如蟹摄开口三等废韵只有一个"刈"字，而且也不是蛮话的口语常用字。如果按韵目分成十六个部分来讨论，显然有些烦琐。根据上文对蟹摄的读音分析，我们大致可以将蛮话的蟹摄分成三部分：蟹摄开口一、二等字，蟹摄开口三、四等字，蟹摄合口字进行分析。由于蟹摄合口字的读音太过复杂，且各韵辖字不多，不好理清层次，这里只分析蟹摄开口一、二等字和蟹摄开口三、四等字的层次。

1. 蟹摄开口一、二等字的历史层次

蟹摄开口一、二等字共有哈、泰、皆、佳、夬五个韵目，雅阳话共有［a ai ɔi ie i y］六个韵类，海城话共有［a ai ɔ ia ɛ øi cu i y］八个韵类，芦浦话共有［a ai ɔ e øi o y］八个韵类，筱村话共有［a ai e uɔ i y］六个韵类，江根话共有［a ai e uɔ i y］六个韵类。可见，蛮话各点蟹摄开口一、二等字所使用的音类及数目都比较一致。下面以雅阳话为例：

表4.26 雅阳话蟹摄开口一、二等的主要韵母

i	来 li³
y	开 kʰy¹
ɔi	袋 tɔi⁶、猜 tsʰɔi¹、赛 sɔi⁵

ai	来 lai³、菜 tsʰai⁵、开 kʰai¹、带 tai⁵、蔡 tsʰai⁵、埋 mai²、债 tsai⁵、败 pai⁶
e	排 pe²、牌 pe²、买 me³、街 ke¹、鞋 e²
a	罢 pa⁶、柴 tsʰa²、晒 sa⁵、佳 ka¹

（1）蟹摄开口一、二等读 i 的层次

蛮话各点读 [i] 韵母的字都只有"来"字，我们之所以将 [i] 单独设立一个层次是因为，虽然各点都只有一个字，但是存在文白异读现象。并且查阅闽语的材料我们发现闽语中普遍存在该层次，且在早期韵书中都有所记载。戴黎刚（2012：40－44）的分析非常详细，我们可以参考。同时郑张尚芳（1996，转引自戴黎刚，2012）讨论闽语该层次的时候认为这些音直接来自上古的之部，是非常古老的层次。蛮话的该层次与闽语的相同也说明蛮话有闽语的底层。

（2）蟹摄开口一、二等读 y 的层次

蛮话各点读 [y] 的层次也都只有一个"开"字，各点的"开"都有文白异读现象。芦浦、海城、筱村的"开"的声母已经腭化，雅阳和江根仍读舌根音。

蛮话该层次也与闽语对应，但是已经发生了明显的变化。闽语各点的"开"基本也是独字成一个层次，戴黎刚（2012：43）指出闽语该层次的演变过程大致如下：*ui→ui（仙游话、福州话、泉州话）→ue（永安话）→yɛ（建瓯话）。我们认为蛮话的 [y] 韵应该是与这个演变一脉相承的。

（3）蟹摄开口一、二等读 ɔi 的层次

雅阳话中蟹摄开口读 [ɔi] 韵的字有"台苔代袋猜赛海贝"等，筱村读 [uə]，江根读 [ue e]。海城、芦浦中该层次的字主要读 [ø] 韵，但是辖字更广。如：

表4.27　　　　　海城、芦浦 [ø] 韵对应其他点的读音

雅阳	ɔi	台苔代袋猜赛海贝	ai	胎贷待再改呆亥
筱村	uə	胎台苔抬代袋猜赛海贝	ai	贷待再改呆亥
江根	ue｜e	贷代袋猜｜改海贝	ai	胎台苔待再赛呆亥
芦浦	ø	台苔代袋猜赛海贝	ø	胎抬待再改呆
海城	ø	台苔代袋猜赛海贝	ø	胎贷抬待再改呆亥

　　此外，蟹摄合口也有读［ɔi］韵的字，主要为合口一等灰韵字，如"杯赔倍梅妹退雷罪碎块"等。蛮话该层次与果摄相同，上文分析果摄层次时已有涉及，和歌微通转有关，此处不再详谈。参考戴黎刚（2012：43－44），蛮话该层次与沿海闽语的*oi韵相对应，但是在字数范围上比沿海闽语要广。

　　（4）蟹摄开口一、二等读 ai 的层次

　　蟹摄开口一、二等读［ai］韵是雅阳话的主体层次，大多数字都读该音类。筱村、江根也读［ai］韵。如：

表 4.28　　　　　　　　　　　　　［ai］韵的辖字

雅阳	ai	戴来灾菜财带泰蔡盖害债钗
筱村	ai	戴来灾菜财带泰蔡盖害钗
江根	ai	戴来灾菜财带泰蔡害债

　　芦浦、海城的情况相对复杂。在对应雅阳［ai］韵的字中存在三种读音，芦浦分别为［o a e］韵，海城分别为［uɔ a ɛ］韵，如：

表 4.29　　　　　　　　芦浦、海城对应雅阳［ai］韵的韵

芦浦	e	㭪盖害	a	戴来灾菜财带莶泰蔡害钗	o	带债
海城	ɛ	戴来灾菜财莶泰蔡盖害钗	a	债钗	uɔ	带债

　　我们发现这些韵母之间存在文白异读的情况，以海城为例，如：

表 4.30　　　　　　海城方言［uɔ a ɛ］韵的文白情况

	带	斋	债	钗
文读	tɛ⁵	tsɛ¹	tsa⁵	tsʰɛ¹
白读	tuɔ⁵	tsa¹	tsuɔ⁵	tsʰa¹

　　从表 4.30 的文白异读情况我们可以看到海城这三个韵母的先后顺序应该是［uɔ］韵早于［a］韵早于［ɛ］韵。

芦浦、海城"带债"读 [o]、[uɔ] 的层次应该跟雅阳话读 [a] 的层次相对应，下文具体分析。而雅阳话读 [ai] 韵的层次，芦浦、海城相对应的应该是 [a] 韵，在 [ai] 韵的基础上进一步失落韵尾。而芦浦、海城读 [e]、[ɛ] 韵应该是引进的新文读层。

（5）蟹摄开口一、二等读 e 的层次

雅阳话蟹摄开口读 [e] 韵的层次主要是开口二等字，可以说 [e] 韵是区别蟹摄二等和一等的区别韵。筱村和江根也都读 [e] 韵，芦浦和海城则读 [ai] 韵。雅阳话的 [e] 韵除了出现在蟹摄开口二等之外，还分布在蟹摄开口四等，蛮话各点的情况都相同。如：

表4.31　　　　　　　　　　蟹摄二、四等同韵现象

	排二	牌二	买二	鞋二	矮二	体四	礼四	妻四	齐四	洗四
雅阳	pe²	pe²	me³	e²	e³	tʰe³	le³	tsʰe¹	tse²	se³
筱村	pe²	pe²	me³	e²	e³	tʰe³	le³		se²	se³
江根	pe²	pe²	me³	e²	e³	tʰe³	le³	tsʰe¹	tse²	se³
芦浦	bai²	bai²	mai³	ai²	ai³	tʰai³		tsʰai¹	zai²	sai³
海城	bai²	bai²	mai³	ai²	ai³	tʰai³		tsʰai¹	zai²	sai³

（6）蟹摄开口一、二等读 a 的层次

雅阳话该层次主要有"罢晒佳柴"等字，筱村话和江根话中也读 [a] 韵，芦浦、海城的"柴"读 [o]、[uɔ] 韵。如：

表4.32　　　　　　　　　　蟹摄开口一、二等读 [a] 的层次

	罢	晒	佳	芥	柴
海城		suɔ⁴²	kuɔ⁴⁴		
芦浦		so⁴²	ko⁴⁴		
筱村	pa²²	sa⁵³	ka¹³	ka¹³	tsʰa⁴²
雅阳	pa²²	sa⁵³	ka¹³		tsʰa³⁵¹
江根	pa⁵³			ka²⁴	tsʰa³³

参考戴黎刚（2012：44－46）的分析，我们发现闽语中也有该层次。蛮话该层次的演变走了与闽语不同的新径，闽语该音类的历史演变是元音

舌位不断升高的过程：*ua→ua（仙游话、泉州话、福州话）→ɜ（建瓯话）→ue（永安话），而蛮话则是在脱落介音的基础上舌位升高进而裂化：*ua→ua（雅阳话）→a（筱村话、江根话）→o（芦浦话）→ɔu（海城话）。

根据上文的分析，我们可以总结蟹摄开口一、二等字的层次如下：

表 4.33　　　　　　　　蟹摄开口一、二等的层次

	雅阳话	芦浦话	海城话	筱村话	江根话
白读层	i	i	i	i	i
	y	y	y	y	y
	ɔi	ø	ø	eu	ue | e
	a	o	ɔu	a	a
文读层	e	ai	ai	e	e
	ai	a	a	ai	ai
	—	e	ɛ	—	—

2. 蟹摄开口三、四等字的历史层次

蟹摄开口三、四等字共有祭、废、齐三个韵目，雅阳话共有［ai e i iɛ］四个韵类，海城话共有［ai ɛ i］三个韵类，芦浦话共有［a a i ŋ］四个韵类，筱村话共有［ai e ie i ŋ］五个韵类，江根话共有［ai e i ie］四个韵类。下面以雅阳话为例：

表 4.34　　　　　　　雅阳话蟹摄开口三、四等的主要韵母

ai	梯 tʰai¹、脐 tsai²、婿 sai⁵
i | iɛ	批 pʰi¹、米 mi³、际 tɕie⁵、制 tɕie⁵、世 çie⁵、弟 tʰie6、隶 tie⁶、鸡 kie¹、启 kʰie³
e	底 te³、题 te²、啼 te²、西 se¹、溪 kʰe¹

（1）蟹摄开口三、四等读为 ai 的层次

蟹摄开口三、四等读为［ai］韵属于白读音，应该是比较古老的历史层次。雅阳话只有四等"梯""脐""婿"三个字。筱村话和江根话都读为［ai］韵，收字同雅阳话。海城话读为［ɛ］韵，收字有"脐""婿"。芦浦话读为［a］韵，收字有"底""脐""婿"，"底"字只用于疑问词

"底个"，表示"哪个"。蟹摄开口四等字的［ai］韵（白读音层次）和蟹摄开口一、二等字的［ai］韵（文读音层次）相混。

　　值得注意的是，芦浦话、海城话中的"梯"字读［tʰai¹］，不读［a］、［ε］韵而读［ai］韵，不符合层次对应。参考戴黎刚（2012：49）的研究我们发现，闽语的"梯"字与"脐""婿"等字也不是同一个层次，在闽语中"梯"和蟹摄一等的"开"字同属一个层次，芦浦、海城的情况同此。但是其他蛮话中的情况则不同，"梯"与"脐""婿"同韵。吴语瑞安话中的"梯"与"脐""婿"也同韵，这种现象有待深入探讨。

　　（2）蟹摄开口三、四等读为 i｜iε 的层次

　　雅阳话中蟹摄开口三、四等的［i］韵和［iε］韵是互补的关系。［i］韵出现在蟹摄开口三、四等的帮组，［iε］韵出现在蟹摄开口三、四等的非帮组。筱村话和江根话都读［ie］韵，江根话中读［ie］韵的只有"势世鸡契系"等字。芦浦话和海城话都读为［i］、［ɿ］韵，这两个韵母是互补关系，帮端组读［i］韵，非帮端组读［ɿ］韵。

　　（3）蟹摄开口三、四等读为 e 的层次

　　上文分析蟹摄开口一、二等韵的［e］韵时已经涉及，是蟹摄二、四等同读的层次。

　　根据上文的分析，我们可以总结蟹摄开口三、四等字的层次如下：

表4.35　　　　　　　　　　蟹摄开口三、四等的层次

	雅阳话	芦浦话	海城话	筱村话	江根话
白读层	ai	a	ε	ai	ai
文读层	iε｜i	i｜ɿ	i｜ɿ	ie｜ɿ	ie
	e	ai	ai	e	e

五　止摄

（一）止摄开口三等

中古止摄开口三等包括支脂之微四个韵目。蛮话基本都读作［i］韵和［ɿ］韵，

　　如：

表 4.36　　　　　　　　　　　止摄开口三等的主要读音

	紫	骑	比	私	器	李	子	时	棋	机	希
海城	tsʅ⁴⁵	dʑi²¹³	pi⁴⁵	sʅ⁴⁴	tɕʰi⁴²	li⁴⁵	tsʅ⁴⁵	zʅ²¹³	dʑi²¹³	tɕi⁴⁴	ɕi⁴⁴
芦浦	tsʅ⁴⁵	dʑʅ²¹³	pi⁴⁵	sʅ⁴⁴	tsʰi⁴²	li⁴⁵	tsʅ⁴⁵	zʅ²¹³	dʑʅ²¹³	tsʅ⁴⁴	ɕi⁴⁴
筱村		tsʅ⁴²	pi²⁴	sʅ¹³	tsʰʅ⁵³	li²⁴	tsʅ²⁴	sʅ⁴²	tsʅ⁴²	tsʅ¹³	sʅ¹³
雅阳		kʰi³⁵¹	pi³⁵		kʰi⁵³	li³⁵		ɕi³⁵¹	ki³⁵¹	ki¹³	ɕi¹³
江根	tsʅ²⁴	ki³³	pi²⁴	sʅ¹¹	kʰi³¹	li²⁴	tsʅ²⁴	si³³	ki³³	ki¹¹	hi¹¹

1. 支韵

海城话和芦浦话中支韵只有一个主体层次：［i］韵和［ʅ］韵，以声母为条件互补。筱村话中与［i］韵和［ʅ］韵层次相对应的白读层为［e］韵和［ie］韵，雅阳话中与［i］韵相对应的白读层为［iɛ］韵，江根话与［i］韵和［ʅ］韵层次相对应的白读层为［i］韵和［ie］韵，如：

表 4.37　　　　　　　　　　　支韵的文白读音层

筱村	文读	［i］韵	披 pʰi¹³｜脾 pi⁴²｜离 li⁴²｜儿 ȵi⁴²｜义 ȵi²²｜椅 i²⁴｜易容易 i²²
		［ʅ］韵	知 tsʅ¹³｜刺 tsʰʅ⁵³｜撕 sʅ¹³｜池驰 tsʅ⁴²｜<u>是氏</u> sʅ²²｜枝 tsʅ¹³｜骑 tsʅ⁴²
	白读	［e］韵	碑 pe⁴²｜篱璃 le⁴²｜紫 tse²⁴｜匙 se²⁴
		［ie］韵	知 tɕie¹³｜<u>是氏</u> ɕie²²｜豉 ɕie²²｜戏 ɕie⁵³
雅阳	文读	［i］韵	披 pʰi¹³｜脾 pi³⁵¹｜离 li⁴²｜儿 ȵi³⁵¹｜智 tɕi⁵³｜奇 ki³⁵¹｜骑 kʰi³⁵¹｜牺 ɕi¹³
	白读	［iɛ］韵	篱 liɛ³⁵¹｜紫 tɕiɛ³⁵｜刺 tɕʰiɛ⁵³｜知 tɕiɛ¹³｜池 tiɛ³⁵¹｜枝 tɕiɛ¹³｜是氏 ɕiɛ²²｜义 ȵiɛ²²｜戏 hiɛ⁵³｜椅 iɛ³⁵｜易容易 iɛ²²
江根	文读	［i］韵	披 pʰi¹¹｜脾 pʰi³³｜离 li³³｜知 ti¹¹｜是氏 si⁵³｜企 tsʰi²⁴｜奇骑 ki³³｜牺 hi¹¹
		［ʅ］韵	紫 tsʅ²⁴｜刺 tsʰʅ³¹｜撕 sʅ¹¹｜施 sʅ¹¹
	白读	［ie］韵	枝 tɕie¹¹｜翅 tɕʰie³¹｜匙 ɕie³³｜戏 hie³¹｜椅 ie²⁴｜移 ie³³

支韵帮组的"皮被~子"两个字，蛮话各点读音都不同于支韵其他字，且对应一致，如：

表4.38　　　　　　　　　　"皮被～子"各点的读音

	海城话	芦浦话	筱村话	雅阳话	江根话
皮	bø²¹³	bø²¹³	pʰuə⁴²	pʰɔi³⁵¹	pʰe³³
被～子	bø²²	bø²²	pʰuə²²	pʰɔi²²	pʰe⁵³

此外，筱村话、雅阳话和江根话还有个读 [ia] 韵的层次，在海城话读 [i] 韵，芦浦话读 [ɿ]、[i] 韵。如：

表4.39　　　　　　　　江根话读 [ia] 韵在各点对应的读音

	纸	寄	倚	蚁
海城话	tɕi⁴⁵	tɕi⁴²		ŋa⁴⁵
芦浦话	tsɿ⁴⁵	tsɿ⁴²		ȵi⁴⁵
筱村话	tɕia²⁴	tɕia⁵³	tɕʰia²²	ȵia⁵³
雅阳话	tɕia³⁵	kia⁵³	kʰia²²	ȵia³⁵
江根话	tɕia²⁴	kia³¹	kʰia⁵³	ȵia⁵³

上文分析果摄时曾提到江根话果摄也有一个 [ia] 韵的层次，可能是上古音的遗留。

雅阳话支韵精组有部分字读为 [u] 韵，[u] 韵在脂之韵分布更为广泛，包括精组和庄组。江根话中也有这个层次，但是读为 [ɿ] 韵，与 [i] 韵对立。如：

表4.40　　　　　　　　雅阳、江根止摄开口三等的特殊读音

	雅阳	江根
支韵	此 tsʰu³⁵ | 撕 su¹³ | 赐 tsʰu⁵³	此 tsʰɿ³¹ | 撕 sɿ¹¹ | 赐 sɿ¹¹
脂韵	资 tsu¹³ | 次 tsʰu⁵³ | 自 tsu²² | 师 su¹³ | 脂 tsu¹³	资 tsɿ¹¹ | 次 tsʰɿ³¹ | 私 sɿ¹³ | 师 sɿ¹¹
之韵	子 tsu³⁵ | 慈 tsu³⁵¹ | 司 su¹³ | 词 su³⁵¹ | 事 su²² | 使 su³⁵	慈 sɿ³³ | 司 sɿ¹¹ | 词 sɿ³³ | 事 sɿ⁵³ | 使 sɿ²⁴

该类读音与遇摄模韵精组相混。

2. 脂韵

蛮话各点脂韵的读音很一致，且对应整齐。海城话、芦浦话和筱村话读［i］韵和［ɿ］韵，以声母为条件分化，而雅阳话和江根话则读为［i］韵，还未出现分化。如：

表4.41　　　　　　　　　　　　脂韵的主要读音

	比	眉	梨	迟	尸	二	肌	器	姨
海城	pi⁴⁵	mi²¹³	li²¹³	dʑi²¹³	sɿ⁴⁴	ȵi²²	tɕi⁴⁴	tɕʰi⁴²	i²¹³
芦浦	pi⁴⁵	mi⁴⁴	li²¹³	di²¹³/dʑɿ²¹³	sɿ⁴⁴	ȵi²²	tsɿ⁴⁴	tsʰɿ⁴²	i²¹³
筱村	pi²⁴	mi⁴²	li⁴²	ti⁴²	sɿ¹³	ȵi²²	tsɿ¹³	tsʰɿ⁵³	i⁴²
雅阳	pi³⁵	mi³⁵¹	li³⁵¹	ti³⁵¹	çi¹³	ȵi²²	tɕi¹³	kʰi⁵³	i³⁵¹
江根	pi²⁴	mi³³	li³³	ti³³	si¹¹	ȵi⁵³	ki¹¹	kʰi³¹	i³³

脂韵少数字读音特殊，不同于其他字，而与之韵少数字同音，如：

表4.42　　　　　　　　　　脂韵少数字读同之韵

		海城话	芦浦话	筱村话	雅阳话	江根话
脂韵	屎	sɛ⁴⁵	sa⁴⁵	sai²⁴	sai³⁵	sai²⁴
	指	tsai⁴⁵	tsai⁴⁵	tsai²⁴	tsai³⁵	tsai²⁴
之韵	治～鱼	dɛ²²	da²²	tʰai²²	tʰai²²	
	事物～	zɛ²²	za²²	sai²²		

3. 之韵

蛮话各点之韵的读音也很一致，且对应整齐。海城话、芦浦话和筱村话读［i］韵和［ɿ］韵，以声母为条件分化，而雅阳话和江根话则读为［i］韵，还未出现分化。如：

表4.43　　　　　　　　　　　　之韵的主要读音

	李	子	持	时	耳	基	棋	喜	医
海城	li⁴⁵	tsɿ⁴⁵	dʑɿ²¹³	zɿ²¹³	ȵi⁴⁵	tɕi⁴⁴	dʑi²¹³	çi⁴⁵	i⁴⁴
芦浦	li⁴⁵	tsɿ⁴⁵	dʑɿ²¹³	zɿ²¹³	ȵi⁴⁵	tsɿ⁴⁴	dʑɿ²¹³	çi⁴⁵	i⁴⁴

续表

	李	子	持	时	耳	基	棋	喜	医
筱村	li²⁴	tsʅ²⁴	tsʅ⁴²	sʅ⁴²	n̠i²⁴	tsʅ¹³	tsʅ⁴²	sʅ²⁴	i¹³
雅阳	li³⁵	tɕi³⁵	tɕi³⁵¹	ɕi³⁵¹	n̠i³⁵	ki¹³	ki³⁵¹	hi³⁵	i³⁵
江根	li²⁴	tsʅ²⁴	tʰi³³	si³³	n̠i²⁴	ki¹¹	ki³³	hi²⁴	i¹¹

因此，蛮话的脂之已经合流。但是，还存在对立的踪迹，如：

表4.44 脂之韵对立的现象

	海城	芦浦	筱村	雅阳	江根
指脂	tsai⁴⁵	tsai⁴⁵	tsai²⁴	tsai³⁵	tsai²⁴
趾之	tsʅ⁴⁵	tsʅ⁴⁵	tsʅ²⁴	tɕi³⁵	tsi²⁴

而对比表4.39我们能看出支韵和脂之韵的对立。

4. 微韵

蛮话微韵的读音很整齐，海城话、芦浦话和筱村话读 [i] 韵和 [ʅ] 韵，以声母为条件分化，雅阳话和江根话则读为 [i] 韵。例子参看表4.36。

蛮话中"几~个"在各点都读 [y] 韵，圆唇读法与闽语相同。

（二）止摄合口三等

止摄合口三等有支脂微三个韵母，主要有两个层次，以海城为例，白读 [y] 韵，文读 [ai uai] 韵（微韵非组除外），蛮话各点都类似。如：

表4.45 止摄合口的主要层次

方言	音类	例　字
海城	[y] 韵	随炊喂为~什么泪醉虽槌锤季位威围胃
	[ai uai] 韵	累~积睡规垒醉翠龟归贵威
芦浦	[y] 韵	随危喂为~什么泪醉虽槌锤季位围胃
	[ai uai] 韵	累~积睡规危喂为~什么泪类翠龟归贵威围
筱村	[y] 韵	随类醉虽槌锤维
	[e ue] 韵	规为~什么翠龟归维归贵威围

续表

方言	音类	例　字
雅阳	［y］韵	类醉虽槌锤季维遗
	［ue］韵	累~积规危喂为~什么泪翠龟归贵威围
江根	［y］韵	随睡虽槌锤
	［ue］韵	累~积规危喂为~什么翠龟归贵威围

止摄合口三等非组有少数特殊读音，如：

表4.46　　　　　　　　止摄合口三等非组的特殊读音

	海城话	芦浦话	筱村话	雅阳话	江根话
飞	pø⁴⁴	pø⁴⁴	puə¹³	pɔi¹³	pe¹¹
尾	mø²¹³	mø²¹³	muə²⁴	mɔi³⁵	me²⁴
痱	pai⁴²	pai⁴²	pe⁵³	pue⁵³	pe³¹（沸）
肥	bai²¹³	bai²¹³	pe⁴²	pue³⁵¹	pe³³

六　效摄

中古效摄有开口一、二、三、四等韵，分别为一等豪韵、二等肴韵、三等宵韵和四等萧韵。其中一、二等的关系比较密切，三、四等的关系比较密切，这里我们就分为两部分来讨论效摄韵母的历史层次。

（一）效摄一、二等

蛮话效摄一、二等韵母的历史层次比较简单，海城话主要有［ɑu ɔ uɒ yø］四个韵类，芦浦话主要有［ɑu ɔ o ieu］四个韵类，筱村话主要有［au ɛu uɒ ou a iɛu］五个韵类，雅阳话中有［ɔ au uɐ a］四个韵类，江根话有［au ɛu o a iau］五个韵类。

海城话中"梢稍捎"三个字读［yø］韵，芦浦话中"锚梢捎"三个字读［ieu］韵，筱村话中"梢稍捎窙"四个字读［iɛu］韵，江根话中"锚梢稍捎窙巧"读［iau］韵，应该是受到效摄三等韵的影响而读归三等，不在我们的分析范围内。

以雅阳话为例：

表 4.47　　　　　　　　　雅阳方言效摄一、二等的主要韵母

ɔ	宝 pɔ³、报 pɔ⁵、毛 mɔ²、刀 tɔ¹、桃 tʰɔ²、牢 lɔ²、枣 tsɔ³、靠 kʰɔ⁵、号 hɔ⁶
au	道 tau⁶、老 lau³、草 tsʰau³、造 tsau⁶、高 kau¹、炮 pʰau⁵、找 tsau³、孝 hau⁵
ɛu	操 tsʰɛu¹、告 kɛu⁵、熬 ŋɛu²、豪 hɛu²、奥 ɛu⁵
a	早 tsa³

1. 雅阳话效摄一、二等读 ɔ 的历史层次

雅阳话效摄一、二等中读 [ɔ] 音类的字只出现在豪韵，且几乎涵盖了豪韵所有的声母。在蛮话各点中的对应也比较整齐，海城、芦浦读为 [ɑu] 韵，筱村读为 [ou] 韵，江根读为 [o] 韵。如：

表 4.48　　　　　　　雅阳话 [ɔ] 音类各点的对应读音

	宝	刀	牢	枣	靠
海城	pɑu³	tɑu¹	lɑu²	tsɑu³	
芦浦	pɑu³	tɑu¹	lɑu²	tsɑu³	kʰɑu⁵
筱村	pou³	tou¹	lou²	tsou³	kʰou⁵
雅阳	pɔ³	tɔ¹	lɔ²	tsɔ³	kʰɔ⁵
江根	po³	to¹	lo²	tso³	kʰo⁵

在各点中，这一层次的读音都与肴韵的读音相区别，是豪肴有别的层次。如：

表 4.49　　　　　　　　　　豪肴有别的现象

	海城	芦浦	筱村	雅阳	江根
宝豪	pɑu⁴⁵	pɑu⁴⁵	pou²⁴	pɔ³⁵	po²⁴
饱肴	pɔ⁴⁵	pɔ⁴⁵	pau²⁴	pau³⁵	pa²⁴

2. 雅阳话效摄一、二等读 au 的历史层次

雅阳话效摄一、二等读 [au] 音类的层次在蛮话其他点的对应读音分别是：海城读为 [ɔ]，芦浦读为 [ɔ]，筱村读为 [au]，江根读为

［au］。效摄一、二等雅阳话读［au］音类的字在豪韵和肴韵中都有分布，在蛮话各点中都比较一致，是豪肴相混的层次。如：

表4.50　　　　　　　雅阳话［au］音类各点的对应读音

	道豪	脑豪	造豪	炮肴	找肴	孝肴
海城	dɔ⁶	nɔ³	zɔ⁶	pʰɔ⁵	tsɔ³	hɔ⁵
芦浦	dɔ⁶	nɔ³	zɔ⁶	pʰɔ⁵	tsɔ³	hɔ⁵
筱村	tau⁶	nau³	tsau⁶	pʰau⁵	tsau³	hau⁵
雅阳	tau⁶	nau³	tsau⁶	pʰau⁵	tsau³	hau⁵
江根	to⁶	no³	tsau⁶	pʰau⁵	tsau³	hau⁵

表4.50中江根话的豪韵和肴韵区别还比较明显，相混程度没有像其他方言那样高。这也从一个侧面反映了豪肴有别的层次应该早于豪肴相混的层次。

另外，在海城话中还存在一个受吴语强势方言影响而产生的新层次。海城话中少数字有［au］、［ε］或是［ɔ］、［ε］两读的情况，如：

表4.51　　　　　　　　　海城方言的异读现象

	讨	套	糟	暴	淘	稿	告
白读1	tʰau⁴⁵	tʰau⁴²	tsau⁴⁴				
白读2				bɔ²²	dɔ²¹³	kɔ⁴⁵	kɔ⁴²
文读	tʰε⁴⁵	tʰε⁴²	tsε⁴⁴	bε²²	dε²¹³	kε⁴⁵	kε⁴²

读［ε］音类的字只出现在文读音中，而读［au］和［ɔ］音类的字则出现在白读音中。对比芦浦话我们能够更清晰地看到［ε］音类是一个新近产生的层次，且不断地吞噬、覆盖［au］和［ɔ］这两个白读音类，因为芦浦话中还没有看到［ε］音类的踪迹。如：

表4.52　　　　　　　　　芦浦方言的文白异读

	毛	讨	糟	糕	豪
白读	mau²¹³	tʰau⁴⁵	tsau⁴⁴	kau⁴⁴	hau²¹³
文读	mɔ²¹³	tʰɔ⁴⁵	tsɔ⁴⁴	kɔ⁴⁴	hɔ²¹³

从海城、芦浦这两个点文白异读的表现，我们也比较容易得到海城话中［ɑu］、［ɔ］、［ɛ］三个音类在时间上的早晚。海城话［ɛ］音类的产生应该比较晚近，而且应该是受到南部吴语的影响而产生的。如平阳、温州等瓯语中效摄一等读分别读［œ］、［ɜ］韵。如：

表 4.53　　　　　　　　　海城方言文读音的来源

	讨	套	糟	稿	告
海城文读	tʰɛ	tʰɛ	tsɛ	kɛ	kɛ
平阳	tʰœ	tʰœ	tsœ	kœ	kœ
温州	tʰɜ	tʰɜ	tsɜ	kɜ	kɜ

3. 雅阳话效摄一、二等读作 a 的层次

雅阳话中效摄一等只有"早"字读［a］韵，但这并不是孤例，筱村话和江根话中的"早"字也读［a］韵。海城话和芦浦话中则没有这一层次。效摄二等读［a］韵就比较普遍，筱村话和江根话也读［a］韵，芦浦话读为［o］韵，海城话中则没有这一层次，已经合并到其他读音中。如：

表 4.54　　　　　　　　效摄一、二等读［a］韵的层次

芦浦	o	卯笯
筱村	a	猫抓~紧笯咬
雅阳	a	抓~紧笯炒交~椅教~书铰咬拗
江根	a	饱猫抓~紧笯炒教~书铰咬坳拗

雅阳话中效摄一、二等读［a］韵，应该也属于豪肴相混的层次。从文白异读情况来看，［a］韵应该比［au］韵更早，雅阳话中［a］韵一般在白读音层，［au］韵在文读音层。如：

表 4.55　　　　　　　　　　文白异读

	抓	交	教
白读	tsa¹	ka¹	ka⁵
文读	tsau¹	kau¹	kau⁵

并且豪肴韵中读［a］韵的字都是更为常用的字。如：

表4.56　　　　　　　　　　　　　［a］韵的辖字

筱村	早猫笊咬
雅阳	早笊炒交教铰咬拗
江根	早饱猫笊炒教铰咬坳拗

4. 雅阳话效摄一、二等读作εu的层次

雅阳话中这个层次只出现在二等肴韵中，在筱村和江根有相对应的层次，但是在海城和芦浦话中已经没有这一层次，而是和其他音合流。如：

表4.57　　　　　　　　　　　　　［εu］韵层次的辖字

筱村	毛冒逃萄躁操骚高膏告铐傲耗豪毫壕奥
雅阳	褒操告铐熬傲耗豪毫壕懊奥懊
江根	逃膏糕豪毫壕号

该层次在时间上而言应该比［au］韵更晚，在文白异读中有所体现，且都是出现在较新的概念中，如：筱村的"毛"白读［mau²］，文读［mεu²］；"操"字在"早操"一词中读［tsʰεu¹］，而在"曹操"一词中读［tsʰau⁵］。

根据上文的分析，蛮话各点效摄一二等有以下几个层次。如表4.58所示：

表4.58　　　　　　　　　　　　　效摄一、二等的层次

	雅阳话	芦浦话	海城话	筱村话	江根话
1	ɔ	ɑu	ɑu	ou	o
2	a	o	—	a	a
3	au	ɔ	ɔ	au	au
4	εu	—	—	εu	εu
5	—	—	ε	—	—

第 1 层是豪肴有别层，第 2、3 层都是豪肴相混层，第 4、5 层都是新近产生的层次，因为是各点独立产生的没有可比性，因而时间的早晚也不确定。

（二）效摄三、四等

相较效摄一、二等，效摄三、四等的历史层次更加简单。海城话有 ［ɛ ieu yø］三个音类，芦浦话只有 ［ieu］一个音类，筱村话有 ［ɛu iɛu］两个音类，雅阳话有 ［ɛu ieu iɛu］三个音类，江根话有 ［ɛu iau］两个音类。以雅阳话为例：

表 4.59　　　　　　　　　雅阳话效摄三、四等的主要韵母

iɛu	标 pieu¹、笑 tɕʰieu⁵、桥 kieu²、宵 ieu³、刁 tieu¹、尿 ȵieu⁶、箫 ɕieu¹、晓 ɕieu³
ɛu	雕 tɛu¹、鸟 tɛu³、条 tɛu²、料 lɛu⁶
ieu	疗 lieu²、锹 tɕʰieu¹、钓 tieu⁵、掉 tieu⁵

1. 雅阳话效摄三、四等读 iɛu 的历史层次

该层次是效摄三、四等的主体层次，蛮话其他点相对应的读音分别为：海城话、芦浦话读为 ［ieu］韵，筱村话读为 ［iɛu］韵，江根话读为 ［iau］韵。

这一层次非常清晰，没有什么值得分析的。只有一点需要说明，那就是海城话中对应该层次的还有一种读音读为 ［yø］韵。这一层次只出现在海城话中，我们认为该层次跟南部吴语的影响有很大的关系。首先，虽然没有明显的文白异读来印证这一看法，但是从读音的词汇分布来看还是能有一些线索说明 ［yø］韵比 ［ieu］韵更晚近。如：

表 4.60　　　　　　　海城话 ［ieu］韵和 ［yø］韵的辖字

| ieu | 标票庙焦小~学笑朝潮招照烧多~少桥轿腰摇宵雕鸟吊挑尿料浇叫 |
| yø | 疗消宵霄销超赵兆少~年绍绕骄娇乔荞嚣要谣姚萧缴 |

其次，通过横向比较各点的音值情况，我们也可以发现 ［ieu］韵更加符合蛮话内部的情况，而 ［yø］韵更加接近瓯语的音值。如：

表 4.61　　　　　　　　　海城话 ［yø］韵的来源

	疗	消	赵	骄	谣	萧
海城	lyø	çyø	dʑyø	tçyø	yø	çyø
平阳	lyø	çyø	dʑyø	tçyø	yø	çyø
温州	liɜ	çiɜ	dʑiɜ	tçiɜ	jiɜ	çiɜ

2. 雅阳话效摄三、四等读 ɛu 的历史层次

该层次只出现在四等萧韵中，这一层次在芦浦已经消失，在海城话中零星存在，只有"条"一个字读 ［ɛ］韵，而在筱村、雅阳和江根话中的对应则比较一致，都读 ［ɛu］韵。如：

表 4.62　　　　　　　　　效摄四等 ［ɛu］韵的辖字

筱村	刁貂雕鸟吊条料箫
雅阳	雕鸟条~结料
江根	鸟吊条了~结料

这一层次与上文二等肴韵的 ［ɛu］音类应该不是同一层次，二等的 ［ɛu］音类是晚近的文读层，但是四等的 ［ɛu］音类应该是早于 ［iɛu］音类的白读层，因为在海城话中"条"白读 ［ɛ］韵，文读 ［iɛu］韵，且所辖的字都是常用字。

3. 雅阳话效摄三、四等读 iɛu 的历史层次

只有雅阳话中有读 ［iɛu］音类的层次，在蛮话其他点中都没有独立的这一层次。我们怀疑是受到流摄影响而产生的新读。

根据上文的分析，蛮话各点效摄三、四等有以下几个层次。如：

表 4.63　　　　　　　　　效摄三、四等的层次

	雅阳话	芦浦话	海城话	筱村话	江根话
1	ɛu	—	ɛ	ɛu	ɛu
2	iɛu	ieu	ieu	iɛu	iau
3	ieu	—	ieu	—	—
4	—	—	yø	—	—

七 流摄

中古流摄只有开口一等韵和三等韵，共有三个韵目：侯、尤、幽。幽韵的字较少，在蛮话中多不是常用字，且尤、幽两韵在蛮话中已经合并，因此，我们将尤、幽两韵合起来讨论。而侯韵在官话中虽与尤、幽两韵合并，但是在蛮话中侯韵与尤幽两韵的差别较大，因此，这里我们就分别来讨论流摄一等和三等的历史层次。

（一）流摄一等

流摄开口一等侯韵的层次比较简单。海城话主要有 ［a ɑu ɛ u ieu］ 五个音类，芦浦话有 ［ɑu ɔ o ieu］ 四个音类，筱村话有 ［au ɐu ou ieu］ 四个音类，雅阳话有 ［au ɛu ɔ u］ 四个音类，江根话有 ［o ɐu au］ 三个音类。以雅阳话为例，如：

表 4. 64　　　　　　　　雅阳话流摄一等的主要韵母

au	兜 tau¹、偷 tʰau¹、豆 tau⁶、漏 lau⁶、嗖 sau⁵、猴 kau²
ɛu	亩 mɛu³、凑 tsʰɛu⁵、口 kʰɛu³、藕 ŋɛu³
ɔ	牡 mɔ³、戊 mɔ⁶
u	拇母 mu³

1. 雅阳话流摄一等读 au 的历史层次

该层次在蛮话其他点的对应读音分别为：海城话读 ［ɛ］ 韵，芦浦话读 ［ɔ］ 韵，筱村话读 ［au］ 韵，江根话也读 ［au］ 韵，对应非常整齐。该音类与三等尤韵相混，属于白读音。如海城话的 "喉" 白读 ［ɛ²］，文读 ［ɑu²］；芦浦话的 "斗 去声" 白读 ［tɔ⁵］，文读 ［tɑu⁵］；筱村话的 "厚" 白读 ［kau⁶］，文读 ［kɛu⁶］；雅阳话的 "楼" 白读 ［lau²］，文读 ［lɛu²］；江根话的 "猴" 白读 ［kau²］，文读 ［kɛu²］，等等。

海城话中的 ［a］ 音类只有一个 "猴" 字，读 ［ga²］，属于白读音，相对的文读音为 ［ɑu²］。我们猜测海城的 ［ɛ］ 韵应该是从 ［a］ 韵进一步演变而来的。

2. 雅阳话流摄一等读 εu 的历史层次

该层次在蛮话其他点的对应读音分别为：海城话读［ɒu］韵，芦浦话读［ou］韵，筱村话读［εʒ］韵，江根话也读［εʒ］韵。该音类应该属于文读音，参看上文。

3. 雅阳话流摄一等读 u 的历史层次

流摄一等读［u］韵的，雅阳话有"母拇"；海城话该音类读为［u］，收字有"某母戊"；芦浦话该音类读为［o］，收字有"某拇母戊"；筱村话该音类读为［ou］，收字有"某拇母戊"；江根话该音类读为［o］，只有"拇"字。这些字都是明母字。

"某母拇牡戊"这五个字在各点的读音各不相同，对应比较复杂。如：

表 4.65　　　　　　　　　"某母拇牡戊"在各点的读音

	雅阳	海城	芦浦	筱村	江根
牡	ɔ	ieu	ieu	iεu	εʒ
戊	ɔ	u	o	ou	εʒ
母拇	u	u	u	ou	o
某	εʒ	u	o	ou	εʒ

就海城话的文白异读来看，"母拇"读［u］是新的文读音，相对应的白读音为［ɑu］。雅阳话中的三个层次［ɔ］、［u］、［εʒ］，在海城、芦浦和筱村都合二为一，而在江根则合而为二。海城、芦浦和筱村的"牡"字的读音可能也是读归效摄，差别较大。雅阳话［ɔ］、［u］、［εʒ］三个层次中，［εʒ］应该早于［u］，但是对于［ɔ］的层次早晚，我们还无法明确地判断。

根据上文的分析，我们可以总结蛮话各点流摄一等的历史层次。如：

表 4.66　　　　　　　　　流摄一等的层次

	雅阳话	芦浦话	海城话	筱村话	江根话
1	au	ɔ	ε	au	au
2	εʒ	uɔ	ɒu	εʒ	εʒ
3	u	o	u	ou	o
4	ɔ				

（二）流摄三等

中古流摄开口三等包括尤韵和幽韵。海城话共有五个音类：［ieu iɑu ɑu ɛ u］，芦浦话共有五个音类：［ieu iɑu uɑu ɔ u］，筱村话共有五个音类：［iou au ɛu u iɐu］，雅阳话共有五个音类：［ieu au ɛu u iɛu］，江根话有五个音类：［iou au ɛu u iau］。以雅阳话为例：

表 4.67　　　　　　　　　　雅阳话流摄三等的主要韵母

u	浮 p^hu^2、妇 pu^6、旧 ku^6、有 u^6
ɛu｜ieu	否 $p^h\varepsilon u^3$、谋 $m\varepsilon u^2$、皱 $ts\varepsilon u^5$、愁 $ts^h\varepsilon u^2$、柳 $lieu^2$、酒 $t\varsigma ieu^3$、手 $t\varsigma^h ieu^3$、丘 $k^h ieu^1$、油 ieu^2、幽 ieu^1
au	流 lau^2、昼 tau^5、臭 ts^hau^5、九 kau^3
iɛu	彪 $pi\varepsilon u^1$、谬 $mi\varepsilon u^6$

1. 雅阳话流摄三等读［u］的历史层次

雅阳话流摄三等读［u］韵的层次，其他蛮话点对应的也都读［u］韵，且所涵盖的字都差不多，如：

表 4.68　　　　　　　　　　［u］韵的辖字

雅阳	富副浮负妇舅臼旧牛有
海城	富副浮阜负妇舅臼有
芦浦	富副浮负妇舅臼有
筱村	富副浮阜负妇舅臼旧有
江根	富副浮阜负妇丘舅臼牛有

据严修鸿（1997），流摄尤韵"妇旧牛丘有久"属于上古之部，构拟的形式为*ɯ，只要圆唇就成了［u］；"舅臼浮"属于上古幽部，构拟形式为*u。蛮话中这些尤韵字读为［u］音类应该是上古音的遗留。这种古音遗留现象在整个闽语中都存在，戴黎刚（2012：75）指出流摄三等尤韵读［u］音类的，莆仙话有"浮妇副富丘牛韭灸舅臼旧有"，泉州、福州等地收字略同，而建瓯、永安则收字较少。

2. 雅阳话流摄三等读 au 的历史层次

流摄三等尤韵读 ［au］ 音类的，雅阳话有"流昼搜臭九"；海城话该音类读为 ［ɛ］，有"否谋留流昼臭九"；芦浦话该音类读为 ［ɔ］，收字同雅阳话；筱村话该音类读为 ［au］，收字有"留流昼臭九"；江根话该音类也读为 ［au］，收字有"留流昼臭阎九"。

流摄三等尤韵该音类与流摄一等侯韵相同，是侯尤相混的层次，如：

表 4. 69 　　　　　　　　　　流摄侯尤相混的现象

	雅阳	海城	芦浦	筱村	江根
流尤	lau²	lɛ²	lɔ³	lau²	lau²
九尤	kau³	kɛ³	kɔ³	kau³	kau³
头侯	tʰau²	dɛ²	dɔ²	tʰau²	tʰau²
厚侯	kau⁶	gɛ⁶	gɔ⁶	kau⁶	kau⁶

而从海城、芦浦等地的文白异读的情况来看，该音类应该属于白读音层次，以海城为例：

表 4. 70 　　　　　　　　　　海城话的文白异读

	谋	流	昼
白读	mɛ²	lɛ²	tɛ⁵
文读	mɑu²	lieu²	tsieu⁵

3. 雅阳话流摄三等读 ɛu | ieu 的历史层次

流摄三等尤韵雅阳话读为 ［ʊ］ 韵和 ［ieu］ 韵，这两个韵以声母为条件互补分布，是尤韵的主体层次。该音类筱村话和江根话都读为 ［ɛu］ 和 ［iou］，海城话、芦浦话则读为 ［ɑu］ 和 ［iɑu］。如：

表 4. 71 　　　　　　　　　　流摄三等的主体层次

	雅阳	筱村	江根	海城	芦浦
谋	mɛu	mɛu	mɛu	mɑu	mɑu
皱	tsɛu	tsɛu	tsɛu	tsɑu	tsɑu
救	kieu	tɕiou	kiou	tɕiɑu	tɕiɑu

续表

	雅阳	筱村	江根	海城	芦浦
优	ieu	iou	iou	iɑu	iɑu
幽	ieu	iou	iou	iɑu	iɑu

从文白异读情况来看，该音类应该属于文读层次，以海城话为例：

表 4.72　　　　　　　　　海城话的文白异读

	谋	舅	臼	有
白读	mɛ²	gu⁶	gu⁶	vu⁶
文读	mɑu²	dʑiɑu⁶	dʑiɑu⁶	iɑu⁶

4. 雅阳话流摄三等读 iɛu 的历史层次

雅阳话读 [iɛu] 的层次辖字较少。该音类筱村话读为 [ieu]，江根话读为 [iau]，海城话、芦浦话则读为 [ieu]。这个层次蛮话各点都与效摄开口三、四等相混，应该是个晚近的层次。如：

表 4.73　　　　　　　　　流摄读同效摄的现象

	雅阳	筱村	江根	海城	芦浦
彪	piɛu	piɛu	piau	pieu	pieu
谬	miɛu	miɛu	miau	mieu	mieu
标	piɛu	piɛu	piau	pieu	pieu
庙	miɛu	miɛu	miau	mieu	mieu

根据上文的分析，我们总结蛮话各点流摄三等尤韵的层次主要有以下几个。如：

表 4.74　　　　　　　　　流摄三等的层次

	雅阳话	芦浦话	海城话	筱村话	江根话
1	u	u	u	u	u
2	au	ɛ	ɔ	au	au

续表

	雅阳话	芦浦话	海城话	筱村话	江根话
3	ɛu∣ieu	ɑu∣iɑu	ɑu∣iɑu	ɛu∣iou	ɛu∣iou
4	iɛu	ieu	ieu	iɛu	iau

八　咸摄

中古咸摄的开口韵分为四等，共有"覃谈咸衔盐严添"七个韵（举平以赅上去入，下同）。而合口韵只有三等的凡韵。由于咸摄合口韵类的字很少，且层次单一，这里我们只分析咸摄开口的历史层次。

从蛮话今读的情况来看，咸摄大致分为两部分。其中，一、二等字的历史层次大致相同，三、四等字的历史层次大致相同。但是咸摄一、二等字也有读如三、四等字的历史层次，以雅阳话为例，咸摄一、二等字分别读为［aŋ］、［ɛŋ］音类，三、四等字分别读为［iɛŋ］、［iaŋ］、［ɛŋ］音类。可见，一、二等字和三、四等字都有［ɛŋ］的层次。下面我们分两部分来分析咸摄开口的历史层次。

（一）咸摄开口一、二等

咸摄开口一、二等共有"覃谈咸衔"四个韵目。蛮话各点鼻音韵尾和塞音韵尾演变的速度不一样，下文我们还会专门进行分析。咸摄除了雅阳话还保留鼻尾外，海城话和芦浦话都已经丢失鼻尾，而筱村话和江根话的鼻尾则已经弱化，成为鼻化韵。雅阳话共有两个鼻尾韵：［aŋ］、［ɛŋ］，两个塞尾韵：［aʔ］、［ɛʔ］。海城话共有四个开尾韵：［a］、［ai］、［ɛ］、［ø］和一个塞尾韵［əʔ］。芦浦话共有四个开尾韵：［a］、［ai］、［e］、［ø］和一个塞尾韵［əʔ］。筱村话共有两个鼻化韵：［ã］、［ɛ̃］和一个塞尾韵［ɛʔ］。江根话共有两个鼻化韵［ã］、［ɛ̃］和两个塞尾韵［aʔ］、［ɛʔ］。下面以雅阳话为例：

表 4.75　　　　　　　雅阳话咸摄开口一、二等的主要韵母

aŋ aʔ	男 naŋ[2]、含 kaŋ[2]、三 saŋ[1]、答 taʔ[7]、鸭 aʔ[7]
ɛŋ ɛʔ	减 kɛŋ[3]、咸 ~淡 kɛŋ[2]、狭 ɛʔ[8]

1. 雅阳话咸摄开口一、二等读 aŋ aʔ 音类的历史层次

咸摄开口一、二等读 [aŋ] 音类是雅阳话的主体层次，辖字较多，略举数例："贪男簪敢三柑杉岩"。入声韵这一层次的音类为 [aʔ]，如："答塔插匣"。该音类在筱村话和江根话中对应很整齐，筱村话中该层次阳声韵读为 [ã] 音类，入声韵读为 [ɛʔ] 音类。江根话中该层次阳声韵读为 [ã] 音类，而入声韵读为 [aʔ] 音类，辖字与雅阳话基本相同。在海城话和芦浦话中情况有所不同，就阳声韵而言，雅阳话中读 [aŋ] 音类的字在海城话中有 [ai]、[a]、[ø] 三种读音，在芦浦话中有 [ai]、[e]、[ø] 三种读音，其对应如下：

表4.76　　　　　　　　海城、芦浦与雅阳的音类对应

海城	芦浦	例　字	雅阳
a	e	耽感含痰篮三敢斩杉衔岩	aŋ
ø	ø	贪参~加惨堪	aŋ
ai	ai	簪	aŋ

海城话和芦浦话中这三个音类之间不存在互补关系，应该是三个不同的层次，它们的时间早晚可以通过文白异读的情况进行粗略判断，如：

表4.77　　　　　　　　海城话的文白异读

海城		簪	含
	白读	tsai[1]	ga[2]
	文读	tsø[1]	ø[2]

[ai] 韵和 [a] 韵都是白读层，而 [ø] 韵是文读层。我们猜测 [ø] 韵是后来从瓯语中引进的，从音值而言与瓯语一样。而 [ai] 韵和 [a] 韵孰早孰晚，可以参考下文对 [ɛŋ] 音类历史层次的分析。

2. 雅阳话咸摄开口一、二等读 ɛŋ ɛʔ 音类的历史层次

咸摄开口一、二等阳声韵读 [ɛŋ] 音类，雅阳话有"减碱咸~淡"。入声韵读 [ɛʔ]，只有一个"狭"字。筱村话该层次阳声韵读 [ɛ] 音类，有"减碱咸~淡"，入声韵读 [ɛʔ]，筱村话咸摄开口一、二等的入声

韵只有一个 [ɛʔ] 韵，因此它既对应雅阳话的 [ɛʔ] 韵也对应雅阳话的 [aʔ]。但是从辖字来看 [ɛʔ] 韵应该和 [ã] 韵是同一个主体层次。海城话该层次的阳声韵读为 [ai] 音类，有"减"，入声韵读 [a] 音类，有"喝合鸭压"等。芦浦话该层次的阳声韵也读为 [ai] 音类，有"减碱监~牢"，入声韵也读 [a] 音类，有"喝合狭鸭压"等。

上文我们无法判断海城话 [ai] 韵和 [a] 韵的时间早晚，通过对比雅阳话我们似乎能发现一些端倪，如：

表 4.78　　　　　　　　　海城话和雅阳话的音类对应

海城	例　字	雅阳
a	耽感含痰斩杉岩篮三敢衔	aŋ
ai	男南簪柑	aŋ
ai	减	ɛŋ

从上表的对应我们认为海城话的 [ai] 音类相当于雅阳话的 [ɛŋ] 音类。明显地，海城话的 [ai] 音类保留的范围要广，就音值来说 [ai] 音类可能经历过*ɛiŋ→aiŋ→ai 的演变。雅阳话的 [ɛŋ] 音类应该是较早的层次，详见下文咸摄三、四等的层次分析。

海城话和芦浦话中入声韵也有分化，与雅阳话的对应也比较复杂，如：

表 4.79　　　　　　　　　海城和雅阳入声韵的音类对应

海城	芦浦	例　字	雅阳
əʔ	əʔ	答甲塔插	aʔ
əʔ	a	狭	ɛʔ
a	a	喝鸭	aʔ

对照阳声韵的情况来看，海城话中入声韵读如阴声韵的 [a] 音类应该与阳声韵读入阴声韵的 [ai] 音类对应。海城话和芦浦话中的 [a] 音类只出现在咸摄和山摄。并且，海城话和芦浦话中的入声韵读入阴声韵应该是晚近的演变，秋谷裕幸（2005：98）指出苍南炎亭蛮话中"合盒"

读［a］音类可能是比较新的变化，还存在又读为［aʔ］的现象。因此，海城话和芦浦话中的［a］音类也可能是刚失落塞尾演变而来。

因此，我们可以得到蛮话各点咸摄开口一、二等有以下层次：

表 4.80　　　　　　　　　　咸摄开口一、二等的层次

	雅阳话	芦浦话	海城话	筱村话	江根话
1	εŋ εʔ	ai a	ai a	ɛ̄	ɛ̄ ɛʔ
2	aŋ aʔ	e əʔ	a əʔ	ã ɛʔ	ã aʔ
3		ø	ø		

（二）咸摄开口三、四等

咸摄开口三、四等共有盐、严、添三个韵目，蛮话各点对应比较整齐。雅阳话共有两个音类：［εŋ εʔ］、［iεŋ iεʔ］，筱村话共有两个音类：［ɛ̄ ɛʔ］、［i iεʔ］，江根话共有两个音类：［ɛ̄ ɛʔ］、［ĩɛ iεʔ］，海城话共有两个音类：［ai əʔ］、［i iəʔ］，芦浦话共有两个音类：［ai əʔ］、［i iəʔ］。以雅阳话为例：

表 4.81　　　　　　　　雅阳话咸摄开口三、四等的主要韵母

εŋ εʔ	点 teŋ³、店 teŋ⁵、甜 teŋ²、簟 teŋ⁶、念 neŋ⁶、贴帖 tʰɛʔ⁷、叠 tʰɛʔ⁸
iεŋ iεʔ	帘 lieŋ²、尖 tɕieŋ¹、陕 ɕieŋ³、验 ȵieŋ⁶、欠 kʰieŋ⁵、猎 lieʔ⁸、接 tɕieʔ⁷、碟 tieʔ⁸

1. 雅阳话咸摄开口三、四等读 εŋ εʔ 音类的历史层次

根据层次关系字，雅阳话咸摄开口三、四等阳声韵读［εŋ］音类，入声韵读［εʔ］音类，在筱村话和江根话中对应［ɛ̄ ɛʔ］音类，在海城话和芦浦话中对应［ai əʔ］音类。

雅阳话［εŋ］音类除了分布于咸摄开口四等相同外，也在咸摄开口二等出现，应该是同一个层次，如：

表 4.82　　　　　　　　咸摄二、四等同韵的现象

咸摄	二等	减 keŋ³、咸~淡keŋ²、狭 εʔ⁸
	四等	点 teŋ³、店 teŋ⁵、甜 teŋ²、簟 teŋ⁶、念 neŋ⁶、贴帖 tʰɛʔ⁷、叠 tʰɛʔ⁸

此外，海城话和芦浦话中与［ai］音类对应的入声韵的读音也不相同，二等读［a］音类，而四等读［ə？］音类，我们认为应该是［ə？］音类在咸摄二等和四等词汇扩散不平衡造成的。

咸摄的该音类还是个咸摄、山摄相混的历史层次，在闽语中也普遍存在。比较：

表 4.83　　　　　　　　　　咸山摄相混的层次

	仙游	福州	雅阳	筱村	江根	海城	芦浦
店咸	tĩ⁵	tɕiŋ⁵	tɛŋ⁵	tɛ̃⁵	tɛ̃⁵	tai⁵	tai⁵
千山	tsʰĩ¹		tsʰŋ¹	tsʰɛ̃¹	tsʰɛ̃¹	tsʰai¹	tsʰai¹

咸摄的该音类是白读层，以芦浦话为例：

表 4.84　　　　　　　　　　芦浦话的文白异读

	添	念
白读	tʰai	nai
文读	tʰi	ŋi

2. 雅阳话咸摄开口三、四等读 iɛŋ iɛ？ 音类的历史层次

根据层次关系字，雅阳话咸摄开口三、四等阳声韵读［iɛŋ］音类，入声韵读［iɛ？］音类，在筱村话中读［i iɛ？］音类，在江根话中读［ĩɛ iɛ？］音类，在海城话和芦浦话中读［i iə？］音类。该层次是文读层，也是咸摄三、四等的主体层次。

通过该层次在各点音值的分布我们可以发现，阳声韵和入声韵在演变速度上的不一致，如：

表 4.85　　　　蛮话各点咸摄开口三、四等阳声韵和入声韵的韵尾情况

	雅阳	筱村	江根	海城	芦浦
阳声韵	iɛŋ	i	ĩɛ	i	i
入声韵	iɛ？	iɛ？	iɛ？	iə？	iə？

阳声韵：iɛŋ →ĩɛ → （ĩ） →i

入声韵：iɛʔ → ieʔ→iəʔ

蛮话咸摄三、四等韵的历史层次还是比较清晰和简单的，根据上文的分析可以总结如下：

表4.86 咸摄三、四等的层次

	雅阳话	芦浦话	海城话	筱村话	江根话
1	ɛŋ ɛʔ	ai əʔ	ai əʔ	ē ɛʔ	ē ɛʔ
2	iɛŋ iɛʔ	i iəʔ	i iəʔ	i iɛʔ	ĩɛ ieʔ

九 山摄

中古山摄的分韵比较复杂，开口、合口各有四等，共计十二个韵目。山摄主要来自上古的元部，也有部分字属于真部和文部。由于韵目繁多，不能逐一分析。从蛮话的今读情况来看，将山摄分为一、二等和三、四等来讨论比较简便和清晰。

（一）山摄一、二等

1. 山摄开口一等

山摄开口一等各点的读音对应都很整齐，而且层次也比较单一。海城话山摄开口一等寒曷韵主要读作［a əʔ］韵；芦浦话山摄开口一等寒曷韵主要读作［e əʔ］韵；筱村话山摄开口一等寒曷韵主要读作［ã ɛʔ］韵；雅阳话山摄开口一等寒曷韵主要读作［aŋ aʔ］韵；江根话山摄开口一等寒曷韵主要读［ã aʔ］韵。如：

表4.87 山摄开口一等的主要读音

	寒					曷			
	滩摊	兰栏	伞	肝	寒	獭	辣	擦	割葛
海城	tʰa44	la213	sa45	ka44	ga213	tʰaʔ45	ləʔ22	tsʰəʔ45	kəʔ45
芦浦	tʰe44	le213	se45	ke44	ge213	tʰəʔ45	ləʔ22	tsʰəʔ45	kəʔ45

续表

	寒					曷			
	滩摊	兰栏	伞	肝	寒	獭	辣	擦	割葛
筱村	tʰā¹³	lā⁴²	sā²⁴	kā¹³	kā⁴²	tʰɛʔ⁵	lɛʔ²	tsʰɛʔ⁵	kɛʔ⁵
雅阳	tʰaŋ¹³	laŋ³⁵¹	saŋ³⁵	kaŋ¹³	kaŋ³⁵¹		laʔ²²	tsʰaʔ⁴⁵	kaʔ⁴⁵
江根	tʰā¹¹	lā³³	sā²⁴	kā¹¹	hā³³			tsʰaʔ⁵³	kaʔ⁵

海城话山摄开口一等寒韵还有少数见系字读为 [ø] 韵。例如：看刊 kʰø⁴⁴ | 按 ø⁴²。芦浦话的"刊"读为 [kʰø⁴⁴]，也为 [ø] 韵。海城话和芦浦话中见系读 [ø] 韵与咸摄开口一等相混，应该是一个外来的读音，详细参考上文咸摄的分析。

江根话中的"獭"读为 [tʰiaʔ⁵³]，"辣"读为 [tiaʔ³]，都读为 [iaʔ] 韵。这种开口一等读为齐齿呼的现象在其他蛮话点都不存在。但是这种现象在闽语中也零星存在，如福州话的"獭"读 [tʰiaʔ³]，寿宁城关话的"辣"读 [liaʔ³]。

雅阳话中有两个字阳声韵字读 [iaŋ] 音类，如：坦名 tiaŋ³⁵¹ | 懒 tiaŋ³⁵。这种读音的性质尚不明确。

2. 山摄合口一等

海城话山摄合口一等桓末韵主要读作 [a ua]、[ə ʔ uəʔ] 韵；芦浦话山摄合口一等桓末韵主要读作 [e ue]、[əʔ] 韵；筱村话山摄合口一等桓末韵主要读作 [ā uā]、[ɛʔ uɛʔ] 韵；雅阳话山摄合口一等桓末韵主要读作 [uaŋ]、[uaʔ] 韵；江根话山摄合口一等桓末韵主要读 [ā uā]、[aʔ uaʔ] 韵。如：

表 4.88　　　　　　　　　山摄合口一等的主要读音

	桓				末			
	半	满	官	宽	拨	沫	阔	活
海城	pa⁴²	ma⁴⁵	kua⁴⁴	kʰua⁴⁴	pəʔ⁴⁵	məʔ²²	kʰuəʔ⁴⁵	vəʔ²²
芦浦	pe⁴²	me⁴⁵	kue⁴⁴	kʰue⁴⁴	pəʔ⁴⁵	məʔ²²	kʰəʔ⁴⁵	vəʔ²²
筱村	pā⁵³	mā²⁴	kuā¹³	kʰuā¹³	pɛʔ⁵	mɛʔ²	kʰuɛʔ⁵	vɛʔ²
雅阳	puaŋ⁵³	muaŋ³⁵	kuaŋ¹³	kʰuaŋ¹³	puaʔ⁴⁵	muaʔ²²	kʰuaʔ⁴⁵	uaʔ²²
江根	pā³¹	mā²⁴	kuā¹¹	kʰuā¹¹	paʔ⁵³	maʔ²²	kʰuaʔ⁵³	uaʔ³

　　山摄合口一等除了雅阳话全部读合口呼外，其他点都是以声母为条件分化，见系读合口呼，非见系读开口呼。其中芦浦话的入声韵全部合流读为开口呼，与阳声韵不一致。因此，除了雅阳话还保持着开合口对立的局面外，其他蛮话点都是部分与山摄开口一等混合。雅阳话这种开口、合口对立的局面也是更加接近闽东方言。

　　山摄合口一等桓末韵有部分字，蛮话各点的韵母都是带圆唇性质的，如：

表 4.89　　　　　　　　　　山摄合口一等读圆唇性质的韵母

				桓			末	
	端	团	卵	钻名	酸	丸	夺	撮
海城	tø⁴⁴	dø²¹³	lø⁴⁴	tsø⁴²	sø⁴⁴	ø²¹³	dø?²²	tsʰə?⁴⁵
芦浦	tø⁴⁴	dø²¹³	lø⁴⁴	tsø⁴²	sø⁴⁴	ø²¹³	dø?²²	tsʰə?⁴⁵
筱村	tɔ̄¹³	tɔ̄⁴²	lɔ̄²²	tsɔ̄⁵³	sɔ̄¹³		tɔ?²	tsʰɔ?⁵
雅阳	toŋ¹³	toŋ³⁵¹	loŋ²²	tsɔŋ⁵³	soŋ¹³		tɔ?²²	tsʰə?⁴⁵
江根	tũɛ¹¹	tʰũɛ³³	lũɛ⁵³	tsũɛ³¹	sũɛ¹¹		tuə?³	tsʰuə?⁵³

　　该层次是山摄合口一等的一个白读层，蛮话各点见系字和非见系字互补分布。该层次应该属于白读层，如：

表 4.90　　　　　　　　　　海城、芦浦的文白异读

	文读	白读
贯海城	ua	ø
管芦浦	ue	ø

　　蛮话该层次在闽语中能找到相对应的层次，并且辖字也差不多，而在瓯语中不存在这种整齐的对应。如：

表 4.91　　　　　　　　　　闽语的对应层次

	福州话	仙游话	建瓯话	厦门话
卵酸	ouŋ	ȳ	ɔŋ	ŋ
夺撮	ou?	—	—	—

3. 山摄开口二等

海城话山摄开口二等山删韵主要读作 [a] 韵，黠辖韵主要读作 [əʔ] 韵；芦浦话山摄开口二等山删韵主要读作 [e] 韵，黠辖韵主要读作 [əʔ] 韵；筱村话山摄开口二等山删韵主要读作 [ã] 韵，黠辖韵主要读作 [ɛʔ] 韵；雅阳话山摄开口二等山删韵主要读作 [aŋ] 韵，黠辖韵主要读作 [aʔ] 韵；江根话山摄开口二等山删韵主要读作 [ã] 韵，黠辖韵主要读作 [aʔ] 韵。如：

表4.92　　　　　　　　　　　山摄开口二等的主要读音

	山			删			黠	辖
	山	产	简	班	奸	颜	杀	铡
海城	sa⁴⁴	tsʰa⁴⁵	ka⁴⁵	pa⁴⁴	ka⁴⁴	ŋa²¹³	səʔ⁴⁵	zəʔ²²
芦浦	se⁴⁴	tsʰe⁴⁵	ke⁴⁵	pa⁴⁴	ka⁴⁴	ŋa²¹³	səʔ⁴⁵	dzəʔ²²/zəʔ²²
筱村	sã¹³	sã²⁴	kã²⁴	pã¹³	kã¹³	ŋiã⁴²	sɛʔ⁵	tsɛʔ²
雅阳	saŋ¹³	saŋ³⁵	kaŋ³⁵	paŋ¹³	kaŋ¹³	ŋaŋ³⁵¹	saʔ⁴⁵	tsaʔ²²
江根	sã¹¹	tsʰã²⁴	kã²⁴	pã¹¹	kã¹¹	ŋã³³	saʔ⁵³	tsaʔ³

表4.92 中筱村话的"颜"字读作 [iã] 韵是由于声母条件而产生的分化，同是山摄开口二等疑母的"雁"字也读 [iã] 韵。

山摄开口二等该层次的读音和山摄开口一等相混，是山摄开口二等的主体层次。

此外，海城话和芦浦话中山摄开口二等山删韵有部分字读作 [ai] 韵。根据对应字，筱村话中山摄开口二等山删韵该部分字读作 [ɛ] 韵，相应的入声韵黠韵读为 [ɛʔ] 韵；雅阳话山摄开口二等山删韵该部分字读作 [ɛŋ] 韵，相应的入声黠韵读为 [ɛʔ] 韵；江根话中山摄开口二等山删韵该部分字读作 [ɛ̃] 韵，相应的入声黠韵读为 [ɛʔ] 韵。由于海城话和芦浦话中的入声韵大规模合并，相对应的入声韵都读 [əʔ] 韵。如：

表4.93 山摄开口二等部分字的读音对应

	山				删		黠	
	办	间	眼	闲	板版	慢	八	拔
海城	bai²²	kai⁴⁴	ŋai⁴⁵	ai²¹³	pai⁴⁵	mai²²	pə$ʔ$⁴⁵	bə$ʔ$²²
芦浦	bai²²	kai⁴⁴	ŋai⁴⁵	ai²¹³	pai⁴⁵	mai²²	pə$ʔ$⁴⁵	bə$ʔ$²²
筱村	pɛ̄²²	kɛ̄¹³	ŋɛ̄²⁴	ɛ̄⁴²	pɛ̄²⁴	mɛ̄²²	pɛ$ʔ$⁵	pɛ$ʔ$²
雅阳	pɛŋ²²	kɛŋ¹³	ŋɛŋ³⁵	ɛŋ³⁵¹	pɛŋ³⁵	mɛŋ²²	pɛ$ʔ$⁴⁵	pɛ$ʔ$²²
江根	pɛ̄⁵³	kɛ̄¹¹		ɛ̄³³	pɛ̄²⁴	mɛ̄⁵³	pɛ$ʔ$⁵³	pɛ$ʔ$³

山摄开口二等该层次的读音与咸摄开口二等有相混，咸摄的情况上文已经分析，不再赘述。

在芦浦话中读［ai］韵是白读层，读［e］韵是文读层，如：

表4.93 芦浦话的文白异读

	简	限	蛮
白读	kai⁴⁵	hai²²	mai²¹³
文读	ke⁴⁵	e²²	me²¹³

因此，蛮话山摄开口二等主要有两个层次：

表4.94 山摄开口二等的文白读音层

	海城	芦浦	筱村	雅阳	江根
白读层	ai	ai	ɛ̄	ɛŋ ɛ$ʔ$	ɛ̄ ɛ$ʔ$
文读层	a ə$ʔ$	e ə$ʔ$	ã ɛ$ʔ$	aŋ a$ʔ$	ã a$ʔ$

雅阳话和江根话中山摄开口二等的阳声韵和入声韵分别有两个相对应的层次，但在海城话、芦浦话和筱村话中，阳声韵有两个层次，而入声韵则只有一个层次。

蛮话山摄开口二等白读层与闽语的关系密切，闽语中也存在一个与蛮话白读层相对应的层次，如：

表 4.95 闽语中相应的白读层

	福州	霞浦	寿宁	建瓯
办	pɛiŋ²	paiŋ²	peŋ²	paiŋ²
慢	mɛiŋ²	maiŋ²	meŋ²	maiŋ²
八	pɛiʔ₋	paiʔ₋	pɛʔ₋	paiʔ₋

此外，秋谷裕幸（2005）调查的炎亭蛮话中该层次阳声韵读为［ãi］韵，入声韵读为［əʔ］韵。

根据表 4.93，同时参考闽语和秋谷裕幸的调查材料，我们可以得到蛮话山摄开口二等白读层的一个演变链：

$$\text{阳声韵:} *\varepsilon i\eta \begin{cases} a i\eta \text{——} \tilde{a}i \text{——} ai \\ \varepsilon\eta \text{——} \tilde{\varepsilon} \end{cases}$$

入声韵：* ɛiʔ——ɛʔ——əʔ

4. 山摄合口二等

海城话山摄合口二等山删韵主要读作［a ua］韵，黠辖韵主要读作［əʔ uəʔ］韵；芦浦话山摄开口二等山删韵主要读作［e ue］韵，黠辖韵主要读作［əʔ uəʔ］韵；筱村话山摄开口二等山删韵主要读作［ã uã］韵，黠辖韵主要读作［əʔ ɛʔ uɛʔ］韵；雅阳话山摄开口二等山删韵主要读作［uaŋ］韵，黠辖韵主要读作［ɔʔ uaʔ］韵；江根话山摄开口二等山删韵主要读作［uã］韵，黠辖韵主要读作［uəʔ uaʔ］韵。如：

表 4.96 山摄合口二等的主要读音

	山	删			黠		辖	
	幻	关	环	湾	滑	挖	刷	刮
海城	va⁴⁵	kua⁴⁴	va²¹³	va⁴⁴	vəʔ²²	vəʔ⁴⁵	səʔ⁴⁵	kuəʔ⁴⁵
芦浦	ve⁴⁵	kue⁴⁴	guе²¹³/ve²¹³	ve⁴⁴	vəʔ²²	vəʔ⁴⁵	səʔ⁴⁵	kuəʔ⁴⁵
筱村		kuã¹³	vã⁴²	vã¹³	vɛʔ²	vɛʔ⁵	səʔ⁵	kuɛʔ⁵
雅阳	uaŋ²²	kuaŋ¹³	kʰuaŋ³⁵¹/uaŋ³⁵¹	uaŋ¹³	huaʔ²²	uaʔ⁴⁵	sɔʔ⁴⁵	kuaʔ⁴⁵
江根	huã⁵³	kuã¹¹	huã³³	uã¹¹	uəʔ³		suəʔ⁵³	kuaʔ⁵³

海城话、芦浦话和筱村话中读开口呼韵母除"刷"字外，声母都是 [v]，这实质上是零声母情况下，元音 u 摩擦强化的结果，也可以算是合口呼的读法。因此，我们也可以认为蛮话山摄合口二等各点的韵母是以声母为条件互补分布的。蛮话山摄合口二等该类型的读音与山摄合口一等相混。

（二）山摄三、四等

1. 山摄开口三等

海城话山摄开口三等仙元韵主要读作 [i] 韵，薛月韵主要读作 [iəʔ] 韵；芦浦话山摄开口三等仙元韵主要读作 [i] 韵，薛月韵主要读作 [iəʔ] 韵；筱村话山摄开口三等仙元韵主要读作 [i] 韵，薛月韵主要读作 [iɛʔ] 韵；雅阳话山摄开口三等仙元韵主要读作 [iɛŋ] 韵，薛月韵主要读作 [iɛʔ] 韵；江根话山摄开口三等仙元韵主要读作 [ĭɛ] 韵，薛月韵主要读作 [ieʔ] 韵。如：

表 4.97　　　　　　　　　山摄开口三等的主要读音

	仙				元		薛		月	
	变	箭	善	件	建	献	灭	杰	揭	歇
海城	pi⁴²	tɕi⁴²	ʑi²²	dʑi²²	tɕi⁴²	ɕi⁴²	miəʔ²²	dʑiəʔ²²		ɕiəʔ⁴⁵
芦浦	pi⁴²	tɕi⁴²	ʑi²²	dʑi²²	tɕi⁴²	ɕi⁴²	miəʔ²²	dʑiəʔ²²	tɕʰiəʔ⁴⁵	ɕiəʔ⁴⁵
筱村	pi⁵³	tɕi⁵³	ɕi²²	tɕi²²	tɕi⁵³	ɕi⁵³	miɛʔ²	tɕiɛʔ²	tɕiɛʔ⁵	
雅阳	piɛŋ⁵³	tɕiɛŋ⁵³	ɕiɛŋ²²			ɕiɛŋ⁵³	miɛʔ²²	kiɛʔ²²	kʰiɛʔ⁴⁵	ɕiɛʔ⁴⁵
江根	pĭɛ³¹	tɕĭɛ³¹	ɕĭɛ⁵³	kĭɛ⁵³	kĭɛ³¹	hĭɛ³¹	mieʔ³	kieʔ³	tɕʰieʔ⁵³	

该层次是蛮话山摄开口三等的主体层次。秋谷裕幸（2005）调查的苍南炎亭蛮话读鼻化韵ĩ，因此我们认为其演变过程应该是：iɛŋ→ĭɛ→ĩ→i。

蛮话开口三等有读同开口二等的层次，如：

表 4.98　　　　　　　　　开口三等读同开口二等的现象

	海城话	芦浦话	筱村话	雅阳话	江根话
剪	tsai⁴⁵	tsai⁴⁵	tsɛ̃²⁴	tsɛŋ³⁵	tsɛ̃²⁴
钱 ~库：地名	zai²¹³	zai²¹³			

	海城话	芦浦话	筱村话	雅阳话	江根话
别並	bəʔ²²	bəʔ²²			
哲			tsɛʔ⁵	tsɛʔ⁴⁵	
撤			tsʰɛʔ⁵		tsʰɛʔ⁵³

这一读音和山摄开口四等相混，应该和山摄开口二等的白读层属于同一个层次。

蛮话山摄开口三等有读圆唇音的现象，如：筱村话的"薛"读 [ɕyɛʔ⁵]，"歇"读 [ɕyɛʔ⁵]；雅阳话的"件"读 [kyɛŋ²²]，"建"读 [kyɛŋ⁵³]，"薛"读 [ɕyɛʔ⁴⁵]；江根话的"歇"读 [ɕyeʔ⁵³]。这一现象在闽东方言中也比较常见，如：

表 4. 99　　　　　　　　闽东方言山摄开口三等读圆唇音的现象

	件	建	歇
福州	yɔŋ/kyɔŋ	kyɔŋ	xyoʔ
霞浦	kyoŋ	kyoŋ	xyoʔ

蛮话山摄开口三等读圆唇音的现象在我们调查的苍南片蛮话中没有发现，但是根据秋谷裕幸（2005）的调查，苍南炎亭蛮话中的"件"读为 [dʑỹ²]，也是圆唇音。在瓯语中并不存在这种现象，这也能说明蛮话和闽东方言关系密切。

江根话还有一个读 [iã iaʔ] 的层次，如：

表 4. 100　　　　　　　　江根话读 [iã iaʔ] 的层次

煎	溅	线	团	燃	薛	热
tɕiã¹¹	tɕiã³¹	ɕiã³¹	kiã²⁴	ȵiã³³	ɕiaʔ⁵³	ȵiaʔ³

此外，雅阳话的"扇动词"读 [ɕiaŋ⁵³]，"团"又读 [kiaŋ³⁵]。雅阳话和江根话中的这个层次也能在闽东方言中找到相对应的层次，如：

表 4. 101　　　　　　　　　闽东方言对应的层次

	溅	线	团	薛	热
福州	tsiaŋ	siaŋ	kiaŋ	sieʔ	ieʔ
霞浦		siaŋ	kiaŋ	seiʔ	eʔ

因此，我们可以总结蛮话各点山摄开口三等的以下层次。各层次的时间早晚暂时无法判断。如：

表 4. 102　　　　　　　　　山摄开口三等的层次

江根话	海城话	芦浦话	筱村话	雅阳话
iã iaʔ				iaŋ
ɛ̃ ɛʔ	ai əʔ	ai əʔ	ɛ̃ ɛʔ	ɛŋ ɛʔ
yɛʔ			yɛʔ	yɛŋ yɛʔ
ĩɛ ieʔ	i iəʔ	i iəʔ	i iɛʔ	ieŋ ɛʔ

2. 山摄合口三等

山摄合口三等仙韵和元韵见系，海城话主要读作［yø］韵，芦浦话主要读作［y］韵，筱村话主要读作［ỹɛ］韵，雅阳话主要读作［yɛŋ］韵，江根话主要读作［ỹɛ］韵。山摄合口三等薛韵和月韵见系，海城话主要读作［iəʔ］韵，芦浦话主要读作［iəʔ］韵，筱村话主要读作［yɛʔ］韵，雅阳话主要读作［yɛʔ］韵，江根话主要读作［yeʔ］韵。如：

表 4. 103　　　　　　　　　山摄合口三等的主要读音（除非组）

	仙			元		薛		月	
	全	川	圆	劝	怨	绝	雪	月	越
海城	zyø²¹³	tɕʰyø⁴⁴	yø²¹³	tɕʰyø⁴²	yø⁴²	ziəʔ²²	ɕiəʔ⁴⁵	ȵiəʔ²²	
芦浦	zy²¹³	tɕʰy⁴⁴	y²¹³	tɕʰy⁴²	y⁴²	ziəʔ²²	ɕiəʔ⁴⁵	ȵiəʔ²²	iəʔ²²
筱村	ɕỹɛ⁴²	tɕʰỹɛ¹³	ỹɛ⁴²	tɕʰ ỹɛ⁵³		tɕyɛʔ²²	ɕyɛʔ⁵		yɛʔ²²
雅阳	tɕyɛŋ³⁵¹	tɕʰyɛŋ¹³	yɛŋ³⁵¹			tɕyɛʔ²²	ɕyɛʔ⁴⁵		yɛʔ²²
江根	tɕỹɛ³³	tɕʰỹɛ¹¹	ỹɛ³³	kʰ ỹɛ³¹		tɕyeʔ³	ɕyeʔ⁵³	ȵyeʔ³	yɛʔ²²

　　海城话山摄合口三等非组元韵主要读作［a］韵，月韵主要读作
［əʔ］韵；芦浦话山摄合口三等非组元韵主要读作［e］韵，月韵主要读
作［əʔ］韵；筱村山摄合口三等非组元韵主要读作［ã］韵，月韵主要读
作［ɛʔ］韵；雅阳话山摄合口三等非组元韵主要读作［uaŋ］韵，月韵主
要读作［uaʔ］韵；江根话山摄合口三等非组元韵主要读作［uã］韵，月
韵主要读作［uaʔ］韵。如：

表4.104　　　　　　　　　山摄合口三等非组元韵的主要读音

	元				月	
	反	番	烦	晚	罚	袜
海城	fa⁴⁵	fa⁴⁴	va²¹³	va⁴⁵	vəʔ²²	məʔ²²
芦浦	fe⁴⁵	fe⁴⁴	ve²¹³	ve⁴⁵	fəʔ²²	məʔ²²
筱村	fã²⁴	fã¹³	fã⁴²	vã²⁴	feʔ²	mɛʔ²
雅阳	huaŋ³⁵	huaŋ¹³	huaŋ³⁵¹	uaŋ³⁵	huaʔ²²	muaʔ²²
江根	huã²⁴	huã¹¹	huã³³	uã²⁴	huaʔ³	maʔ²²

　　江根话的"袜"是个例外，可能是u介音脱落。该音类与山摄合口
一等合流。
　　此外，蛮话各点山摄合口三等还有一些特殊的读音，如：

表4.105　　　　　　　　　山摄合口三等的特殊读音

	卷动	劝	元	怨	园	远	发头~	月
海城					hø²¹³	hø²²		
筱村	kuə²⁴	kʰuə⁵³	ŋuə⁴²	və⁵³	huə⁴²	huə²²	pɔʔ⁵	ŋuəʔ²²
雅阳	kuoŋ³⁵	kʰuoŋ⁵³	ŋuoŋ³⁵¹	uoŋ⁵³	huoŋ³⁵¹	huoŋ²²	puoʔ⁴⁵	ŋuoʔ²²
江根				və³¹	huə³³			

　　该音类在雅阳话和筱村话中辖字较多，在海城话和江根话中分布零
星，在芦浦话中已经没有踪迹。该音类属于白读音层，以筱村话为
例，如：

表4.106 筱村话的文白异读

	卷动	劝	远	发头~
白读	kuə²⁴	kʰuə⁵³	huə²²	pɔʔ⁵
文读	tɕỹɛ²⁴	tɕʰỹɛ⁵³	ỹɛ²⁴	fɛʔ⁵

海城话该层次读〔ø〕韵和山摄合口一等见系白读〔ø〕韵可能属于同一个层次。该白读音层在闽东方言中也能找到对应。如：

表4.107 闽东方言对应的层次

	福州	福鼎	霞浦	寿宁
卷动	kuoŋ³	kuoŋ³	kouŋ³	kuoŋ³
远	huoŋ⁶	huoŋ⁶	xouŋ⁶	xuoŋ⁶
月	ŋuoʔ⁸	ŋuoʔ⁸ᵃ	ŋouʔ⁸	

3. 山摄四等

海城话山摄开口四等先韵主要读作〔i〕韵，屑韵主要读作〔iəʔ〕韵；合口四等先韵主要读作〔yø〕韵，屑韵主要读作〔iəʔ〕韵。芦浦话山摄开口四等先韵主要读作〔i〕韵，屑韵主要读作〔iəʔ〕韵；合口四等先韵主要读作〔y〕韵，屑韵主要读作〔iəʔ〕韵。筱村话山摄开口四等先韵主要读作〔i〕韵，屑韵主要读作〔iɛʔ〕韵；合口四等先韵主要读作〔ỹɛ〕韵，屑韵主要读作〔yɛʔ〕韵。雅阳话山摄开口四等先韵主要读作〔iɛŋ〕韵，屑韵主要读作〔iɛʔ〕韵；合口四等先韵主要读作〔yɛŋ〕韵，屑韵主要读作〔yɛʔ〕韵。江根话山摄开口四等先韵主要读作〔ĩɛ〕韵，屑韵主要读作〔ieʔ〕韵；合口四等先韵主要读作〔ỹɛ〕韵，屑韵主要读作〔yeʔ〕韵。如：

表4.108 山摄开口四等的主要读音

	先开					屑开			先合	屑合
	边	天	先	见	宴	铁	节	结	渊	缺
海城	pi⁴⁴	tʰi⁴⁴	çi⁴⁴	tɕi⁴²	i⁴⁵	tʰiəʔ⁴⁵	tɕiəʔ⁴⁵	tɕiəʔ⁴⁵	yø⁴⁴	tɕʰiəʔ⁴⁵
芦浦	pi⁴⁴	tʰi⁴⁴	çi⁴⁴	tɕi⁴²		tʰiəʔ⁴⁵	tɕiəʔ⁴⁵	tɕiəʔ⁴⁵	y⁴⁴	tɕʰiəʔ⁴⁵

续表

	先开					屑开		先合	屑合
	边	天	先	见	宴	铁	节	结	渊	缺
筱村	pi¹³	tʰi¹³	çi¹³	tçi⁵³	i⁵³	tʰieʔ⁵	tçieʔ⁵	tçieʔ⁵	ỹe¹³	tçʰyeʔ⁵
雅阳	pieŋ¹³	tʰieŋ¹³	çieŋ¹³	kieŋ⁵³	ieŋ⁵³	tʰieʔ⁴⁵	tçieʔ⁴⁵	kieʔ⁴⁵	yeŋ	tçʰyeʔ⁴⁵
江根	pĩɛ¹¹	tʰĩɛ¹¹		kĩɛ³¹	ĩɛ³¹	tʰieʔ⁵³		kieʔ⁵³	ỹɛ¹¹	kʰyeʔ⁵³

此外，山摄四等先屑韵还有一个白读层读为洪音，海城话读 ［ai əʔ a］ 韵，芦浦话读 ［ai əʔ aʔ］ 韵，筱村话读 ［ɛ̃ ɛʔ］ 韵，雅阳话读 ［ɛŋ ɛʔ］ 韵，江根话读 ［ɛ̃ ɛʔ］ 韵。如：

表 4.109　　　　　　　　山摄先屑韵的白读音层

	先开					屑开		先合		屑合
	填	殿	千	前	先	捏	节	犬	悬高	血
海城	dai²¹³	dai²²	tsʰai⁴⁴	zai²¹³	sai⁴⁴		tsəʔ⁴⁵	kʰai⁴⁵	gai²¹³	ha⁴⁵
芦浦	dai²¹³	dai²²	tsʰai⁴⁴	zai²¹³	sai⁴⁴	nəʔ²²	tsəʔ⁴⁵	kʰai⁴⁵	gai²¹³	haʔ⁴⁵
筱村	tɛ̃⁴²	tɛ̃²²	tsʰɛ̃¹³	sɛ̃⁴²	sɛ̃¹³	nɛʔ²	tsɛʔ⁵	kʰɛ̃²⁴	kɛ̃⁴²	hɛʔ⁵
雅阳	tɛŋ³⁵¹	tɛŋ²²	tsʰɛŋ¹³	sɛŋ³⁵¹	sɛŋ¹³		tsɛʔ⁴⁵	kʰɛŋ³⁵	kɛŋ³⁵¹	hɛʔ⁴⁵
江根	tɛ̃³³	tɛ̃⁵³	tsʰɛ̃¹¹	sɛ̃³³	sɛ̃¹¹	nɛʔ³	tsɛʔ⁵³	kʰɛ̃²⁴	kɛ̃³³	hɛʔ⁵³

该白读层在山摄二等、三等都有出现，与咸摄相混。这里不再详说。海城话“血”字读开尾韵应该是新近的演变，可参考咸摄的分析。

江根话山摄四等还有一个读 ［iã iaʔ］ 的层次，在雅阳话中也有零星分布。这个层次同山摄开口三等相混，可参考。江根话如：燕 ［iã⁵³］、切 ［tçʰia⁵³］、穴 ［iaʔ³］。雅阳话如：穴 ［çiaʔ²²］。

十　深臻摄

（一）　深摄

中古深摄只有开口三等侵缉韵。海城话深摄侵韵主要读作 ［eŋ］ 韵，缉韵主要读作 ［iəʔ］ 韵；芦浦话深摄侵韵主要读作 ［ieŋ］ 韵，缉韵主要读作 ［iəʔ］ 韵；筱村话深摄韵主要读作 ［eŋ ieŋ］ 韵，缉韵主要读作［eʔ ieʔ］韵；雅阳话深摄侵韵主要读作［eŋ ieŋ］韵，缉韵主要读作［eʔ］韵；江根话深摄摄韵主要读作［eŋ］韵，缉韵主要读作［eiʔ］韵。如：

表 4.110 　　　　　　　　深摄开口三等的主要读音

	侵							缉		
	品	林	心	深	审	金	音	笠	急	吸
海城	pʰeŋ⁴⁵	leŋ²¹³	seŋ⁴⁴	tsʰeŋ⁴⁴	seŋ⁴⁵			liəʔ²²	tɕiəʔ⁴⁵	ɕiəʔ⁴⁵
芦浦	pʰieŋ⁴⁵	lieŋ²¹³	ɕieŋ⁴⁴	tɕʰieŋ⁴⁴	ɕieŋ⁴⁵	tɕieŋ⁴⁴	ieŋ⁴⁴	liəʔ²²	tɕiəʔ⁴⁵	ɕiəʔ⁴⁵
筱村	pʰeŋ²⁴	leŋ⁴²	ɕieŋ¹³	tɕʰieŋ¹³	ɕieŋ²⁴	tɕieŋ¹³	ieŋ¹³	leʔ²	tɕieʔ⁵	ɕieʔ⁵
雅阳	pʰieŋ³⁵	lieŋ³⁵¹	seŋ¹³	tɕʰieŋ¹³	seŋ³⁵	kieŋ¹³	ieŋ¹³	leʔ²²	keʔ⁴⁵	keʔ⁴⁵
江根	pʰeŋ²⁴	leŋ³³	seŋ¹¹	tsʰeŋ¹¹		keŋ¹¹	eŋ¹¹	leiʔ³	keiʔ⁵³	heiʔ⁵³

从表 4.110 我们发现深摄开口三等各类声母后韵母演变的速度不一。入声韵演变方向和速度也不一致。

海城话中还有读［Aŋ iAŋ］韵的层次，应该是受到瓯语影响新产生的一个层次。如：

表 4.111 　　　　　　海城话［Aŋ i Aŋ］韵的来源

	侵	森	任姓	金	音
海城	tsʰAŋ	sAŋ	zAŋ	tɕiAŋ	iAŋ
平阳	tsʰaŋ	saŋ	zaŋ	tɕiaŋ	iaŋ

深摄三等侵缉韵的部分知庄章组字读作洪音。海城话读作［ai əʔ］韵，芦浦话读作［ai əʔ］韵，筱村话读作［ɛ ɛʔ］韵，雅阳话读作［ɛŋ ɛʔ］韵，江根话读作［ɛ ɛʔ］韵。如：

表 4.112 　　　　　　　　深摄部分知庄章组字读洪音

	侵	缉			
	参人~	针	涩	汁	十
海城		tsai⁴⁴	səʔ⁴⁵	tsəʔ⁴⁵	zəʔ²²
芦浦	sai⁴⁴	tsai⁴⁴	səʔ⁴⁵	tsəʔ⁴⁵	zəʔ²²

续表

	侵		缉		
	参人~	针	涩	汁	十
筱村	sɛ̄¹³	tsɛ̄¹³		tsɜʔ⁵	sɜʔ²
雅阳	sɛŋ¹³	tsɛŋ¹³	sɜʔ⁴⁵	tsɜʔ⁴⁵	sɜʔ²²
江根		tsɛ̄¹¹			sɜʔ³

该音类在咸山摄都有分布，应该是同一个层次。

此外，江根话还有一个读［ən uɔʔ］的层次，如："森参人~"读作［sən¹¹］，"沈"读作［sən²⁴］，"涩"读作［sɔuʔ⁵³］，"汁"读作［tsɔuʔ⁵³］。

（二）臻摄

1. 臻摄开口一等

臻摄开口一等只有痕韵，海城话主要读作［Aŋ］韵，芦浦话主要读作［Aŋ］韵，筱村话主要读作［ɛ̄］韵，雅阳话主要读作［ɛŋ］韵，江根话主要读作［ɛ̄］韵。如：

表 4.113　　　　　　　　臻摄开口一等的主要读音

	跟	恳垦	痕	很	恨	恩
海城	kAŋ⁴⁴	kʰAŋ⁴⁵	hAŋ²²	hAŋ⁴⁵	hAŋ²²	Aŋ⁴⁴
芦浦	kAŋ⁴⁴	kʰAŋ⁴⁵	Aŋ²¹³/hAŋ²¹³	hAŋ⁴⁵	hAŋ²²	Aŋ⁴⁴
筱村	kɛ̄¹³	kʰɛ̄²⁴				ɛ̄¹³
雅阳	kɛŋ¹³	kʰɛŋ³⁵	hɛŋ³⁵¹	hɛŋ³⁵	hɛŋ²²	ɛŋ¹³
江根	kɛ̄¹¹	kʰɛ̄²⁴			hɛ̄⁵³	ɛ̄¹¹

2. 臻摄合口一等

臻摄合口一等魂韵海城话主要读作［Aŋ uAŋ］韵，芦浦话主要读作［Aŋ uAŋ］韵，筱村话主要读作［eŋ ueŋ］韵，雅阳话主要读作［uŋ yŋ］韵，江根话主要读作［ən uən］韵。如：

表 4. 114 臻摄合口一等的主要读音

	笨	闷	饨	仑	棍	困	浑
海城	baŋ²²	maŋ²²	daŋ²¹³	laŋ²¹³	kuaŋ⁴²	kʰuaŋ⁴²	vaŋ²¹³
芦浦	baŋ²²	maŋ²²	daŋ²¹³	laŋ²¹³	kuaŋ⁴²	kʰuaŋ⁴²	
筱村	peŋ²²	meŋ²²	teŋ⁴²	leŋ⁴²	kueŋ⁵³	kʰueŋ⁵³	veŋ⁴²
雅阳	puŋ²²	muŋ²²	tyŋ⁵³	lyŋ³⁵¹	kuŋ⁵³	kʰuŋ⁵³	huŋ³⁵
江根	pəŋ⁵³	məŋ⁵³		ləŋ³³	kuəŋ³¹	kʰuəŋ³¹	uəŋ³³

该层次是一个文读层。

臻摄合口一等魂韵还有个白读层，海城话读作 [ø] 韵，芦浦话读作 [ø] 韵，筱村话读作 [uə ɔ̃] 韵，雅阳话读作 [ɔŋ uɔŋ] 韵，江根话读作 [ũɛ] 韵。如：

表 4. 115 魂韵的白读层

	门	臀	村	孙	温
海城	mø²¹³	dø²¹³	tsʰø⁴⁴	sø⁴⁴	ø⁴⁴
芦浦	mø²¹³	dø²¹³	tsʰø⁴⁴	sø⁴⁴	ø⁴⁴
筱村	muə⁴²	tɔ̃⁴²	tsʰɔ̃¹³	sɔ̃¹³	və¹³
雅阳	muɔŋ³⁵¹	tɔŋ³⁵¹	tsʰɔŋ¹³	sɔŋ¹³	uɔŋ¹³
江根	mẽ³³	tũɛ⁵³	tsʰũɛ¹¹	sũɛ¹¹	ũɛ¹³

该层次与山摄合口一等白读层相混。

臻摄合口一等没韵各点读音都比较复杂，对应也不清晰。如：

表 4. 116 没韵的主要读音

	海城	芦浦	筱村	雅阳	江根
不	pəʔ⁴⁵	pəʔ⁴⁵	pəuʔ⁵	puʔ⁴⁵	pouʔ⁵³
勃	bəʔ²²	bəʔ²²	pɔʔ²/pɛʔ²	puaʔ²²	pɛʔ³
没	məʔ²²	məʔ²²			mɛʔ³
突	dəʔ²²	dəʔ²²	tʰɔʔ⁵	tʰuɔʔ²²	tʰuəʔ³

续表

	海城	芦浦	筱村	雅阳	江根
卒	tsə?⁴⁵	tsə?⁴⁵	tse?⁵	tɕy?⁴⁵	tsɔu?⁵³
骨	kuə?⁴⁵	kuə?⁴⁵	kue?⁵	ku?⁴⁵	kuə?⁵³
窟	kʰə?⁴⁵	kʰə?⁴⁵	kʰue?⁵	kʰu?⁴⁵	kʰuɔu?⁵³

3. 臻摄开口三等

海城话臻摄开口三等真殷韵主要读作 [eŋ] 韵，质迄韵主要读作 [iə?] 韵；芦浦话臻摄开口三等真殷韵主要读作 [ieŋ] 韵，质迄韵主要读作 [iə?] 韵；筱村话臻摄开口三等真殷韵主要读作 [eŋ ieŋ] 韵，质迄韵主要读作 [e? ie?] 韵；雅阳话臻摄开口三等真殷韵主要读作 [eŋ ieŋ] 韵，质迄韵主要读作 [e?] 韵；江根话臻摄开口三等真殷韵主要读作 [eŋ] 韵，质迄韵主要读作 [ei?] 韵。如：

表 4.117　　　　　　　　臻摄开口三等的主要读音

	真						殷	质		迄
	宾	邻	辛	真	紧	因	隐	笔	吉	乞
海城	peŋ⁴⁴	leŋ²¹³	seŋ⁴⁴	tseŋ⁴⁴	tɕiaŋ⁴⁵			piə?⁴⁵	tɕiə?⁴⁵	tɕʰiə?⁴⁵
芦浦	pieŋ⁴⁴	lieŋ²¹³	ɕieŋ⁴⁴	tɕieŋ⁴⁴	tɕieŋ⁴⁵	ieŋ⁴⁴	ieŋ⁴⁵	piə?⁴⁵	tɕiə?⁴⁵	tɕʰiə?⁴⁵
筱村	peŋ¹³	leŋ⁴²	ɕieŋ¹³	tɕieŋ¹³	tɕieŋ²⁴	ieŋ¹³	ieŋ²⁴	pe?⁵	tɕie?⁵	
雅阳	pieŋ¹³	lieŋ³⁵¹	seŋ¹³	tɕieŋ¹³	kieŋ³⁵	ieŋ¹³	ieŋ³⁵	pe?⁴⁵	ke?⁴⁵	kʰe?⁴⁵
江根	peŋ¹¹	leŋ³³	seŋ¹¹	tseŋ¹¹	keŋ²⁴	eŋ¹¹	eŋ²⁴	pei?⁵³	kei?⁵³	

该层次和深摄开口三等相混。同样，海城话臻摄开口三等部分字读 [Aŋ iAŋ] 韵。例如：仁 zAŋ²¹³｜津 tsAŋ⁴⁴｜晋 tsAŋ⁴²｜珍 tsAŋ⁴⁴｜镇 tsAŋ⁴²｜趁 tsʰAŋ⁴²｜衬 tsʰAŋ⁴²｜振震 tsAŋ⁴²｜因 iAŋ⁴⁴｜隐 iAŋ⁴⁵，应该也是个新产生的层次。

此外，蛮话臻摄开口三等见组（除真韵的重纽三等以外）和日母的舒声字的读音与臻摄合口三等相同。如：

表4.118　　　　　　　　　　　臻摄开合口相混的读音

	开三					合三		
	巾	银	忍	斤筋	近	均	军	郡
海城	tɕioŋ⁴⁴	n̠ioŋ²¹³	n̠ioŋ⁴⁵	tɕioŋ⁴⁴	dʑioŋ²²	tɕioŋ⁴⁴	tɕioŋ⁴⁴	dʑioŋ²²
芦浦	tɕioŋ⁴⁴	n̠ioŋ²¹³	n̠ioŋ⁴⁵	tɕioŋ⁴⁴	dʑioŋ²²	tɕioŋ⁴⁴	tɕioŋ⁴⁴	dʑioŋ²²
筱村	tɕyŋ¹³	n̠yŋ⁴²		tɕyŋ¹³	tɕyŋ²²	tɕyŋ¹³	tɕyŋ¹³	tɕyŋ²²
雅阳	kyŋ¹³	n̠yŋ³⁵¹	n̠yŋ³⁵	kyŋ¹³	kyŋ²²	kyŋ¹³	kyŋ¹³	kyŋ²²
江根	køŋ¹¹	ŋøŋ³³	ŋøŋ²⁴	køŋ¹¹	køŋ⁵³	køŋ¹¹		

4. 臻摄合口三等

海城话臻摄合口三等谆韵和文韵见系主要读作［ioŋ］韵，术物韵主要读作［iəʔ］韵；芦浦话臻摄合口三等谆韵和文韵见系主要读作［ioŋ］韵，术物韵主要读作［iəʔ］韵；筱村话臻摄开合三等谆韵和文韵见系主要读作［yŋ］韵，术韵主要读作［yəuʔ］韵，物韵主要读作［ioʔ］韵；雅阳话臻摄合口三等谆韵和文韵见系主要读作［yŋ］韵，术韵主要读作［yʔ］韵，物韵主要读作［uʔ］韵；江根话臻摄合口三等谆韵和文韵见系主要读作［øŋ］韵，术韵主要读作［ueʔ］韵，物韵主要读作［yeʔ］韵。如：

表4.119　　　　　　　　　　　臻摄合口三等的主要读音

	谆				文		术	物
	笋	春	闰	允	军	云	出	屈
海城	ɕioŋ⁴⁵	tɕʰioŋ⁴⁴	ioŋ²²	ioŋ⁴⁵	tɕioŋ⁴⁴	ioŋ²¹³	tɕʰiəʔ⁴⁵	tɕʰiəʔ⁴⁵
芦浦	ɕioŋ⁴⁵	tɕʰioŋ⁴⁴	ioŋ²²	ioŋ⁴⁵	tɕioŋ⁴⁴	ioŋ²¹³	tɕʰiəʔ⁴⁵	tɕʰiəʔ⁴⁵
筱村	ɕyŋ²⁴	tɕʰyŋ¹³	yŋ²²	yŋ²⁴	tɕyŋ¹³	yŋ⁴²	tɕʰyəuʔ⁵	tɕʰioʔ⁵
雅阳	ɕyŋ³⁵	tɕʰyŋ¹³	yŋ²²	yŋ³⁵	tɕyŋ¹³	yŋ³⁵¹	tɕʰyʔ⁴⁵	kʰuʔ⁴⁵
江根		tsʰøŋ¹¹	øŋ⁵³			øŋ³³	tsʰueʔ⁵³	kʰyeʔ⁵³

臻摄合口三等非组字，海城话读作［ʌŋ əʔ］韵，芦浦话读作［ʌŋ əʔ］韵，筱村话读作［eŋ eʔ］韵，雅阳话读作［uŋ uʔ］韵，江根话读作［uəŋ uouʔ］韵。如：

表 4.120 臻摄合口三等非组字的主要读音

	分	粪	坟	文	蚊	佛~祖	物
海城	fʌŋ⁴⁴	fʌŋ⁴²	vʌŋ²¹³	vʌŋ²¹³	vʌŋ²¹³	vəʔ²²	məʔ²²/vəʔ²²
芦浦	fʌŋ⁴⁴	fʌŋ⁴²	vʌŋ²¹³	vʌŋ²¹³	vʌŋ²¹³	fəʔ⁴⁵	məʔ²²/vəʔ²²
筱村	feŋ¹³	feŋ⁵³	feŋ⁴²	veŋ⁴²	veŋ⁴²	feʔ²	meʔ²
雅阳	huŋ¹³	huŋ⁵³	huŋ³⁵¹	unŋ³⁵¹	unŋ³⁵¹	huʔ²²	uʔ²²
江根	huəŋ¹¹	pəŋ³¹	huəŋ³³	məŋ³³		huɔuʔ³	uɔuʔ³

表 4.120 中，江根话的［əŋ］韵和［uəŋ］韵应该是同一个文读层次，其相对应的白读层读作［ɛ̃］韵，如：

表 4.121 江根话臻摄合口三等非组字的文白异读

	分	文	蚊
白读	pɛ̄		mɛ̄
文读	huəŋ	məŋ	

蛮话其他各点的非组也都有相对应的白读层。如：

表 4.122 蛮话其他点的对应层次

	海城话	芦浦话	筱村话	雅阳话
分	pø⁴⁴/fʌŋ⁴⁴	pø⁴⁴/fʌŋ⁴⁴	puə¹³/feŋ¹³	
蚊	mø²¹³/vʌŋ²¹³	mø²¹³/vʌŋ²¹³	muə⁴²/veŋ⁴²	muɔŋ³⁵¹/unŋ³⁵¹

此外，臻摄合口三等见系有少数字读同非组，如：

表 4.123 臻摄合口三等少数见系字读同非组

	海城话	芦浦话	筱村话	雅阳话	江根话
云	vʌŋ²¹³	vʌŋ²¹³		huŋ³⁵¹	huəŋ³³
裙	guʌŋ²¹³	guʌŋ²¹³	gueŋ⁴²	kuŋ³⁵¹	kuəŋ³³

但是，该音类是一个白读层次，有其相对应的文读层，如：

表 4. 124 文白层次

	海城话	芦浦话	筱村话	雅阳话	江根话
白读	uʌŋ	uʌŋ	ueŋ	uŋ	uəŋ
文读	ioŋ	iɔŋ	yŋ	yŋ	øŋ

此外，山摄合口三等的"拳"字读同该音类，如：

表 4. 125 "拳"字读音

	海城话	芦浦话	筱村话	雅阳话	江根话
拳山合三	guʌŋ²¹³	guʌŋ²¹³	gueŋ⁴²	kuŋ³⁵¹	kuəŋ³³
裙臻合三	guʌŋ²¹³	guʌŋ²¹³	gueŋ⁴²	kuŋ³⁵¹	kuəŋ³³

虽然字数少，但是这种现象在闽语中也有，蛮话中的该层次依稀可见，而吴语中基本不存在。

十一　宕江摄

（一）宕摄

1. 宕摄一等

海城话宕摄开口一等唐韵主要读作［ɔ］韵，铎韵主要读作［əʔ］韵；芦浦话宕摄开口一等唐韵主要读作［ɔ̃］韵，铎韵主要读作［ə̃］韵；筱村话宕摄开口一等唐韵主要读作［ɔ̃］韵，铎韵主要读作［ɔʔ］韵；雅阳话宕摄开口一等唐韵主要读作［ɔŋ］韵，铎韵主要读作［ɔʔ］韵；江根话宕摄开口一等唐韵主要读作［ɔ̃］韵，铎韵主要读作［ɔʔ］韵。如：

表 4. 126 宕摄开口一等的主要读音

	宕					铎				
	帮	唐	赃	康	杭	博	托动	作	各	鹤
海城	pɔ⁴⁴	dɔ²¹³	tsɔ⁴⁴	kʰɔ⁴⁴	ɔ²¹³	pəʔ⁴⁵	tʰəʔ⁴⁵	tsəʔ⁴⁵	kəʔ⁴⁵	ŋəʔ²²
芦浦	pɔ̃⁴⁴	dɔ̃²¹³	tsɔ̃⁴⁴	kʰɔ̃⁴⁴	ɔ̃²¹³	pəʔ⁴⁵	tʰəʔ⁴⁵	tsəʔ⁴⁵	kəʔ⁴⁵	ŋəʔ²²

续表

	宕					铎				
	帮	唐	赃	康	杭	博	托动	作	各	鹤
筱村	pɔ̃¹³	tɔ̃⁴²	tsɔ̃¹³	kʰɔ̃¹³	hɔ̃⁴²	pɔʔ⁵	tʰɔʔ⁵	tsɔʔ⁵	kɔʔ⁵	ŋɔʔ²²
雅阳	pɔŋ¹³	tɔŋ³⁵¹	tsɔŋ¹³	kʰɔŋ¹³	hɔŋ³⁵¹	pɔʔ⁴⁵	tʰɔʔ⁴⁵	tsɔʔ⁴⁵	kɔʔ⁴⁵	ŋɔʔ²²
江根	pɔ̃¹¹	tɔ̃³³	tsɔ̃¹³	kʰɔ̃¹¹	hɔ̃³³	pɔʔ⁵³	tʰɔʔ⁵³	tsɔʔ⁵³	kɔʔ⁵³	ŋɔʔ³

宕摄开口一等蛮话各点的对应都很整齐，层次也比较单一。而且从表4.126 我们也能很清晰地看到宕摄开口一等阳声韵在蛮话中的演变过程：ɔŋ→ɔ̃→ɔ。

海城话宕摄合口一等唐韵主要读作 [ɔ] 韵，铎韵主要读作 [əʔ] 韵；芦浦话宕摄合口一等唐韵主要读作 [ɔ̃] 韵，铎韵主要读作 [əʔ] 韵；筱村话宕摄合口一等唐韵主要读作 [ɔ̃] 韵，铎韵主要读作 [ɔʔ] 韵；雅阳话宕摄合口一等唐韵主要读作 [uɔŋ] 韵，铎韵主要读作 [ɔʔ] 韵；江根话宕摄合口一等唐韵主要读作 [ɔ̃] 韵，铎韵主要读作 [ɔʔ] 韵。如：

表4.127　　　　　　　　　宕摄合口一等的主要读音

	岩			铎	
	光	慌	黄	郭	扩
海城	kɔ⁴⁴	hɔ⁴⁴	vɔ²¹³	kəʔ⁴⁵	
芦浦	kɔ̃⁴⁴	fɔ̃⁴⁴	vɔ̃⁴⁴	kəʔ⁴⁵	kʰəʔ⁴⁵
筱村	kɔ̃¹³	fɔ̃¹³	ɔ̃⁴²	kɔʔ⁵	kʰɔʔ⁵
雅阳	kuɔŋ¹³	huɔŋ¹³	uɔŋ³⁵¹	kɔʔ⁴⁵	kʰɔʔ⁴⁵
江根	kɔ̃¹¹	hɔ̃¹¹	ɔ̃³³	kɔʔ⁵³	kʰɔʔ⁵³

对比表4.126 和表4.127，我们可以发现蛮话宕摄一等从开合口对立发展到开合口合流，这种变化应该是一种自身的演变，从各地方言的演变来看是符合语音演变的趋势的，并且蛮话内部也没有存在异读现象以示这种变化受到外界的影响。

此外，宕摄开口一等"刚"字的白读音蛮话各点都是读为齐齿呼，如：

表 4.128　　　　　　　　　　"刚"字的文白异读

	海城话	芦浦话	筱村话	雅阳话	江根话
文读	kɔ	kɔ̃	kã	kɔŋ	kɔ̃
白读	tɕiɛ	tɕiã	tɕiã	tɕiaŋ	tɕiã

2. 宕摄三等

海城话宕摄开口三等阳韵主要读作［iɔ］韵，药韵主要读作［iəʔ］韵；芦浦话宕摄开口三等阳韵主要读作［iɔ̃］韵，药韵主要读作［iəʔ］韵；筱村话宕摄开口三等阳韵主要读作［iɔ̃］韵，药韵主要读作［iɛʔ］韵；雅阳话宕摄开口三等阳韵主要读作［iɔŋ］韵，药韵主要读作［iɛʔ］韵；江根话宕摄开口三等阳韵主要读作［iɔ̃］韵，药韵主要读作［iaʔ］韵。如：

表 4.129　　　　　　　　　　宕摄开口三等的主要读音

	阳								药	
	娘	粮	抢	箱	帐	姜	香	阳	雀	约
海城	ȵiɔ²¹³		tɕʰiɔ⁴⁵	ɕiɔ⁴⁴	tɕiɔ⁴²	tɕiɔ⁴⁴	ɕiɔ⁴⁴	iɔ²¹³	tɕʰiəʔ⁴⁵	iəʔ⁴⁵
芦浦	ȵiɔ̃²¹³	liɔ̃²¹³	tɕʰiɔ̃⁴⁵	ɕiɔ̃⁴⁴	tiɔ̃⁴²		ɕiɔ̃⁴⁴	iɔ̃²¹³	tɕʰiəʔ⁴⁵	iəʔ⁴⁵
筱村	ȵiɔ̃⁴²	liɔ̃⁴²	tɕʰiɔ̃²⁴	ɕiɔ̃¹³	tiɔ̃⁵³	tɕiɔ̃¹³	ɕiɔ̃¹³	iɔ̃⁴²	tɕʰiɛʔ⁵	iɛʔ⁵
雅阳	ȵiɔŋ³⁵¹	liɔŋ³⁵¹	tɕʰiɔŋ³⁵	ɕiɔŋ¹³	tiɔŋ⁵³	kiɔŋ¹³	ɕiɔŋ¹³	iɔŋ³⁵¹	tɕʰiɛʔ⁴⁵	iaʔ⁴⁵
江根	ȵiɔ̃³³	liɔ̃³³	tɕʰiɔ̃²⁴	ɕiɔ̃¹¹	tiɔ̃³¹	kiɔ̃¹¹	hiɔ̃¹¹	iɔ̃³³	tɕʰiaʔ⁵³	iaʔ⁵³

该层次是宕摄开口三等的主体层次。同样，从表 4.129 中我们能清晰地看到阳声韵的演变过程。同时，对比表 4.126 我们也可以发现，在筱村话、雅阳话和江根话中，宕摄开口三等阳声韵和入声韵的主元音在演变速度上已经明显不一致，不像开口一等那样整齐。

除了江根话之外，蛮话其他点该层次还有一个相对应的文读层，以海城话为例。如：

表 4.130　　　　　　　　　　海城话的文白异读

	商	尚	让
白读	ɕiɔ	ziɔ	ȵiɔ
文读	ɕiɛ	ʑiɛ	ȵiɛ

各点文白读对应的韵母如下：

表4.131　　　　　　　　　　　　各点文白读音层

	海城话	芦浦话	筱村话	雅阳话	江根话
白读	ɔi	ɔ̃	ɔ̃	iɔŋ	ɔ̃
文读	iɛ	iã	iã	iaŋ	

蛮话宕摄开口三等阳韵除了上述主体层次外，还有一个三等读同一等的层次，如：

表4.132　　　　　　　　　　　宕摄三等读同一等的层次

	两~个	两单位	长形容词	丈单位	装	疮	壮	创	爽	秧~苗
海城	lɔ²²	lɔ⁴⁵	dɔ²¹³	dɔ²²	tsɔ⁴⁴		tsɔ⁴²	tsʰɔ⁴²	sɔ⁴⁵	
芦浦	lɔ̃²²	lɔ̃⁴⁵	dɔ̃²¹³	dɔ̃²²	tsɔ̃⁴⁴	tsʰɔ̃⁴⁴	tsɔ̃⁴²	tsʰɔ̃⁴²	sɔ̃⁴⁵	ɔ̃⁴⁴
筱村	lɔ̃²²		tɔ̃⁴²	tɔ̃²²	tsɔ̃¹³	tsʰɔ̃¹³	tsɔ̃⁵³	tsʰɔ̃⁵³	sɔ̃²⁴	ɔ̃¹³
雅阳	laŋ³⁵		tɔŋ³⁵¹	tɔŋ²²	tsɔŋ¹³	tsʰɔŋ¹³	tsɔŋ⁵³	tsʰɔŋ⁵³	sɔŋ³⁵	ɔŋ¹³
江根	lɔ̃⁵³		tɔ̃³³	tɔ̃⁵³	tsɔ̃¹¹	tsʰɔ̃¹¹	tsɔ̃³¹	tsʰɔ̃³¹	sɔ̃²⁴	ɔ̃¹¹

海城话和芦浦话药韵字"略"读［ləʔ］应该与阳声韵三等读同一等的性质相当。该层次在时间上应该是最早的，从文白异读上能够得到反映。以芦浦话的"丈"字为例，做量词时读为［dɔ̃］，在表示男孩义一词"丈夫团"中读［diɔ̃］，而在"方丈"一词中读［dʑiã］。

海城话宕摄合口三等阳韵主要读作［ɔ］韵，芦浦话宕摄合口三等阳韵主要读作［ɔ̃］韵，筱村话宕摄合口三等阳韵主要读作［ɔ̃］韵，雅阳话宕摄合口三等阳韵主要读作［uɔŋ］韵，江根话宕摄合口三等阳韵主要读作［ɔ̃］韵。如：

表4.133　　　　　　　　　　　宕摄合口三等的主要读音

	方	仿	房	望	王	旺
海城	fɔ⁴⁴	fɔ⁴⁵	vɔ²¹³	vɔ²²	vɔ²¹³	vɔ²²
芦浦	fɔ̃⁴⁴	fɔ̃⁴⁵	vɔ̃²¹³	vɔ̃²²	vɔ̃²¹³	vɔ̃²²

续表

	方	仿	房	望	王	旺
筱村	fɔ̃¹³	fɔ̃²⁴	hɔ̃⁴²	vɔ̃²²	ɔ̃⁴²	vɔ̃²²
雅阳	huɔŋ¹³		huɔŋ³⁵¹	uɔŋ²²	uɔŋ³⁵	uɔŋ²²
江根	hɔ̃¹¹	hɔ̃²⁴		mɔ̃⁵³	ɔ̃³³	ɔ̃³¹

该层次与合口一等相混。

（二）江摄

海城话江摄开口二等江韵主要读作〔ɔ〕韵，觉韵主要读作〔əʔ〕韵；芦浦话宕摄开口二等江韵主要读作〔ɔ̃〕韵，觉韵主要读作〔əʔ〕韵；筱村话宕摄开口二等江韵主要读作〔ɔ̃〕韵，觉韵主要读作〔ɔʔ〕韵；雅阳话宕摄开口二等江韵主要读作〔ɔŋ〕韵，觉韵主要读作〔ɔʔ〕韵；江根话宕摄开口二等江韵主要读作〔ɔ̃〕韵，觉韵主要读作〔ɔʔ〕韵。如：

表4.134 　　　　　　　　江摄开口二等的主要读音

	江				觉			
	邦	桩	江	项	驳	戳	壳	岳
海城	pɔ⁴⁴	tsɔ⁴⁴	kɔ⁴⁴	vɔ²²	pəʔ⁴⁵	tsʰəʔ⁴⁵	kʰəʔ⁴⁵	ŋəʔ²²
芦浦	pɔ̃⁴⁴	tɔ̃⁴⁴	kɔ̃⁴⁴	ɔ̃²²	pəʔ⁴⁵	tsʰəʔ⁴⁵	kʰəʔ⁴⁵	ŋəʔ²²
筱村	pɔ̃¹³	tɔ̃¹³/tsɔ̃¹³	kɔ̃¹³	ɔ̃²²	pɔʔ⁵		kʰɔʔ⁵	ŋɔʔ²
雅阳	pɔŋ¹³	tsɔŋ¹³	kɔŋ¹³	hɔŋ²²	pɔʔ⁴⁵		kɔʔ⁴⁵	ŋɔʔ²²
江根	pɔ̃¹¹	tsɔ̃¹¹	kɔ̃¹¹	hɔ̃⁵³	pɔʔ⁵³			ŋɔʔ³

该层次和宕摄开口一等相混。

此外，蛮话各点都存在少数宕江摄字的读音与通摄相同的现象，如：

表4.135 　　　　　　　　宕江摄读同通摄的现象

	海城话	芦浦话	筱村话	雅阳话	江根话
放阳	poŋ⁴²	pɔŋ⁴²	pəŋ⁵³	puŋ⁵³	pɔŋ³¹
纺阳	pʰoŋ⁴⁵		pʰəŋ²⁴	pʰuŋ³⁵	

续表

	海城话	芦浦话	筱村话	雅阳话	江根话
窗江	tʰoŋ⁴⁴	tʰɔŋ⁴⁴			
双江	soŋ⁴⁴	sɔŋ⁴⁴	səŋ¹³	suŋ¹³	ɕiɔŋ¹¹
通东	tʰoŋ⁴⁴	tʰɔŋ⁴⁴	tʰəŋ¹³	tʰuŋ¹³	tʰɔŋ¹³
松冬	soŋ⁴⁴	sɔŋ⁴⁴	səŋ¹³	suŋ¹³	sɔŋ¹¹

蛮话各点宕江摄中还存在入声韵读舒声的现象，这种现象同时也出现在曾梗通摄。关于这个问题我们在下文讨论声调问题的时候会具体分析，这里就不再详说。

十二 曾摄

（一） 曾摄一等

海城话曾摄开口一等登韵主要读作［Aŋ］韵，德韵主要读作［əʔ］韵；芦浦话曾摄开口一等登韵主要读作［Aŋ］韵，德韵主要读作［əʔ］韵；筱村话曾摄开口一等登韵主要读作［ɛ̃］韵，德韵主要读作［ɛʔ］韵；雅阳话曾摄开口一等登韵主要读作［ɛŋ］韵，德韵主要读作［ɛʔ］韵；江根话曾摄开口一等登韵主要读作［ɛ̃］韵，德韵主要读作［ɛʔ］韵。如：

表4.136 曾摄开口一等的主要读音

	登						德			
	朋	登	灯	邓	层	肯	北	勒	贼	克
海城		tAŋ⁴⁴		dAŋ²²		kʰAŋ⁴⁵	pəʔ⁴⁵	ləʔ²²	zəʔ²²	kʰəʔ⁴⁵
芦浦		tAŋ⁴⁴		dAŋ²²	zAŋ²¹³	kʰAŋ⁴⁵	pəʔ⁴⁵	ləʔ²²	zəʔ²²	kʰəʔ⁴⁵
筱村	pɛ̃⁴²	tɛ̃¹³	tɛ̃¹³	tɛ̃²²	sɛ̃⁴²	kʰɛ̃²⁴	pɛʔ⁵	lɛʔ²	tsʰɛʔ²²	kʰɛʔ⁵
雅阳	pɛŋ³⁵¹	tɛŋ¹³	tɛŋ¹³	tɛŋ²²		kʰɛŋ³⁵	pɛʔ⁴⁵		tsʰɛʔ²²	kʰɛʔ⁴⁵
江根	pɛ̃³³	tɛ̃¹¹	tɛ̃¹¹		tsɛ̃³³	kʰɛ̃²⁴	pɛʔ⁵³	lɛʔ³	tsʰɛʔ³	kʰɛʔ⁵³

表4.136 中，海城话、芦浦话的［Aŋ］韵和筱村话、雅阳话、江根话的［ɛŋ］、［ɛ̃］韵不是在同一个层次上。海城话、芦浦话的［Aŋ］韵有相

对应的白读层［ai］韵，以芦浦话为例：

表 4.137　　　　　　　　　芦浦话的文白异读

	等	藤	层	肯
白读	tai⁴⁵	dai²¹³	zai²¹³	kʰai⁴⁵
文读	tʌŋ⁴⁵	dʌŋ²¹³	zʌŋ²¹³	kʰʌŋ⁴⁵

在筱村话、雅阳话和江根话中还有一个较早的读［ieŋ］、［eŋ］韵的层次，如：

表 4.138　　　　　　　　筱村等点较早的读音层次

	凳	藤	肯	层
筱村	teŋ⁵³	teŋ⁴²	kʰeŋ²⁴	
雅阳	tieŋ⁵³	tieŋ³⁵¹		tɕieŋ³⁵¹
江根	teŋ³¹	teŋ³³		

在前文分析咸山深摄时，海城话和芦浦话也有［ai］韵这个层次，筱村话、雅阳话和江根话中与之相对应的是［eŋ］、［ɛ］韵，如：

表 4.139　　　　　　　　臻摄读同咸深山摄的现象

	海城话	芦浦话	筱村话	雅阳话	江根话
店咸	tai	tai	tɛ̄	tɛŋ	tɛ̄
千山	tsʰai	tsʰai	tsʰɛ̄	tsʰɛŋ	tsʰɛ̄
针深	tsai	tsai	tsɛ̄	tsɛŋ	tsɛ̄

曾摄合口一等字数很少，但是在筱村、雅阳和江根等地还能看出开合口的对立，如：

表 4.140　　　　　　　曾摄合口一等的开合口对立现象

	海城	芦浦	筱村	雅阳	江根
刻开	kʰə?	kʰə?	kʰɛ?	kʰɛ?	kʰɛ?
国合	kə?	kə?	kuɔ?	kuɔ?	kuɔ?

（二）曾摄三等

海城话曾摄开口三等蒸韵主要读作〔eŋ iʌŋ〕韵，职韵主要读作〔iəʔ〕韵；芦浦话曾摄开口三等蒸韵主要读作〔ieŋ〕韵，职韵主要读作〔iəʔ〕韵；筱村话曾摄开口三等蒸韵主要读作〔eŋ ieŋ〕韵，职韵主要读作〔eʔ ieʔ〕韵；雅阳话曾摄开口三等蒸韵主要读作〔ieŋ〕韵，职韵主要读作〔eʔ〕韵；江根话曾摄开口三等蒸韵主要读作〔eŋ〕韵，职韵主要读作〔eiʔ〕韵。如：

表4.141　　　　　　　　　　曾摄开口三等的主要读音

	蒸					职				
	冰	菱	蒸	升	鹰	逼	力	直	织	极
海城	peŋ^{44}	leŋ^{213}	tseŋ^{44}	seŋ^{44}	iʌŋ^{44}	piəʔ^{45}	liəʔ^{22}	dʑiəʔ^{22}	tɕiəʔ^{45}	dʑiəʔ^{22}
芦浦	pieŋ^{44}	lieŋ^{213}	tɕieŋ^{44}	ɕieŋ^{44}	ieŋ^{44}	piəʔ^{45}	liəʔ^{22}	diəʔ^{22}	tɕiəʔ^{45}	dʑiəʔ^{22}
筱村	peŋ^{13}	leŋ^{42}	tɕieŋ^{13}	ɕieŋ^{13}	ieŋ^{13}	peʔ^{5}	leʔ^{2}	teʔ^{2}	tɕieʔ^{5}	tɕieʔ^{2}
雅阳	pieŋ^{13}	lieŋ^{351}	tɕieŋ^{13}	ɕieŋ^{13}	ieŋ^{13}	peʔ^{45}	leʔ^{22}	teʔ^{22}	tseʔ^{5}	keʔ^{2}
江根	peŋ^{11}	leŋ^{33}	tseŋ^{11}	seŋ^{11}	eŋ^{11}	peiʔ^{53}	leiʔ^{3}	teiʔ^{3}	tseiʔ^{53}	keiʔ^{3}

曾摄开口三等的对应清晰且层次简单。据表4.141，阳声韵中，江根话的读音应该是最早的，到雅阳话、筱村话和芦浦话中，增生 i 介音，导致知系和见系的声母腭化。海城话的面貌似乎不是内部演变达到的，应该是受到瓯语的影响。入声韵中，同样江根话的读音是最早的，之后经历韵尾弱化，及增生介音到声母腭化。在海城话和芦浦话中，可能因为主元音的进一步央化而与其他摄的韵母合流。

曾摄开口三等职韵中还有少数例外读音，但是在蛮话各点对应整齐，如：

表4.142　　　　　　　　　　曾开三职韵的例外读音

	海城	芦浦	筱村	雅阳	江根
侧	tɕiəʔ^{45} / tsʰəʔ^{45}	tɕiəʔ^{45} / tsʰəʔ^{45}	tsʰɛʔ^{5}	tsɛʔ^{45} / tsʰɛʔ^{45}	tsɛʔ^{53} / tsʰɛʔ^{53}
测	tsʰəʔ^{45}	tsʰəʔ^{45}	tsʰɛʔ^{5}	tsʰɛʔ^{45}	tsʰɛʔ^{53}
色	sʰəʔ^{45}	sʰəʔ^{45}	sʰɛʔ^{5}	sʰɛʔ^{45}	sʰɛʔ^{53}

十三　梗摄

（一）梗摄开口二等

梗摄开口二等庚耕韵，海城话主要读作［a］韵，芦浦话主要读作［ã］韵，筱村话主要读作［ã］韵，雅阳话主要读作［aŋ］韵，江根话主要读作［ã］韵。如：

表 4.143　　　　　　　　　　梗摄开口二等的白读音层

	庚				耕		
	撑	生~孩子	更三~	坑	争	耕	幸
海城	tsʰa⁴⁴	sa⁴⁴	ka⁴⁴	kʰa⁴⁴	tsa⁴⁴	ka⁴⁴	a⁴⁵
芦浦	tʰã⁴⁴	sã⁴⁴	kã⁴⁴	kʰã⁴⁴	tsã⁴⁴	kã⁴⁴	ã²²
筱村	tʰã¹³	sã¹³	kã¹³	kʰã¹³	tsã¹³		
雅阳	tʰaŋ¹³	saŋ¹³		kʰaŋ¹³	tsaŋ¹³		
江根	tʰã¹¹	sã¹¹		kʰã¹¹	tsã¹¹	kã¹¹	

梗摄开口二等读为低元音应该是比较早的层次。此外，筱村话和雅阳话中还有一个相对应的文读层，分别读［ɛ］韵和［ɛŋ］韵，江根话中虽然也有，但是收字很少。如：

表 4.144　　　　　　　　　　梗摄开口二等的文读音层

	庚				耕		
	生学~	更三~	行~为	杏	争战~	耕	幸
筱村	sɛ̃¹³	kɛ̃¹³	hɛ̃⁴²	hɛ̃²²	tsɛ̃¹³	kɛ̃¹³	hɛ̃²²
雅阳	sɛŋ¹³	kɛŋ¹³	hɛŋ³⁵¹	hɛŋ²²	tsɛŋ¹³	kɛŋ¹³	hɛŋ²²
江根			hɛ̃³³				hɛ̃⁵³

海城话和芦浦话中梗摄开口二等也有［ai］韵分布，如："生学~"读作［sai⁴⁴］，"庚"读作［kai⁴⁴］，对应的也是其他蛮话的［ɛ］、［ɛŋ］类韵母。

蛮话各点影组的阳声韵都读入三、四等，如：

表 4.145　　　　　　　梗摄开口二等影组阳声韵的读音

	海城	芦浦	筱村	雅阳	江根
茎		tɕieŋ⁴⁴	tɕieŋ¹³	tɕieŋ¹³	keŋ¹¹
莺	iʌŋ⁴⁴	ieŋ⁴⁴	ieŋ¹³	ieŋ¹³	eŋ¹¹
鹦樱	iʌŋ⁴⁴	ieŋ⁴⁴	ieŋ¹³	ieŋ¹³	eŋ¹¹

梗摄开口二等陌麦韵蛮话各点塞尾韵和开尾韵参半，陌麦韵读开尾韵的现象在讨论入声调的时候会详细讨论，这里只列举塞尾韵的例子，如：

表 4.146　　　　　　　梗摄开口二等陌麦韵读塞音韵

	陌		麦	
	魄	择	责	革
海城	pʰə ʔ⁴⁵	dzʑʔ²²	tsəʔ⁴⁵	kəʔ⁴⁵
芦浦	pʰə ʔ⁴⁵	dzʑʔ²²	tsəʔ⁴⁵	kəʔ⁴⁵
筱村	pʰɛ ʔ⁵	tsɛʔ²	tsɛʔ⁵	kɛʔ⁵
雅阳	pʰɛ ʔ⁴⁵	tsɛʔ²²	tsɛʔ⁴⁵	kɛʔ⁴⁵
江根	pʰ a ʔ⁵³	tsaʔ³	tsaʔ⁵³	kaʔ⁵³

（二）梗摄开口三、四等

梗摄开口三、四等庚清青韵，海城话主要读作［eŋ iʌŋ］韵，芦浦话主要读作［ieŋ］韵，筱村话主要读作［eŋ ieŋ］韵，雅阳话主要读作［ieŋ］韵，江根话主要读作［eŋ］韵。如：

表 4.147　　　　　　　梗摄开口三、四等阳声韵的主要读音

	庚		清			青			
	明	京	令	政	轻	瓶	停	星	经
海城	meŋ²¹³	tɕiʌŋ⁴⁴	leŋ²²	tseŋ⁴²	tɕiʌŋ⁴⁴	beŋ²¹³	deŋ²¹³	seŋ⁴⁴	tɕiʌŋ⁴⁴
芦浦	mieŋ²¹³	tɕieŋ⁴⁴	lieŋ²²	tɕieŋ⁴²	tɕʰieŋ⁴⁴	bieŋ²¹³	dieŋ²¹³	ɕieŋ⁴⁴	tɕieŋ⁴⁴

续表

	庚		清			青			
	明	京	令	政	轻	瓶	停	星	经
筱村	meŋ^{42}	tɕieŋ^{13}	leŋ^{22}	tɕieŋ^{53}	tɕʰieŋ^{13}	peŋ^{42}	teŋ^{42}	ɕieŋ^{13}	tɕieŋ^{13}
雅阳	mieŋ^{351}	kieŋ^{13}	lieŋ^{22}	tɕieŋ^{53}	kʰieŋ^{13}	pieŋ^{351}	tieŋ^{351}		kieŋ^{13}
江根	meŋ^{33}	keŋ^{11}	leŋ^{53}	tseŋ^{31}		peŋ^{33}	teŋ^{33}	seŋ^{11}	keŋ^{11}

与曾摄开口三等相混。海城话的［iAŋ］韵应该同深臻摄是同一个层次，受瓯语影响产生。

此外，梗摄开口三、四等庚清青韵还有两个白读层，如：

表 4. 148　　　　　　　　　梗摄开口三、四等白读音层 1

	庚				清				青	
	柄	平	病	明	井	晴	姓	郑	青	醒
海城	pa^{42}	ba^{213}	ba^{22}	ma^{213}	tsa^{45}	za^{213}	sa^{42}	da^{22}	tsʰa^{44}	tsʰa^{45}
芦浦	pã^{42}	bã^{213}	bã^{22}	mã^{213}	tsã^{45}	zã^{213}	sã^{42}	dã^{22}	tsʰã^{44}	tsʰã^{45}
筱村	pã^{53}	pã^{42}	pã^{22}	mã^{42}	tsã^{24}	sã^{42}	sã^{53}	tã^{22}	tsʰã^{13}	tsʰã^{24}
雅阳	paŋ^{53}	paŋ^{351}	paŋ^{22}	maŋ^{42}	tsaŋ^{35}	saŋ^{351}		taŋ^{22}	tsʰaŋ^{13}	tsʰaŋ^{35}
江根	pã^{31}	pã^{33}	pã^{53}		tsã^{24}	sã^{33}	sã^{31}	tã^{53}	tsʰã^{11}	tsʰã^{24}

表 4. 149　　　　　　　　　梗摄开口三、四等白读音层 2

	庚		清						青	
	命	惊	饼	名	领岭	请	声	赢	听	定
海城	miɛ^{22}		piɛ^{45}	miɛ^{213}	liɛ^{45}	tɕʰiɛ^{45}	ɕiɛ^{44}	iɛ^{213}	tʰiɛ^{44}	diɛ^{22}
芦浦	miã^{22}	tɕiã^{44}	piã^{45}	miã^{213}	liã^{45}	tɕʰiã^{45}	ɕiã^{44}	iã^{213}	tʰiã^{44}	diã^{22}
筱村	miã^{22}	tɕiã^{13}	piã^{24}	miã^{42}	liã^{24}	tɕʰiã^{24}	ɕiã^{13}	iã^{42}	tʰiã^{13}	tiã^{22}
雅阳	mian^{22}	kian^{13}	pian^{35}	mian^{351}	lian^{35}	tɕʰian^{35}	ɕian^{13}	ian^{351}	tʰian^{13}	tian^{22}
江根	miã^{53}	kiã^{11}	piã^{24}	miã^{33}	liã^{24}	tɕʰiã^{24}	ɕiã^{24}	iã^{33}	tʰiã^{11}	tiã^{53}

另外，梗摄合口三等庚韵的"兄"字也读同该类韵母，如：

表 4. 150　　　　　　　　　"兄"字的读音

	海城	芦浦	筱村	雅阳	江根
兄	ɕiɛ^{44}	ɕia^{44}	ɕia^{13}	hiaŋ^{13}	hiã^{11}

表 4.148 的白读层次与梗摄开口二等相混，表 4.149 中的白读层应该是梗摄三、四等中古音的继承，其中海城话的读音是脱落鼻尾后主元音高化的结果。

梗摄开口三、四等陌昔锡韵，海城话主要读作［iəʔ］韵，芦浦话主要读作［iəʔ］韵，筱村话主要读作［eʔ ieʔ］韵，雅阳话除影组韵母读作［ieʔ］韵外主要读作［eʔ］韵，江根话主要读作［eiʔ］韵。如：

表 4.151　　　　　　　梗摄开口三、四等入声韵的主要读音

	陌		昔				锡			
	碧	剧	璧	积	适	益	壁	敌	锡	击
海城	piəʔ⁴⁵	dʑiəʔ²²	piəʔ⁴⁵	tɕiəʔ⁴⁵	ɕiəʔ⁴⁵	iəʔ⁴⁵	piəʔ⁴⁵	diəʔ²²	ɕiəʔ⁴⁵	tɕiəʔ⁴⁵
芦浦	piəʔ⁴⁵	dʑiəʔ²²	piəʔ⁴⁵	tɕiəʔ⁴⁵	ɕiəʔ⁴⁵	iəʔ⁴⁵	piəʔ⁴⁵	diəʔ²²	ɕiəʔ⁴⁵	tɕiəʔ⁴⁵
筱村	peʔ⁵		peʔ⁵	tɕieʔ⁵	ɕieʔ⁵	ieʔ⁵		teʔ²	ɕieʔ⁵	tɕieʔ⁵
雅阳	peʔ⁴⁵			tseʔ⁴⁵	seʔ⁴⁵	iɛʔ⁴⁵		teʔ²²	seʔ⁴⁵	keʔ⁴⁵
江根	peiʔ⁵³	keiʔ³		tseiʔ⁵³	seiʔ⁵³	eiʔ⁵³		teiʔ³	seiʔ⁵³	keiʔ⁵³

梗摄开口三、四等陌昔锡韵也存在入声韵读如舒声的现象，详见下文对入声调的讨论。

（三）梗摄合口三、四等

梗摄合口三、四等庚清青韵，海城话主要读作［ioŋ］韵，芦浦话主要读作［ioŋ］韵，筱村话主要读作［iəŋ］韵，雅阳话主要读作［iuŋ］韵，江根话主要读作［ioŋ］韵。如：

表 4.152　　　　　　　梗摄合口三、四等阳声韵的主要读音

	庚		清			青
	荣	永	顷	琼	营	萤
海城	ioŋ²¹³	ioŋ⁴⁵	tɕʰioŋ⁴⁵	dʑioŋ²¹³	ioŋ²¹³	ioŋ²¹³
芦浦	ioŋ²¹³	ioŋ⁴⁵	tɕʰioŋ⁴⁵	dʑioŋ²¹³	ioŋ²¹³	
筱村	iəŋ⁴²	iəŋ²⁴	tɕʰiəŋ²⁴	tɕiəŋ⁴²	iəŋ⁴²	
雅阳	iuŋ³⁵¹	iuŋ³⁵			iuŋ³⁵¹	
江根	ioŋ³³	ioŋ²⁴		kioŋ³³	ioŋ³³	

与通摄合口三等相混。

十四　通摄

（一）通摄合口一等

海城话通摄合口一等东冬韵主要读作 ［oŋ］ 韵，屋沃韵主要读作 ［əʔ］ 韵；芦浦话通摄合口一等东冬韵主要读作 ［ɔŋ］ 韵，屋沃韵主要读作 ［ə̝ʔ］ 韵；筱村话通摄合口一等东冬韵主要读作 ［əŋ］ 韵，屋沃韵主要读作 ［əuʔ］ 韵；雅阳话通摄合口一等东冬韵主要读作 ［uŋ］ 韵，屋沃韵主要读作 ［uʔ］ 韵；江根话通摄合口一等东冬韵主要读作 ［ɔŋ］ 韵，屋沃韵主要读作 ［ɔuʔ］ 韵。如：

表 4.153　　　　　　　　　通摄合口一等的主要读音

	东				冬		屋			沃
	篷	铜	总	公	农	宋	秃	鹿	族	督
海城	boŋ²¹³	doŋ²¹³	tsoŋ⁴⁵	koŋ⁴⁴	noŋ²¹³	soŋ⁴²	tʰəʔ⁴⁵	ləʔ²²	zəʔ²²	təʔ⁴⁵
芦浦	bɔ̝ŋ²¹³	dɔ̝ŋ²¹³	tsɔ̝ŋ⁴⁵	kɔ̝ŋ⁴⁴	nɔ̝ŋ²¹³	sɔ̝ŋ⁴²	tʰə̝ʔ⁴⁵	lə̝ʔ²²	zə̝ʔ²²	tə̝ʔ⁴⁵
筱村	pəŋ⁴²	təŋ⁴²	tsəŋ²⁴	kəŋ¹³	nəŋ⁴²	səŋ⁵³		ləuʔ²	səuʔ⁵	təuʔ⁵
雅阳	puŋ³⁵¹		tsuŋ³⁵	kuŋ¹³		suŋ⁵³	tʰuʔ⁴⁵		tsuʔ²²	tuʔ²²
江根	pɔŋ³³	tɔŋ³³	tsɔŋ²⁴	kɔŋ¹¹	nɔŋ³³	sɔŋ³¹		lɔuʔ⁵³	tsɔuʔ³	tɔuʔ⁵³

该层次是通摄合口一等的主体层次，比较简单和清晰。

（二）通摄合口三等

通摄合口三等东钟韵，海城话读作 ［oŋ ioŋ］ 韵，芦浦话读作 ［ɔ̝ŋ iɔ̝ŋ］ 韵，筱村话读作 ［əŋ iəŋ］ 韵，雅阳话读作 ［uŋ iuŋ］ 韵，江根话读作 ［ɔŋ iɔŋ］ 韵。如：

表 4.154　　　　　　　　通摄合口三等阳声韵的主要读音

	东					钟				
	风	忠	绒	弓	融	封	龙	钟	恭	容
海城	hoŋ⁴⁴	tsoŋ⁴⁴	zoŋ²¹³	koŋ⁴⁴	ioŋ²¹³	hoŋ⁴⁴	loŋ²¹³	tsoŋ⁴⁴	koŋ⁴⁴	ioŋ²¹³
芦浦	hɔ̝ŋ⁴⁴	tsɔ̝ŋ⁴⁴	zɔ̝ŋ²¹³	kɔ̝ŋ⁴⁴	iɔ̝ŋ²¹³	hɔ̝ŋ⁴⁴	lɔ̝ŋ²¹³	tsɔ̝ŋ⁴⁴	kɔ̝ŋ⁴⁴	iɔ̝ŋ²¹³

续表

	东					钟				
	风	忠	绒	弓	融	封	龙	钟	恭	容
筱村	fəŋ¹³	tsəŋ¹³	iəŋ⁴²	tɕiəŋ¹³	iəŋ⁴²	fəŋ¹³	ləŋ⁴²	tsəŋ¹³	kəŋ¹³	iəŋ⁴²
雅阳	huŋ¹³	tsuŋ¹³	iuŋ³⁵¹	kiuŋ¹³	iuŋ³⁵¹	huŋ¹³	luŋ³⁵¹	tsuŋ¹³	kiuŋ¹³	iuŋ³⁵¹
江根	hɔŋ¹¹	tɕiɔŋ¹¹	iɔŋ³³	kiɔŋ¹¹	iɔŋ³³	hɔŋ¹¹	liɔŋ³³	tɕiɔŋ¹¹	kiɔŋ¹¹	iɔŋ³³

　　从表 4.154 中我们发现，从横向来看，通摄三等东钟韵读开口呼韵母和齐齿呼韵母似乎是互补分布的。但是，以海城话的［oŋ］韵和［ioŋ］韵为例，其实这两个音类分属两个不同的层次，［ioŋ］韵应该早于［oŋ］韵，［oŋ］韵应该是受普通话影响而产生的。因此蛮话的［oŋ］类韵和［ioŋ］类韵处于互相竞争的地位，从海城话到江根话纵向来看，我们可以发现［oŋ］类韵不断扩散占据［ioŋ］类韵的地盘。

　　通摄合口三等屋烛韵，海城话读作［əʔ iəʔ］韵；芦浦话读作［əʔ iəʔ］韵；筱村话屋韵读作［əuʔ iəuʔ］韵，烛韵读作［iɔʔ］韵；雅阳话屋韵读作［uʔ iɔʔ］韵，烛韵读作［iɔʔ］韵；江根话屋韵读作［ɔuʔ iɔuʔ］韵，烛韵读作［iɔʔ］韵。如：

表 4.155　　　　　　　通摄合口三等入声韵的主要读音

	屋					烛				
	腹	六	竹	肉	菊	录	俗	属	曲	玉
海城	pəʔ⁴⁵	ləʔ²²	tsəʔ⁴⁵	ȵiəʔ²²	tɕiəʔ⁴⁵	ləʔ²²	ziəʔ²²	dʑiəʔ²²	tɕʰiəʔ⁴⁵	ȵiəʔ²²
芦浦	pəʔ⁴⁵	ləʔ²²	təʔ⁴⁵	ȵɔiʔ²²	tɕiəʔ⁴⁵	ləʔ²²	ziəʔ²²	dʑiəʔ²²	tɕʰiəʔ⁴⁵	ȵiəʔ²²
筱村	fəuʔ⁵	ləuʔ²	təuʔ⁵	ȵiəuʔ²	tɕiəuʔ⁵	liɔʔ²	ɕiɔʔ²	ɕiɔʔ²	tɕʰiɔʔ⁵	ȵiɔʔ²
雅阳	puʔ⁴⁵		tuʔ⁴⁵	nuʔ²²	kiɔʔ⁴⁵	liɔʔ²²	ɕiɔʔ²²	ɕiɔʔ²²		ȵiɔʔ²²
江根	hɔuʔ⁵³	lɔuʔ³	tiɔuʔ⁵³	ȵiɔuʔ³	kiɔuʔ⁵³		ɕiɔʔ³	ɕiɔʔ³	kʰiɔʔ⁵³	ȵiɔʔ³

　　从表 4.155 中我们发现，海城话和芦浦话的屋烛韵已经合流，而筱村话、雅阳话和江根话的屋韵和烛韵还保持对立，互相区别。

　　通摄合口三等非见系的读音大致上与通摄一等相同。如：

表 4.156　　　　　　　　通摄一、三等同韵的现象

海城话	芦浦话	筱村话	雅阳话	江根话
虫 =同 doŋ²¹³	虫 =同 dɔŋ²¹³	众 =粽 tsəŋ⁵³	重~复 =从 tsuŋ³⁵¹	隆 =笼 lɔŋ³³
终钟 =棕 tsoŋ⁴⁴	重形容词 =洞 dɔŋ²²	重形容词 =洞 təŋ²²	终钟 =棕 tsuŋ¹³	重形容词 =洞 tɔŋ⁵³
众 =粽 tsoŋ⁴²	众 =粽 tsɔŋ⁴²	终钟 =棕 tsəŋ¹³	众 =粽 tsuŋ⁵³	嵩 =送 sɔŋ³¹
六 =鹿 ləʔ²²	六 =鹿 ləʔ²²	六 =鹿 ləuʔ²	宿 =速 suʔ⁴⁵	六 =鹿 lɔuʔ³

　　此外，雅阳话通摄三等少数字读作［ɛŋ］韵和［ɛʔ］韵，与通摄一等相同。例如：六屋三 =鹿屋一lɛʔ²² ｜ 垄钟 =笼东—lɛŋ³⁵¹ ｜ 铜东—tɛŋ³⁵¹ ｜ 虫东三 tʰɛŋ³⁵¹ ｜ 重形容词·钟tɛŋ²²，这个层次在别的蛮话点中都已没有了。

第 五 章
蛮话声调研究

由于平声在蛮话中的表现与中古一脉相承，没有什么大的变化，我们不具体讨论。本章讨论上声、去声和入声的演变。

一　上声

蛮话的上声独立成调，古上声根据清浊的不同有不同的归并。古清上声字和古次浊上声字大部分归上声，古全浊上声字以及小部分古次浊上声字归阳去，如：

表 5.1　　　　　　　　　　　蛮话上声的归并

	上		去	
	清　次浊	全浊	清	浊
	上声	阳去	阴去	阳去
海城	45	22	42	22
芦浦	45	22	42	22
筱村	24	22	53	22
雅阳	35	22	53	22
江根	24	53	31	53

蛮话里归入阳去的小部分古次浊上声字多为口语常用字，这里全部列举，如：

表 5.2　　　　　　　　蛮话部分古次浊上声字读归阳去

	瓦	五	雨	老	咬	有	卵	远	两~个	痒	网
海城	꜀ŋuɔ²	ŋ²	vu²	꜀lɛ²	gɔ²	vu²		hø²	lɔ²	꜀ziɔ²	moŋ²

续表

	瓦	五	雨	老	咬	有	卵	远	两~个	痒	网
芦浦	ŋɔ²	ŋ̍²	fu²		gɔ²				lɔ²	ziɔ²	mɔŋ²
筱村	ŋua²	ŋ̍²	hou²	lau²	ka²	vu²	lɔ²	heu²	lɔ²	çiɔ²	
雅阳	ŋua²	ŋu²	hu²		ka²	u²	lɔŋ²	ŋeu²		çiɔ²	
江根	ŋua²	ŋu²	heu²	lau²	ka²	u²	lɯ²	sui²	lɔ²	çiɔ²	

此外，芦浦的"晚"读 [mɔ²²]，江根的"蚁"读 [n̠ia⁵³]，也为阳去。

蛮话古上声的分化归并情况接近闽语而与吴语不同，下面将蛮话和闽语、吴语的上声进行比较。

闽语中古全浊上声的演变跟北方官话有很大的关系，大概与汉唐以来的北方移民有关。周祖谟（1993）在《中原音韵》的考释中指出，唐代北方方言古全浊上声就已经并入去声。今天北方官话的古全浊上声归入去声在那时就已经成形。

闽语各片主要方言的上声基本按清浊分化，古次浊上声大部分都归入阴上，古全浊上声大都归入阳去。如：

表5.3　　　　　　　　　　闽语上声的归并

	上			去	
	清	次浊	全浊	清	浊
福州	阴上 31	=阴上	=阳去	阴去 213	阳去 242
宁德	阴上 41	=阴上	=阳去	阴去 34	阳去 31
福鼎	阴上 55	=阴上	=阳去	阴去 41	阳去 22
寿宁	阴上 42	=阴上	=阳去	阴去 24	阳去 212
厦门	阴上 53	=阴上	=阳去	阴去 21	阳去 22
泉州	阴上 54	=阴上	阳上 22	去声 31	=去声
漳州	阴上 53	=阴上	=阳去	阴去 21	阳去 22
仙游	阴上 32	=阴上	=阳去	阴去 52	阳去 21
莆田	阴上 453	=阴上	=阳去	阴去 42	阳去 11
建瓯	上声 21	=上声	阳去阳入	阴去 33	阳去 44

表5.3 中闽语各点除了泉州上声分阴阳，建瓯全浊上有一部分归阳入之外，都是次浊上归阴上，全浊上归阳去。

此外，闽语多数点上述表5.2 中的常用古次浊上声口语字不读阴上而读为其他调，根据辛世彪（1998）上述次浊上声字今读主要有三种类型：其一，读入阳去。如厦门、福州、仙游、建瓯。建瓯这类字归阳去后，部分字又同浊去字归阳入。其二读入阳上。如潮州。其三读入阴去或阳去。如崇安。且这些古次浊上声口语字多有文白异读现象，文读都读为阴上。如：

表5.4　　　　　　　　闽语部分古次浊上声字读归阳去

		瓦	五	雨	老	咬	有	卵	远	两~个	痒	网
1	厦门	hia²	gɔ²	hɔ²	lau²	ka²	u²	nŋ²	hŋ²	nŋ²	tsĩu²	bau²
	福州	ŋua²	ŋou²	xux²	lau²	ka²	ou²	lauŋ²	xuoŋ²	laŋ²	suoŋ²	mœyŋ²
	仙游	hya²	ŋou²	hou²	lau²	ko²	u²	huĩ²	nuĩ²	nŋ²	ʎiy²	man²
	建瓯	ua	ŋu	xy	lau	kau	iu	sɔŋ	ʸiʸ	niɔŋ	tsiɔŋ	mɔŋ
2	潮州	ᶜhia	ᶜŋõũ	ᶜhou	ᶜlau	ᶜka	ᶜu	ᶜnõŋ	ᶜhŋ	ᶜnõ	ᶜtsɛ̃	ᶜmaŋ
3	崇安	βa²	ŋu²	hɛu²	sieu²	xau²	jiu	suiŋ²	jyaiŋ	ŋɔ²	lyŋ²	mɔŋ²

引自辛世彪《闽方言次浊上声字的演变》，略有修改。

闽语上声大致经历了以下三个阶段的变化：

南部吴语各点的声调基本按照清浊分阴阳，全浊上基本读作阳上。尤其是吴语瓯江片方言，四声按清浊分化为八调，非常齐整。如：

表5.5　　　　　　　　吴语上声的归并

	上			去	
	清	次浊	全浊	清	浊
温州	阴上45	阳上34	=阳上	阴去42	阳去22
瑞安	阴上54	阳上243	=阳上	阴去42	阳去22
平阳	阴上54	=阴上	阳上243	阴去42	阳去22

续表

	上			去	
	清	次浊	全浊	清	浊
苍南	阴上 54	=阴上	阳上 45	阴去 42	阳去 22
泰顺	阴上 344	=阴上	阳上 31	阴去 35	阳去 22
丽水	阴上 544	=阴上	=阳平	阴去 52	阳去 231
龙泉	阴上 52	=阴上	=阴上	阴去 44	阳去 113
景宁	阴上 33	阳上 31	=阳上	阴去 55	阳去 223
庆元	阴上 33	阳上 221	=阳上	阴去 11	阳去 31
金华	阴上 535	=阴上	=阴上	阴去 55	阳去 14
衢州	阴上 45	阴去阳去	=阳去	阴去 53	阳去 231

　　从表 5.5 可以看出，南部吴语的上声基本分阴阳。曹志耘（2002：102—103）指出，"在南部吴语中，浊上是一个不稳定的调类，其中次浊上归入其他调类的速度要略快于全浊上"，而且"在北部吴语以及其他一些方言（如官话）里，古浊上比较常见的归并模式是次浊上归阴上（或上声），全浊上归阳去（或去声）"，但是"在南部吴语里，没有一个点是完全采用这种归并模式的"。

　　也就是说，在南部吴语里，浊上的演变无论是在方向上还是在速度上都没有特定的规律。在北部吴语里，浊上比较一致地朝次浊上归阴上、全浊上归阳去的方向变化；在南部吴语里，除了瓯江片和上丽片上山小片还保有清上归阴上，浊上归阳上的模式外，其他方言浊上的变化没有规律可循。此外，吴语瓯江片的平阳、苍南和泰顺等点的次浊上已经归并到阴上，与该片其他点的次浊上归阳上不同。

　　从上面的分析中，我们可以粗略地勾勒出南部吴语，尤其是瓯江片上声各阶段的变化，如下图所示：

　　通过对闽语和吴语两者上声演变的分析，我们可以看到，闽语和吴语在次浊上的演变速度和方向上存在很大的差异，闽语的次浊上首先随全浊

上归并到阳去，之后受官话影响，次浊上同清上合流读归上声。吴语的次浊上则是从一开始就同清上合流，其后全浊上的后续变化次浊上就没再参与。蛮话上声的演变模式跟闽语的演变模式一致，都是次浊上和全浊上归阳去之后，又受权威方言影响与清上合流，因而有少数口语字还读归阳去，同全浊上一致。

二　去声

蛮话的去声按照清浊分为阴去和阳去。如：

表 5.6　　　　　　　　　　蛮话去声的读音

		海城	芦浦	筱村	雅阳	江根
去声	阴去	42	42	53	53	31
	阳去	22	22	22	22	53

但是也有一些例外，次浊去声字除大多数归阳去外，还有小部分口语字读阴去。如：

表 5.7　　　　　　　　　蛮话少数次浊去声字读阴去

	墓	露	雾	妹	盐腌	让	面~孔	问~题	梦
海城				mø⊃			meŋ⊃	meŋ⊃	
芦浦				mø⊃		n̠ieu⊃			mɔŋ⊃
筱村	mou⊃	lu⊃	mou⊃	muə⊃	çi⊃		meŋ⊃	meŋ⊃	məŋ⊃
雅阳		lu⊃		mɔi⊃	çieŋ⊃		mieŋ⊃	muɔŋ⊃	muŋ⊃
江根	mø⊃			me⊃			meŋ⊃	məŋ⊃	mɔŋ⊃

此外，江根的"利"读 [li⊃]，"艳"读 [ĩɛ⊃]。

全浊去声字除大多数归阳去外，还有四个口语字归阴去，且声母均为送气音，如：

表5.8　　　　　　　　　　蛮话少数全浊去声字读阴去

	海城	芦浦	筱村	雅阳	江根
树	tsʰieuˀ	tɕʰieuˀ	tsʰaˀ		
稗	pʰaiˀ	pʰaiˀ	tʰeˀ	pʰeˀ	pʰeˀ
鼻	pʰi⁴²		pʰiˀ	pʰiˀ	pʰiˀ
饲喂食		tsʰɿˀ	tsʰɿˀ	tɕʰiˀ	tsʰiˀ

表5.8中"鼻"字有去入两个来源，蛮话读去声毗至切。

浊去读归阴去的现象在闽语中比较常见，如福清方言的古去声，清声母字读阴去；浊声母字文读阳去，白读阴去。又如在福州方言中，部分浊去字读阴去：问 muoŋˀ、面 meiŋˀ、泡水~pʰaˀ、稗 pʰaˀ、树 tsʰiuˀ、润潮湿 nouŋˀ等。在吴语中没有这样的现象，其去声按清浊分化为阴去和阳去，比较齐整。

浊去读归阴去这种现象应该比较早期。上文分析古全浊声母的演变时，我们提到闽语中全浊声母读送气清音和不送气清音是不同的层次，而且送气清音的层次较早。蛮话中读阴去的全浊声母字今读都是送气清音。

清去和浊去相混的情况大概是在去声分化的时候产生的，蛮话去声分化的路径大致如下：

三　入声

蛮话的入声基本按清浊分为阴入和阳入两类，如：

表5.9　　　　　　　　　　蛮话入声的读音

		海城	芦浦	筱村	雅阳	江根
入声	阴入	<u>45</u>	<u>45</u>	5	<u>45</u>	<u>53</u>
	阳入	<u>22</u>	<u>22</u>	2	2	3

除此之外还有一些特殊的现象，主要有两种：一种是促声舒化；一种

是文白异调。下面我们对这两种现象进行具体分析。

（一）促声舒化

蛮话的入声韵基本都带有喉塞音韵尾［ʔ］，入声调一般呈现短促的特点。海城、芦浦等蛮话的上声读作 45 调，与阴入的调值相近，阳去读作 22 调，与阳入的调值近似，只是没有入声那么短促。因此，海城、芦浦等蛮话的阴入和上声、阳入和阳去极易相混。在调查的过程中，我们发现海城、芦浦等蛮话的少数入声字已经脱落入声韵尾读成开尾韵，而声调也发生不同程度的混合：清入不读阴入而混入上声，浊入不读阳入而混入阳去。例如：

海城　　清入：喝 ha⁴⁵ | 鸭押压 a⁴⁵ | 血 ha⁴⁵ | 恶 ɔ⁴⁵ | 霍藿 hɔ⁴⁵ | 黑 ha⁴⁵ | 福 hɔ⁴⁵

　　　　浊入：盒合 ha²² | 核_水果的核_hɔ²² | 学_文读_ɔ²² | 服伏 hɔ²²

芦浦　　清入：喝 ha⁴⁵ | 鸭押压 a⁴⁵ | 血 ha⁴⁵ | 恶 ɔ⁴⁵ | 霍 hɔ⁴⁵ | 黑 ha⁴⁵ | 屋 ɔ⁴⁵ | 福 hɔ⁴⁵

　　　　浊入：盒合 ha²² | 狭 a²² | 核_水果的核_hɔ²² | 学_文读_ɔ²² | 伏 hɔ²²

上述舒化的入声字有一个共同点就是韵母都读为［a］和［ɔ］韵。海城和芦浦蛮话只有一套入声韵［əʔ iəʔ uəʔ］，主元音［ə］。关于蛮话促声舒化的现象，以往研究也有过一些记载。

傅佐之（1984）对平阳蛮话的入声调值有过如下的描述："平阳蛮话的入声字自成调类，与舒声韵一般不混。阴入的调值为高升的 45 调，同阴上调值相近似，但较为短促。阳入为先降而后平的 211 调，本文写作 21 调，不注意时容易与阳去调 11 相混。老派读的入声，喉塞音尾明显，但新派青年读入声字时，喉塞音尾时有时无，促声有时读成舒声。这样就造成一种状况：阴入与阴上相混，阳入与阳去相混。"

潘悟云（1992）记录的苍南蛮话的声调如下：

阴平	阳平	阴上	阴去	阳去	阴入	阳入
33	213	45	42	22	45	22

在声调说明里他写道："老派的阳入略带降势，可记作 21，但是可与 22 互读，新派的阳入与阳去合并，阴入也有与阴上合并的趋势。"与傅文

的记录一致。这说明海城、芦浦等苍南蛮话中入声的舒化现象在傅、潘两位先生记音的年代就已经存在。

　　清入字读舒声调是白读音还是舒化的结果比较好判断。在海城和芦浦蛮话中，清入字主要读阴入［45］、阴去［42］和上声［45］，读阴去［42］主要是清入字的白读音，而舒化的清入字主要读［45］。对于浊入字归入阳去到底是白读音还是舒化的结果则比较难说，因为浊入字白读阳去［22］，舒化后也读入阳去［22］。但是，秋谷裕幸（2005：98）记录到炎亭蛮话有少数古全浊入声字读阳去，如：合盒 ha^{11}｜狭 a^{11}｜学$_{文读}$ɔ^{11}｜服伏$_{屋三}$hɔ^{11}，他认为是比较新近的演变，理由有三点：（1）炎亭蛮话的"合盒"有阳入的又读［haʔ^2］；（2）与这些浊入字同韵的古清入声字仍读作阴入，比如与"服伏"同韵的"福$_{屋三}$"读作［hɔ^5］；（3）温端政《苍南方言志》记录的钱库蛮话中，"合"读作［fiaʔ^{21}］，为阳入。也就是说，蛮话中部分浊入字读阳去是舒化的结果。

　　除此之外，我们对比海城、芦浦等蛮话与其他点的蛮话也可以看出海城、芦浦等地的这种促声舒化现象是新近的变化，因为就我们调查的其他点的蛮话同类字仍读作入声。如：

表 5.10　　　　　　　　　　　　蛮话促声舒化现象

	鸭	血	黑	福	盒	学	伏
海城	a^{45}	ha^{45}	ha^{45}	hɔ^{45}	ha^{22}	ɔ^{22}	hɔ^{22}
芦浦	a^{45}	ha^{45}	ha^{45}	hɔ^{45}	ha^{22}	ɔ^{22}	hɔ^{22}
筱村	ɛʔ^5	hɛʔ^5	hɛʔ^5	fəuʔ^5	hɛʔ^2	hɔʔ^2	fəuʔ^2
雅阳	aʔ^{45}	hɛʔ^{45}	hɛʔ^{45}	huʔ^{45}	haʔ^{22}	hɔʔ^{22}	huʔ^{22}
江根	aʔ^{53}	hɛʔ^{53}	hɛʔ^{53}	hɔuʔ^{53}	haʔ^3	hɔʔ^3	hɔuʔ^3

　　因此，我们也认同蛮话促声舒化的现象是新近的演变。这种演变应该是喉音塞尾直接脱落造成的。由于海城、芦浦等蛮话的喉音塞尾本身就很弱，阳去和阳入的调值接近容易相混，且入声韵又存在大面积合流，读［aʔ ɔʔ］韵的字非常少，因而［aʔ ɔʔ］等韵容易直接脱落韵尾，这些入声字也就读同阳去。

（二）文白异调

　　除了上面这种比较新近的演变外，蛮话的入声还有另外一种特殊现象，即文白异调。

潘悟云（1992）中提到"蛮话和蛮讲的许多入声字都有两读，文读入声，白读去声"，如：

表 5.11　　　　　　　蛮话和蛮讲的部分入声字文读入声，白读去声

	薄	桌	拍	麦	粟	郭	廓	捉	角
蛮话文读	$bəʔ^{22}$		$p^həʔ^{45}$		$səʔ^{45}$	$kəʔ^{45}$	$kəʔ^{45}$	$tsəʔ^{45}$	$kəʔ^{45}$
蛮话白读	bau^{22}	tau^{42}	p^ha^{42}	ma^{22}	$tɕy^{42}$	kau^{42}	ka^{42}	$tsau^{42}$	kau^{42}
蛮讲	po^{31}	tou^{42}	p^ha^{42}	ma^{31}	$tɕyø^{42}$	$kɔʔ^{45}$	$k^hɔʔ^{45}$	$tɕiɔʔ^{45}$	$kɔʔ^{45}$
	宅	叔	摘	拆	客	格	百	隔	
蛮话文读	$dzəʔ^{22}$	$səʔ^{45}$	$tsəʔ^{45}$	$tɕieʔ^{45}$	$k^həʔ^{45}$	$kəʔ^{45}$	$pəʔ^{45}$	$kəʔ^{45}$	
蛮话白读	da^{22}	$tɕy^{42}$	ta^{42}	t^ha^{42}	k^ha^{42}	ka^{42}	pa^{42}	ka^{42}	
蛮讲	t^ha^{42}	$suɯ^{45}$	tia^{42}	k^hia^{42}	k^ha^{42}	ka^{42}	pa^{42}	ka^{42}	

表 5.11 引自潘文，有所改动。对于这种现象，潘悟云没有给出确切的解释。但是，他推测"可能与古代汉语的入声和去声关系密切，一字往往有入、去两读有关"。

此外，秋谷裕幸（2005：98）提到苍南蛮话和泰顺蛮讲中"大多数清入声字归阴入。此外，有一部分铎药觉陌麦昔锡烛韵的口语字不归阴入而归阴去"，"大多数浊入声字归阳入。此外，有一部分铎药觉陌麦昔锡烛韵的口语字不归阳入而归阳去"。这些字大多存在文读和白读两个层次，秋谷裕幸（2005：99）在描写苍南炎亭蛮话的文白异读时指出，"觉陌麦昔锡烛韵字的单字调，白读阴去 42 或阳去 11，文读阴入 5 或阳入 2"。

下面我们以所调查的材料对这种现象进行具体分析。

蛮话中宕江曾梗通摄的部分入声字有文读和白读两个层次，文读音读作阴入或阳入，白读音读作阴去或阳去（上声）。如：

表 5.12　　　　　　　　　　蛮话文白异调现象

		海城	芦浦	筱村	雅阳	江根
药_宕	文读	$iəʔ_2$	$iəʔ_2$	$iɛʔ_2$		
	白读	$^ciɔ^2$			$yɛ^2$	^cye

续表

		海城	芦浦	筱村	雅阳	江根
剥江	文读	pəʔ꜔	pəʔ꜔	poʔ꜔	pʰɔʔ꜔	poʔ꜔
	白读	pu꜔		pou꜔		pø꜔
角江	文读	kəʔ꜔	kəʔ꜔	kɔʔ꜔	kɛʔ꜔	kɔʔ꜔
	白读	kɑu^{42}	kɑu^{42}	kou^{53}	kɔ^{53}	
食曾	文读	ʑiəʔ꜔	ʑiəʔ꜔	ɕieʔ꜔	seʔ꜔	seiʔ꜔
	白读	ʑiɛ꜔		ɕia꜔	ɕia꜔	ᶜɕia
席梗	文读	ʑiəʔ꜔	ʑiəʔ꜔	ɕieʔ꜔	seʔ꜔	seiʔ꜔
	白读	zy꜔	y꜔	tɕʰyəu꜔	tɕʰyɛ꜔	ᶜtɕʰye
粟通	文读		səʔ꜔		suʔ꜔	ɕiɔʔ꜔
	白读	tɕʰy꜔	tɕʰy꜔	tɕʰyəu꜔	tɕʰyɛ꜔	tɕʰye꜔

　　除了少数字文白读俱全外，多数字只有文读音或只有白读音，我们通过比较将其分别归入相应的文读层和白读层。下面我们将出现在白读层的宕江曾梗通摄的入声字进行列举。如：

表 5.13　　　　　　　　　　　阴入字的白读音列举

	索铎	著知·药	桌觉	百陌	客陌	摘麦	册麦	尺昔	壁锡	粟烛
海城	səʔ^{45}	tɕy^{42}	tɑu^{42}	pa^{42}	kʰa^{42}	tsa^{42}	tsʰa^{42}	tɕʰy^{42}	piɛ^{42}	tɕʰy^{42}
芦浦	səʔ^{45}	ty^{42}	tɑu^{42}	pa^{42}	kʰa^{42}	ta^{42}	tsʰa^{42}	tɕʰy^{42}	piəʔ^{45}	tɕʰy^{42}
筱村	sou^{53}	təu^{53}	tou^{53}	pa^{53}	kʰa^{53}	tia^{53}	tsʰa^{53}	tɕʰyəu^{53}	pia^{53}	tɕʰyəu^{53}
雅阳	sɔ^{53}		tɔ^{53}	pa^{53}	kʰa^{53}	tia^{53}	tsʰa^{53}	tɕʰyɛ^{53}	pia^{53}	tɕʰyɛ^{53}
江根	so^{31}		to^{31}	pa^{31}	kʰa^{31}	tia^{31}	tsʰa^{31}	tɕʰye^{31}	pia^{31}	tɕʰye^{31}

表 5.14　　　　　　　　　　　阳入字的白读音列举

	薄铎	缚药	学觉	白陌	麦脉麦	席草~·昔	食吃·职	绿烛
海城	bɑu^{22}	bu^{22}	ɑu^{22}	ba^{22}	ma^{22}	zy^{22}	ʑiɛ^{22}	ly^{22}
芦浦	bɑu^{22}	bu^{22}	ɑu^{22}	ba^{22}	mã^{22}	y^{22}	ʑi^{22}	ly^{22}
筱村	pou^{22}	pou^{22}	ou^{22}	pa^{22}	ma^{22}	tɕʰyəu^{22}	ɕia^{22}	ləu^{22}
雅阳	pɔ^{22}	puɔ^{22}	hɔʔ^{22}	pa^{22}	ma^{22}	tɕʰyɛ^{22}	ɕia^{22}	lyɛ^{22}
江根	pɔʔ^{3}	pø^{24}	ɔʔ^{3}	pa^{24}	maʔ^{3}	tɕʰye^{24}	ɕia^{24}	lye^{24}

　　这种文白异调的现象与上文所说的促声舒化现象性质不同。促声舒化的性质参看上文，而文白异调的形成与不同层次入声韵尾演变速度的不同有关。蛮话入声的这种文白异调现象也表明蛮话与闽东方言更加接近，因为在闽东方言中也普遍存在这种文白异调的现象，但是各个方言的表现形式有所不同，而吴语中则几乎没有这种现象。

　　要解释蛮话中这种文白异调是如何形成的，我们需要先来分析闽东方言中文白异调现象的演变经过。再将蛮话与之进行比较，就能清晰得到蛮话的文白异调的演变路径。表 5.15 列举了闽东方言各代表点宕江曾梗通摄入声字文白异调的情况。如：

表 5.15　　　　　　　　　闽东方言的文白异调情况

古调	例字	福州	福清	福鼎	寿宁	古田	宁德	福安
清入	索宕	sɔʔ⁷/sauʔ⁷	so⁵/soʔ⁷	so⁵/soʔ⁷	sɔ⁵	soʔ⁷/souʔ⁷	sɔʔ⁷/sɔkʔ⁷	sɔk⁷
	桌江	tɔʔ⁷	to⁵	to⁵	tɔ⁵/tɔʔ⁷	toʔ⁷	tɔʔ⁷	tɔk⁷
	百梗	paʔ⁷/peiʔ⁷	pa⁵/paʔ⁷	pa⁵	pa⁵	paʔ⁷/peik⁷	paʔ⁷	pak⁷/pœk⁷
	尺梗	tsʰuoʔ⁷/tsʰeiʔ⁷	tsʰyo⁵		tsʰyø⁵/tsʰiʔ⁷	tsʰyøʔ⁷/tsʰik⁷	tsʰyøʔ⁷/tsʰek⁷	tsʰik⁷
	烛通	tsuoʔ⁷/tsøyʔ⁷	tsuo⁵/tsøʔ⁷	tsuo⁵	tsyø⁵	tsuoʔ⁷	tsuk⁷	tsuk⁷
	粟通	tsʰuoʔ⁷/søyʔ⁷	tsʰuo⁵/soʔ⁷	tsʰuo⁵	tsʰyø⁵	tsʰuoʔ⁷/syk⁷	tsʰuk⁷	souk⁷
浊入	薄宕	poʔ⁸/pouʔ⁸	po¹/poʔ⁸	po⁸ᵇ/poʔ⁸ᵃ	pɔʔ⁸	poʔ⁸/pouk⁸	poʔ⁸	pouk⁸
	箸宕	nuoʔ⁸	nyo¹/nyoʔ⁷	nie⁸ᵇ	nyøʔ⁸	nyøk⁸	nɔk⁸	nik⁸
	学江	ɔʔ⁸/xouʔ⁸	o¹/hoʔ⁸	hoʔ⁸ᵃ	ɔʔ⁸/xɔʔ⁸	oʔ⁸/houk⁸	ɔʔ⁸/xɔk⁸	ɔk⁸/houk⁸
	食曾	sieʔ⁸/siʔ⁸	sia¹/siʔ⁸	sia⁸ᵇ/siʔ⁸ᵃ	siaʔ⁸/siʔ⁸	siak⁸/sik⁸	siaʔ⁸/sik⁸	seik⁸/
	白梗	paʔ⁸/peiʔ⁸	pa¹/paʔ⁸	paʔ⁸ᵃ/peʔ⁸ᵃ	paʔ⁸	paʔ⁸/peik⁸	paʔ⁸/pɛk⁸	pak⁸/pœk⁸
	席梗	tsʰuoʔ⁸/siʔ⁸	tsʰyo¹/siʔ⁸	tsʰie⁸ᵇ	tsʰyøʔ⁸/siʔ⁸	sik⁸	tsʰyøʔ⁸	tsʰik⁸
	玉通	ŋuoʔ⁸/ŋyʔ⁸	ŋuo¹/ŋyʔ⁸	nuʔ⁸ᵃ	ŋyʔ⁸	ŋuoʔ⁸/ŋyk⁸	ŋuoʔ⁸/ŋyk⁸	ŋuk⁸/ŋøk⁸

　　闽东方言中，各个方言所保留的入声韵尾不尽相同，其中，福州、福清、寿宁和福鼎等方言中都只有一套喉塞音韵尾 [ʔ]，福安方言只有一套塞音韵尾 [k]。古田和宁德方言中则有两套塞音韵尾 [k]、[ʔ]。古田方言是一套喉塞音韵尾 [ʔ]，一套塞音韵尾 [k]。宁德方言则是一套喉塞音韵尾 [ʔ]，一套塞音韵尾 [p t k]。

　　从表 5.15 的材料中，我们能明确得出两个结论：首先，在白读层，闽东方言各点清入和浊入在塞音韵尾的演变速度上有所不同，如：福州的清入和浊入都读塞音韵尾，福清的清入和浊入都读开尾，而寿宁的清入读开尾，浊入还读塞音韵尾。其次，闽东方言中宕江曾梗通摄的文白异调现象与塞音韵尾有密切的关系。

　　在福清、寿宁和福鼎方言中，清入的喉塞音尾弱化、消失后，这部分字都归入阴去；浊入的喉音塞尾弱化、消失后，在福清方言中归入阴平，在福鼎方言中形成了与其他单字调都不相同的一个特殊长阳入调，调值和调型与阳入调相近，记作"8b"，在寿宁方言中则仍然保持喉塞音尾，读作阳入调。上述方言的塞音韵尾弱化、消失速度较快。而在福州、古田、宁德和福安等方言中，宕江曾梗通摄的此类字仍带有塞音韵尾，且保持入声调的短促特点，不过在这四个方言中仍能看出塞音韵尾演变速度的不同。在福州方言中，此类字的读音与其他入声字无异，都带有喉塞音尾 [ʔ]，都读短促调，但是根据冯爱珍（1993b：111－114），这两类入声字的连读调规律不一样，且在能区分 [ʔ] 尾和 [k] 尾的老年人读音中此类字基本读 [ʔ] 尾，与其他入声字不同。但是从新派的读音中可以发现，[k] 尾继续弱化而 [ʔ] 尾不变，从而 [k] 尾混入 [ʔ] 尾。在福安方言中这类字与其他入声字一样都读 [k] 尾，但是秋谷裕幸（2012）根据《班华字典》构拟了 19 世纪末福安方言的音系，指出当时的福安方言中还有两类塞音韵尾的对立，且上述字读 [ʔ] 尾，百年间的变化，这类字都混入了读 [k] 尾的入声字。古田方言中此类字的 [ʔ] 尾与其他入声字的 [k] 尾开始相混，根据秋谷裕幸、陈泽平（2012：38）的研究，古田大桥方言和杉洋方言还完整地保留着 [ʔ] 尾和 [k] 尾的对立，但在城关方言似乎开始相混了。表 5.15 中，古田方言的阳入字"箬岩"读 [nyøk⁸]，"食曾"读 [siak⁸]，对比大桥方言和杉洋方言以及《戚林八音》可以知道是 [ʔ] 尾入声韵归入 [k] 尾入声韵的演变。宁德方言完整保留 [ʔ] 尾和 [p t k] 尾两套塞音韵尾，应该是保存着闽东区最早期的音韵状态，但是从表 5.15 的例字中，我们也发现［ʔ］尾和［k］尾相混的迹象，如"粟通""烛通"等字只有［k］尾。

通过对表 5.15 的分析，我们知道闽东方言中宕江曾梗通摄此类字文读音和白读音在塞音韵尾的演变速度上参差不齐，由此导致各个方言在此类字读音表现上有所不同。通过对比，我们也可以大致拟出文读层和白读层塞音韵尾的演变过程：

文读层　　　 –p –t –k —— –k —— –ʔ —— ∅

白读层 –p –t –k —— –k —— –ʔ —— ∅

蛮话和大部分闽东方言的宕江曾梗通摄的入声韵尾的演变都是白读层快于文读层，也有一些例外，如福州方言的白读层演变到［ʔ］尾时停滞，文读层的［k］尾赶上并与白读层的［ʔ］尾混合，此外，福安方言的白读层［ʔ］尾都被文读层［k］尾覆盖，还有宁德、古田等方言的白读层［ʔ］尾和文读层［k］尾正在互相竞争中，没有特别的规律。

对闽东方言入声的这种演变原因还没有人做过具体的分析。不过，冯爱珍（1993b）对福清方言入声这种演变的原因，进行了探讨。她指出，"从古音来历看，这些字大都来源于'宕江曾梗通'摄，其中梗摄字最多，曾摄字最少"，可能由于这几个摄在中古都是收［k］尾，从演变规律来说最不易脱落。"从今音的语音结构看，这些字的韵母都是单元音［a e o ø］和［i u y］作介音的复合元音［ia ie ua uo yo］"，"'宕江曾梗通'摄的入声字，今读入声时是［iʔ uʔ yʔ］，读舒声时，不是简单地脱落喉塞韵尾［ʔ］。它的韵母一定变成［a e o］，或者以［i u y］作介音，［a e o］为主要元音的复合韵母"。蛮话中，海城、芦浦等蛮话中的入声韵只有［aʔ əʔ iəʔ uəʔ］等，合并的程度远超其他蛮话以及闽东方言，而在筱村、雅阳、江根等蛮话中，情况与福清类似，有文白异调的入声字的韵母都是［a e o ɔ ø］和以［i u y］作介音的复合元音［ia ua uɔ ye］。这也就是说文读层和白读层塞音韵尾演变速度的不同与前面主要元音舌位的高低也有很大的关系。

此外，在白读层的塞音韵尾弱化、消失后，此类字的去向各个方言也不一样，韵尾消失后具体归入哪个调类，似乎跟古音条件无关，而是跟具体的调值有关。如：

表 5.16　　　　　　　　　　　白读层入声的归并

	阴平	阳平	上声	阴去	阳去	阴入	阳入
海城	44	213	45	42	22	45	22
芦浦	44	213	45	42	22	45	22
筱村	13	42	24	53	22	5	2
雅阳	13	351	35	53	22	45	2
江根	11	33	24	31	53	53	3
寿宁	33	11	42	24	212	5	2
福鼎	445	212	55	53	22	5	23 23
福安	332	22	42	35	23	5	2
宁德	44	22	42	35	332	2	5
福州	44	53	31	213	242	23	5
福清	53	55	33	21	41	22	5
古田	55	33	42	21	324	2	5

　　表5.16中加框的调值都是阴入和阳入白读层失去韵尾后的归向，其中阴入基本归阴去；阳入基本归阳去，除了福清归阴平，江根归上声，福鼎产生新调阳入 b。但是无论这些入声调归入何种调类，此调类与入声调的调值都是近似的。

　　从福鼎方言形成新调的现象中我们也大致能推测，此类字在韵尾脱落后，调值和调型还是与原入声调一致，只是没有了短促的特点，进而跟该方言声调系统中的相近调值进行合并。

　　像海城、芦浦、江根等地的声调系统中有与阴入和阳入的调值更接近的调类，如海城阴入的调值与上声更接近，为何没有归入上声而是归入阴去，这可能跟声调系统在不断变化调整有关，具体情况在下节分析。

四　声调系统

　　蛮话的声调系统内部比较一致，基本上都是古平上去入按清浊各分阴阳，古全浊上声字归阳去，古次浊上声字大部分归上声，小部分归阳去，所以实际上只有七个声调。如：

表 5.17　　　　　　　　　　　　蛮话各点声调系统

	平		上			去		入	
	清	浊	清	次浊	全浊	清	浊	清	浊
	阴平	阳平	上声		阳去	阴去	阳去	阴入	阳入
海城	44	213	45		22	42	22	<u>45</u>	<u>22</u>
芦浦	44	213	45		22	42	22	<u>45</u>	<u>22</u>
筱村	13	42	24		22	53	22	5	2
雅阳	13	351	35		22	53	22	<u>45</u>	2
江根	11	33	24		53	31	53	<u>53</u>	3

　　通过上文对蛮话上、去、入三声演变的分析，我们能大体得出蛮话的声调系统和闽语的声调系统更为接近的结论。

　　从表 5.17，我们看到海城话和芦浦话的声调系统是阴高阳低的模式，筱村话和雅阳话除了平声阴低阳高外，其他声调都是阴高阳低，江根话则是除了入声阴高阳低外，其他声调都是阴低阳高。筱村话、雅阳话和江根话相对更为保守，因此除却自身演变的可能，我们认为海城话和芦浦话大致经历了由"阴低阳高"向"阴高阳低"转变的过程。参照吴语和闽语的情况，我们能更加清晰地看出这种转变。如：

表 5.18　　　　　　　　　　　　蛮话同周边方言的声调系统

		阴平	阳平	阴上	阳上	阴去	阳去	阴入	阳入
吴语	温州	44	31	45	34	42	22	323	212
	平阳	44	31	45	243	42	22	34	213
蛮话	海城	44	213	54	=阳去	42	22	<u>45</u>	<u>22</u>
	芦浦	44	213	45	=阳去	42	22	<u>45</u>	<u>22</u>
	筱村	13	42	24	=阳去	53	22	5	2
	雅阳	13	351	35	=阳去	53	22	<u>45</u>	2
	江根	11	33	24	=阳去	31	53	<u>53</u>	3
闽语	宁德	44	22	41	=阳去	34	31	23	5
	福州	44	52	31	=阳去	213	242	23	5

　　表 5.18 中蛮话的地名排列是以地理位置为标准，海城靠近吴语区，

江根靠近闽语区。可以看出，蛮话的声调系统除了自身演变外，受吴语的影响也很大，越接近吴语，蛮话的调型和调值就越像吴语，但是从调类的分合上，蛮话还是更接近闽语。

上文提到蛮话的声调有由"阴低阳高"向"阴高阳低"转变的趋势，这种转变是怎样完成的呢？我们认为平山久雄（1991）关于声调调值演变的观点很有借鉴意义。平山认为声调调值的演变有以下一些路径：

（1）高平调容易变高降调。

（2）高降调的开头可以逐渐变为低音，它就会变中降调或低降调，甚至变为低平调。

（3）降调末尾可以添上升尾。

（4）低平调易变中平调，中平调又易变高平调。

（5）低平调易变升调，升调又易变高平调。

因此，综合上述几项调值演变的可能性，就可以描绘一种圆环，即一个调位的调值从高平调出发，经过降调、低平调（或低凹调），升调（或中平调），最后又回到高平调。平山称之为"调值演变的环流"，其具体内容如：

11 > 33 > 44 > 55

55 > 53 > 51 > 31 > 11 > 13 > 35 > 55

51 > 412 > 213 > 24 > 35

412 > 313 > 33

对于这个"调值演变的环流"的假设，平山虽说需慎重检验，但他对这个假设还是很有信心的。

我们认为这个假设在蛮话以及蛮话周边的吴、闽语的调值演变中也能得到验证。我们利用平山久雄（1984）构拟江淮方言祖调值的方法来分析蛮话中各调类调值的变迁。

参考相邻吴语和闽语的调值，我们推测蛮话中，阴平的调值可能经历了 11 > 13 > 44 的演变，阳平的调值可能经历了 33 > 55 > 53 > 31 > 213 的演变，上声的调值可能经历了 24 > 35 > 45 的演变，阴去的调值可能经历了 53 > 42 > 31 的演变，阳去的调值可能经历了 55 > 53 > 33 > 22 的演变。至于入声调的演变就比较明显了，由于塞尾的弱化，入声调短促的特点也渐渐消失，朝舒化的方向发展，调值逐渐拉长。阴入的调值可能经历了 23 > 45 > 5 > 53 的演变，阳入的调值可能经历了 5 > 3 > 2 > 22 > 33 的演变。

第 六 章
寿宁"蛮陲话"

　　寿宁县的芹洋、平溪等乡和周宁县的泗桥乡通行一种叫"蛮陲话"（亦称蛮话）的方言，对"蛮陲话"的调查还未见诸报道，因此，对于这种方言学界的了解还不多。同时，由于地域相近，且叫法中都带有"蛮"字，很多人会将这种方言和苍南蛮话、泰顺蛮讲以及庆元江根蛮话等同，认为它们是同一种性质的方言。事实上，寿宁"蛮陲话"和浙南闽东地区的蛮话是两种不同性质的方言。本书在实地调查材料的基础上分析"蛮陲话"的音韵特点，同时将"蛮陲话"和浙南蛮话地区的蛮话以及邻近的闽北方言进行比较，结果发现"蛮陲话"更接近闽北方言。下面我们以平溪乡平溪村的"蛮陲话"为代表进行分析。

一　平溪乡概况

　　平溪乡位于寿宁县西南部，是两市（宁德、南平）三县（寿宁、周宁、政和）的交界点。东与芹洋乡、斜滩镇交界，南邻周宁县纯池乡，西接政和县澄源乡，北靠下党乡。平溪是寿宁境内最早有人类生存的地方之一，早在新石器时代，就有先民在这里繁衍生息。寿宁建县前，属政和县政和乡南里 10 都和东里 14 都。

　　平溪乡面积 186 平方公里，乡内有寿宁、平溪、屏南、周宁、汀州等 5 种方言。平溪乡辖平溪、环溪、屏峰、岭根、岭兜、长溪、东溪、东山头、湖潭、木场、燕窠、东木洋、溪底、南溪、柯洋、亭下、岭后、龙头坑等 18 个建制村，总人口 2.9 万多人。

　　平溪村是平溪乡政府所在地，距寿宁县城 55 公里。是寿宁西南半县、政和东部、周宁北部的文化经济交流中心，现平溪聚居周、李、王、肖、郑、刘、蔡、陈、黄等姓。其中周氏为最大族，占全村人口的 78% 左右。

周氏始祖周理公曾任江西南康知县，于宋宁宗庆元四年（1198 年）迁入平溪定居。平溪人通用平溪方言，又通政和、寿宁、斜滩、福安、周宁等多种方言，方言混用情况十分严重。

二　平溪话音系

（一）声韵调

1. 声母（18 个）

p 宝爬飞肥	pʰ 派皮肺匪浮	m 马务		
t 刀徒知茶	tʰ 土桃抽柱	n 女脑二肉生		l 罗礼弱
ts 左造罩择庄助针	tsʰ 粗贼抄愁春		s 苏词事沙神书成休六	
tʃ 酒全主石	tʃʰ 秋超吹市		ʃ 灰贤	
k 祭就歌跪汗	kʰ 可臼环	ŋ 牙眼缘园	h 府翻符虎害	
ø 哀羽油鞋文儿我				

2. 韵母（46 个）

	i 米四入失织敌	u 土资富角木	y 女起尺肉
a 爬盒达百	ia 写摘	ua 瓜挂法血	
e 集七惜		ue 火回悲飞	
ø 玉			
ɛ 题	iɛ 际芝接灭		
œ 菜北策			
			yə 岁纸雪药
ɔ 左刀博桌		uɔ 果国	
ai 胎界西		ɔai 我袋帅短	
au 闹	iau 或		
ɛau 草口		uaɜ	
	ieu 庙料抽		
ãŋ 贪丹病	iãŋ 平定	uãŋ 凡伞盘	
eŋ 品贫凭兵	ieŋ 蒸挺	ueŋ 困	

续表

øŋ 允熊			
	iɛŋ 帘变		
œŋ 银肯耕弓			
ɔŋ 端吞唐江			yɔŋ 言巾亮荣
oŋ 门东	ioŋ 用	uŋ 魂慌	yŋ 轩
	iʔ 立列质息击	uʔ 突族	yʔ 菊
aʔ 答察	iaʔ 夹设		
eʔ 黑			
əʔ 责			yəʔ 决
ɔʔ 膜驳			
oʔ 沫			

3. 声调（8个）

古声调	调值	例　字
阴平	55	东该灯风，通开天春
阳平 A	21	铜湖条魂，门灵年邮
阳平 B	33	爬茶桥琴，罗煤蓝粮，怪半四，快寸去，部罪，女养
阴上	11	懂古鬼九，统苦讨草，马老
阳去	35	洞地饭，硬乱，贵汉，坐弟件
阴入	5	答质击族，薛设黑触
阳入 A	31	业月落木，盒杰毒，瓦五，簿苧
阳入 B	3	杂实值俗，立热越育

（二）音韵特点

1. 声母特点

（1）古全浊声母字大致上都读清音，而且今读塞音塞擦音时，大多数是不送气清音，少数是送气清音。例如：

不送气清音　桥 kieu^{33}｜动 toŋ^{33}｜病 pāŋ^{35}｜白 pa^{35}

送气清音　　皮 pʰue^{33}｜柱 tʰieu^{35}｜鼻 pʰi^{33}｜贼 tsʰœ^{35}

（2）一部分非、敷、奉母字读作［p pʰ］声母。例如：斧 pʰi³³｜废 pʰiɛ³⁵｜飞 pue⁵⁵｜匪 pʰi¹¹｜否 pʰɛau¹¹｜分 ~家puŋ⁵⁵｜放 poŋ³³｜腹 pu³⁵（以上非母）；麸 pʰu⁵⁵｜殕 pʰu¹¹｜肺 pʰi³³｜费 pʰiɛ³⁵｜纺 pʰɔŋ¹¹｜蜂 pʰoŋ⁵⁵｜捧 pʰuŋ²¹（以上敷母）；肥 ~料pue³³｜浮 pʰɔ³⁵｜饭 puŋ³⁵｜房 puŋ²¹｜逢 pʰoŋ³⁵（以上奉母）。另外，有少数非组字读作［m］声母：夫 mu⁵⁵｜妇 mu³³。

（3）非组和同摄的合口晓组都读［h］声母或零声母。例如：府 =虎 hu¹¹｜符 =湖 hu²¹｜番 =欢 huãŋ⁵⁵｜方 =慌 huŋ⁵⁵｜万 =阮 uãŋ³³。

（4）部分来母字读［s］声母或者［t］声母。例如：螺胇 sɔai³³｜雷 sɔai³³｜篮 sãŋ³³｜卵 sɔŋ³⁵｜两 数量sɔŋ³⁵｜聋 soŋ³³｜六陆 su³⁵；路 ty²¹｜隶 tɛ³³｜辣 tyə³³。

（5）分尖团，精组细音字读 ʧ 组或 ts 组声母，见组（疑母除外）细音字读 k 组声母或 ʧ 组声母。例如：椒 ʧieu⁵⁵ ≠ 骄 kieu⁵⁵｜接 ʧiɛ¹¹ ≠ 结 kiɛ¹¹｜丝 si⁵⁵ ≠ 希 ʃi⁵⁵｜箱 syɔŋ⁵⁵ ≠ 香 ʃyɔŋ⁵⁵。

（6）从母字基本读作塞擦音声母。例如：坐 tsai³⁵｜糍 ʧi⁵⁵｜前 ʧʰiɛŋ³³｜晴 tsãŋ³³。

（7）一部分古清擦音声母今读塞擦音或塞音。例如：

心母　醒 tsʰãŋ¹¹｜岁 kʰyə³³

生母　筛 tʰi⁵⁵｜产 tsʰãŋ¹¹｜生夹~tsʰãŋ⁵⁵

书母　鼠 ʧʰy¹¹｜试 ʧʰi³¹｜深 tsʰeŋ⁵⁵｜湿 ʧʰiɛ¹¹｜伸 ~腰ʧʰyɔŋ⁵⁵｜叔 tsuʔ⁵

（8）多数知组字读作［t tʰ］声母。例如：猪 ty⁵⁵｜昼 tu³³｜镇 teŋ³⁵｜张 tyɔŋ⁵⁵｜桌 tɔ¹¹｜摘 tia¹¹｜竹 ty¹¹；抽 tʰieu⁵⁵｜丑 tʰieu¹¹｜蛏 tʰãŋ⁵⁵｜拆 tʰia¹¹；茶 ta³³｜除 ty²¹｜苎 tu³¹｜箸 ty³⁵｜池 ti²¹｜沉 teŋ³³｜肠 tɔŋ³³｜直 tœ³⁵｜郑 tãŋ³⁵。

（9）少数庄组字读作［t tʰ］声母。例如：争相~tiãŋ³¹｜窗 tʰa⁵⁵｜锄 ty³³｜筛 tʰi⁵⁵。

（10）章组和同摄三、四等的精组都读 ʧ 组或 ts 组声母。例如：蛇 =邪 sia²¹｜制 ʧi³³—祭 tsi³³｜侍 si³³—寺 si¹¹｜招 =蕉 ʧieu⁵⁵｜战 tsãŋ³⁵—箭 ʧiɛŋ³³｜掌 =桨 ʧyɔŋ¹¹｜征 =精 tseŋ⁵⁵｜释 si¹¹—锡 sɛ¹¹。

（11）有少数止摄开口的章庄组字读作［k kʰ］声母：支~~枝肢 ki⁵⁵｜柿 kʰi³⁵。

（12）少数匣母读作［k kʰ］声母：猴 kɛau²¹｜厚 kɛau³³｜含 kœŋ²¹｜寒 kuãŋ³³｜汗 kuãŋ³³｜环 kʰuãŋ³³｜县 kyɔŋ²¹。

（13）云、以母的特殊读音：雨 ʃy³⁵｜园 ŋyɔŋ³³｜熊 høŋ³³｜雄 høŋ³³；捐 kyɔŋ⁵⁵｜铅 kʰeŋ⁵⁵｜融镕 loŋ³³｜痒 ʧyɔŋ¹¹｜维惟唯 mi³³。

2. 韵母特点

（1）古阳声韵，基本读鼻尾韵，鼻音韵尾只有一个［ŋ］。例如：潭 tʰãŋ³³｜林 leŋ²¹｜件 kiɛŋ³⁵｜真 tseŋ⁵⁵｜肠 tɔŋ³³｜讲 hɔŋ¹¹｜等 tøŋ¹¹｜病 pãŋ³⁵｜虫 tʰoŋ³³。

（2）果摄开口一等歌韵和合口一等戈韵帮组字主要读［ɔ ɔai］韵母。例如：

［ɔ］韵　　驮拿tɔ²¹｜舵 tɔ²¹｜罗锣箩 lɔ³³｜搓 tsʰɔ¹³｜左 tsɔ¹¹｜歌 kɔ⁵⁵｜饿 ŋɔ³⁵｜何 hɔ³³｜河 ɔ³⁵¹｜波 pʰɔ⁵⁵｜破 pʰɔ³³｜磨名词mɔ³⁵

［ɔai］韵　　拖 tʰɔai⁵⁵｜大 ~小 tɔai³⁵｜我 ɔai¹¹｜破 pʰɔai⁵⁵｜簸 pɔai⁵⁵｜磨~刀mɔai³³

果摄合口一等戈韵（除帮组以外）读［u cu ue ɔ uɔ u］等韵母。例如：

［ɔai］韵　　螺 sɔai³³｜脶 sɔai³³｜莎 sɔai⁵⁵

［ai］韵　　坐座 tsai³⁵

［ue］韵　　火伙 hue¹¹｜禾 ue³³

［ɔ］韵　　妥 tʰɔ¹¹｜啰 lɔ³³｜梭 sɔ⁵⁵｜锁 sɔ¹¹（端精组）

［uɔ］韵　　果裹 kuɔ¹¹｜课 kʰuɔ³³（见晓组）

［u］韵　　过 ku³³｜窠 kʰu⁵⁵｜货 hu³³（见晓组）

（3）假摄开口二等麻韵读作［a］韵，合口二等麻韵读作［ua］韵。例如：

开口二等　　把 pa¹¹｜爬 pa³³｜麻 ma³³｜马 ma¹¹｜茶 ta³³｜渣 tsa⁵⁵｜沙 sa⁵⁵｜家 ka⁵⁵｜虾 ha⁵⁵｜哑 ha¹¹

合口二等　　瓜 kua⁵⁵｜花 hua⁵⁵｜化 hua³⁵

另外，假摄开口二等少数字的白读音读作［ɔai］韵，与果摄合口戈韵字相同。例如：麻麻 =磨~刀mɔai³³｜沙纱 =莎 sɔai⁵⁵。

假摄开口三等麻韵主要读作［ia］韵。例如：写 sia¹¹｜谢 sia³⁵｜遮 ʧia⁵⁵｜车马~tʰia⁵⁵｜射麝 sia³³｜蛇 sia²¹｜爷 ia³³｜夜 ia³⁵。

（4）遇摄一等主要读作［u］韵。例如：补 pu²¹｜步 pu³¹｜墓 mu³⁵｜

图 tu²¹｜租 tsu⁵⁵｜古 ku¹¹｜五 ŋu³¹｜乌 u⁵⁵。其中有少数字读音特殊，如：
路 ty²¹｜箍 kʰɛau⁵⁵｜蜈 yə³³。

遇摄三等主要读作〔y〕韵，其中庄组的部分字读作〔u〕韵。例如：

鱼韵　女 ny³³｜徐 sy³¹｜除 ty²¹｜书 sy⁵⁵｜举 ky¹¹｜鱼 ŋy³³；阻 tsu⁵⁵｜初 tsʰu⁵⁵｜楚础 tsʰu¹¹｜助 tsu³⁵｜疏蔬梳 su⁵⁵

虞韵　需 sy⁵⁵｜厨 ty²¹｜珠 tʃy⁵⁵｜句 ky³³｜羽 y¹¹；数动词数名词 su³⁵

遇摄三等里比较特殊的读音：所 sua⁵⁵｜许指示代词 hua¹¹｜树 tsʰau⁵⁵｜去 ~皮kʰɔ³³｜无 mɔ³³｜柱 tʰieu³⁵。

（5）蟹摄开口一等咍泰韵主要读作〔ai ɔai〕韵。例如：

〔ai〕韵　态 tʰai³⁵｜苔 tʰai⁵⁵｜耐 nai³⁵｜再 tsai³³｜猜 tsʰai³³｜裁 tsʰai³³｜在 tsai¹¹｜该 kai⁵⁵｜海 hai¹¹｜爱 ai³⁵｜泰 tʰai³³｜蔡 tsʰai³³

〔ɔai〕韵　戴姓 tɔai³³｜袋 tɔai³⁵｜财 tsɔai²¹｜赛 sɔai³⁵｜爱 ɔai³⁵｜带 tɔai²¹｜赖 lɔai³⁵｜害 hɔai³⁵

另外，有四个常用字读作〔œ〕韵。如：戴~帽子 tœ³¹｜来 lœ³³｜栽 tsœ⁵⁵｜菜 tsʰœ³³。

蟹摄合口一等灰韵主要读作〔ue ɔai〕韵。例如：

〔ue〕韵　杯 pue⁵⁵｜胚 pʰue⁵⁵｜陪 pue³³｜倍 pue³³｜佩 pʰue³⁵｜每 mue¹¹｜妹 mue³⁵｜队 tue³⁵｜悔 hue¹¹｜回 hue²¹｜最 tsue³⁵｜会~计kue³³

〔ɔai〕韵　推 tʰɔai⁵⁵｜碓 tɔai²¹｜腿火~ tʰɔai¹¹｜内 nɔai³⁵｜罪 tsɔai³³｜碎 tsʰɔai³³

另外，"灰"读作〔ʃieu⁵⁵〕，为〔ieu〕韵。

蟹摄开口二等主要读作〔ai〕韵。例如：

皆韵　拜 pai³³｜排 pai²¹｜埋 mai³³｜豺 tsai²¹｜阶 kai⁵⁵｜界 kai³⁵｜械 kai³⁵｜挨 ai⁵⁵

佳韵　摆 pai¹¹｜牌 pai³³｜簰 pai²¹｜稗 pʰai³⁵｜买卖 me¹¹｜街 kai⁵⁵｜鞋 ai³³｜蟹 hai¹¹｜矮 ai¹¹

夬韵　败 pai³⁵｜寨 tsai³⁵

蟹摄开口二等皆佳韵的少数字读作〔a ua〕韵。如：罢 pa³³｜佳 ka⁵⁵；芥 kua³³。另外，"柴"读作〔tsʰau⁵⁵〕，与遇摄的"树"同音。

蟹摄开口四等齐韵主要读作〔i ɛ ai〕等韵。例如：

〔i〕韵　闭 pi³³｜批 pʰi⁵⁵｜米 mi³³｜低 ti⁵⁵｜底间~ ti¹¹｜帝 ti³³｜啼哭~ tʰi³³｜弟 ti³⁵｜剃 tʰi³³｜计~算ki³³｜契 kʰi³³｜系~统ʃi³⁵

［ε］韵　体 tʰε¹¹｜丽 lε³³｜隶 tɛ³³｜济 tsɛ³⁵｜妻 tsʰε⁵⁵｜齐 tsε²¹｜脐 tsʰε³³｜婿 sε³⁵

［ai］韵　底 tai³⁵｜替 tʰai³³｜泥~水老司 nai⁵⁵｜犁 lai³³｜西 sai⁵⁵｜洗 sai¹¹｜细大~sai³³｜鸡 kai⁵⁵｜溪 kʰai⁵⁵

另外，"梯"读作［tʰɔai⁵⁵］，为［ɔai］韵。

蟹摄比较特殊的读音：开~门·哈 kʰyə³³｜外~婆·泰合 ŋy³⁵｜快夹合kʰyə³³｜岁废合 kʰyə³³｜肺废合 pʰi³³。

（6）止摄开口支脂之韵精庄组的部分字读作［u］韵。例如：

支韵　此 tsʰu¹¹｜撕 su⁵⁵｜赐 su³³

脂韵　资姿 tsu⁵⁵｜瓷 tsu²¹｜私~心su⁵⁵｜师老~su⁵⁵

之韵　子 tsu¹¹｜字 su³⁵｜思司 su⁵⁵｜词辞 su³³｜事 su³⁵｜使 su³³

止摄开口支韵主要读作［i］韵，另有少数字读作［iɛ yə ue］等韵。例如：

［i］韵　披 pʰi⁵⁵｜脾啤 pʰi³³｜离篱璃 li³³｜紫 tʃi¹¹｜刺 tʃʰi³¹｜知 ti⁵⁵｜池 ti²¹｜是氏 si³³｜儿 i³³｜奇 ki³³｜骑 kʰi³³｜牺 ʃi⁵⁵｜戏 ʃi⁵⁵

［iɛ］韵　支天干地~tʃiɛ⁵⁵｜义议谊 ŋiɛ³³｜椅 iɛ¹¹｜易容易 ŋiɛ³³

［yə］韵　纸 tʃyə¹¹｜寄 kyə³¹｜倚 kyə³¹｜蚁 ŋyə³¹

［ue］韵　皮 pʰue³³｜被~子pʰue³⁵

止摄开口脂韵庄章组少数字读作［ai］韵：狮 sai⁵⁵｜指 tsai⁵⁵。

止摄开口之韵主要读作［i］韵，少数字读作［y iɛ］等韵：

［i］韵　李 li³³｜寺 si¹¹｜持 tʰi³³｜止址趾 tʃi¹¹｜纪记 ki³³｜医 i⁵⁵

［y］韵　你 ny³³｜饲喂 sy³⁵｜齿 tʃʰy¹¹｜起 kʰy¹¹

［iɛ］韵　芝之 tʃiɛ⁵⁵

止摄微韵里比较特殊的读法：

［yə］韵　饥饿 kyə¹¹

［ue］韵　几~个kue¹¹｜飞 pue⁵⁵｜痱 hue²¹｜肥 pue³³

（7）效摄一等豪韵读作［ɔ ɛau］韵。例如：

［ɔ］韵　报 pɔ³³｜毛 mɔ³³｜帽冒 mɔ³⁵｜刀 tɔ⁵⁵｜倒打~tɔ¹¹｜道 tɔ³³｜桃 tʰɔ⁵⁵｜脑 nɔ¹¹｜老 lɔ¹¹｜牢 lɔ³³｜枣 tsɔ¹¹｜告 kɔ³³｜靠 kʰɔ³⁵｜傲 ŋɔ³³｜豪 hɔ³³｜号~数hɔ³⁵

［ɛau］韵　蚤 tsɛau¹¹｜灶 tsɛau⁵³｜草 tsʰɛau¹¹｜扫 sɛau³³｜薅 hɛau⁵⁵

效摄二等看韵主要读作［au ɛau］韵：

〔au〕韵　包~括 pau⁵⁵｜饱 pau¹¹｜炮 pʰau³³｜铇 pau²²｜罩 tsau³⁵｜抓~痒 tsau³⁵｜爪 tsau¹¹｜吵炒 tsʰau¹¹｜交郊胶 kau⁵⁵｜教~书 kau⁵⁵｜铰 kau¹¹｜咬 kau²¹｜孝 hau³⁵｜拗 au¹¹

〔ɛau〕韵　包 名词 pɛau⁵⁵｜泡 灯~ pʰɛau¹¹｜猫 mɛau³³｜捎 sɛau⁵⁵｜较 kɛau³⁵

另外，"笊"读作〔tsai³³〕，为〔ai〕韵；"敲"读作〔kʰieu⁵⁵〕、"巧"读作〔kʰieu¹¹〕，皆为〔ieu〕韵。

效摄四等萧韵有四个端组字读作〔ɛau〕韵。例如：雕 tɛau⁵⁵｜吊 tɛau³³｜条 tɛau²¹｜调~解 tɛau²¹。

（8）流摄一等侯韵主要读作〔ɛau〕韵，还有少数字读作〔u〕韵。例如：

〔ɛau〕韵　亩 mɛau³³｜贸 mɛau³³｜斗~钱 tɛau³⁵｜偷 tʰɛau⁵⁵｜头 tʰɛau³³｜楼 lɛau³³｜凑 tsʰɛau³³｜沟 kɛau⁵⁵｜口 kʰɛau¹¹｜猴 kɛau²¹｜厚 kɛau³³｜候 hɛau³³

〔u〕韵　母父~ mu¹¹｜兜 tu⁵⁵｜嗽 su³³｜后前~ hu³⁵｜后皇~ hu³³

另外，"拇母公~"读作〔ma³³〕，为〔a〕韵。

流摄三等尤韵的少数字读作洪音〔ɔ u au ɛau〕韵。例如：

〔ɔ〕韵　浮 pʰɔ³⁵｜矛 mɔ³³｜流~水 lɔ³³

〔u〕韵　富 hu³³｜妇 mu³³｜昼日~ tu³³

〔au〕韵　刘姓 lau³³

〔ɛau〕韵　否 pʰɛau¹¹｜皱 tsɛau³⁵｜愁 tsʰɛau³³｜馊 tsʰɛau³³｜搜 sɛau⁵⁵｜臭 tsʰɛau³³｜阄 kɛau¹¹

（9）咸摄一等覃谈韵基本上都读作〔ãŋ〕韵，合盍韵基本上都读作〔a aʔ〕韵。例如：

覃韵　潭谭 tʰãŋ³³｜南男 nãŋ³³｜簪 tsãŋ³³｜感 kãŋ¹¹｜含包~ hãŋ³³

谈韵　谈痰 tãŋ²¹｜蓝篮~球 lãŋ³³｜暂 tsãŋ³⁵｜三 sãŋ⁵⁵｜甘柑 kãŋ⁵⁵｜敢 kãŋ¹¹

合韵　答搭 taʔ⁵｜踏 taʔ³⁵｜纳 naʔ³｜鸽 kaʔ⁴⁵｜合盒 haʔ³¹

盍韵　塔 tʰa¹¹｜腊蜡 la³³

咸摄四等添帖韵的部分字读作洪音〔ãŋ a〕韵。例如：

添韵　点 tãŋ¹¹｜店 tãŋ³³｜甜 tãŋ²¹｜簟 tãŋ³⁵｜念 nãŋ³⁵

帖韵　帖贴 tʰa¹¹

（10）深摄三等侵缉韵的字基本读作洪音［eŋ e］韵。例如：

侵韵　品 pʰeŋ¹¹｜林 leŋ²¹｜心 seŋ⁵⁵｜针 tseŋ⁵⁵｜金 keŋ⁵⁵｜阴 eŋ⁵⁵

缉韵　集 tse³¹｜习 tse³¹

另外，"森"读作［sœŋ⁵⁵］，"参ʌ~"读作［sãŋ⁵⁵］，"饮米汤"读作［øŋ¹¹］，"粒"读作［laʔ³］"涩"读作［sɛ¹¹］，"十"读作［tsɛ¹¹］，都是洪音。

（11）山摄开口一等寒曷韵主要读作［ãŋ aʔ a］韵，与咸摄开口一等相同。例如：

寒韵　旦 tãŋ³⁵｜滩摊 tʰãŋ⁵⁵｜兰 lãŋ³³｜灿 tsʰãŋ³⁵｜竿 kãŋ⁵⁵｜安 ãŋ⁵⁵

曷韵　达 ta³³｜捺 naʔ³｜萨 saʔ⁵

山摄开口一等寒韵部分字读作合口呼的［uãŋ］韵，山摄合口一等桓末韵读作合口呼的［uãŋ ua］韵。例如：

寒韵　单~双tuãŋ⁵⁵｜炭 tʰuãŋ³³｜难困~nuãŋ³³｜烂 luãŋ³⁵｜散鞋带~了suãŋ³³｜伞 suãŋ¹¹｜肝 huãŋ⁵⁵｜寒 huãŋ³³｜汗 kuãŋ³³

桓韵　搬 puãŋ⁵⁵｜半 puãŋ³³｜盘 puãŋ³³｜满 muãŋ³³｜团~长tʰuãŋ³³｜乱 luãŋ³⁵｜算~一算suãŋ³³｜官 kuãŋ⁵⁵｜宽 kʰuãŋ⁵⁵｜欢 huãŋ⁵⁵｜碗 uãŋ¹¹

末韵　钵拨 pua¹¹｜泼 pʰua¹¹｜抹 mua³³｜括 kua³³｜阔 ua¹¹｜活 ua¹¹

另外，桓韵的"短"读作［tɔai¹¹］；末韵的"钹"读作［pɔai³¹］，"末"读作［mɔai³¹］，都是［ɔai］韵。

山摄合口一等桓韵端系的部分字读作［ɔŋ］韵：端 tɔŋ⁵⁵｜锻 tɔŋ³³｜团~鱼tɔŋ³³｜暖~气nɔŋ¹¹｜卵 sɔŋ³⁵｜酸 sɔŋ⁵⁵｜算~盘sɔŋ³³。

山摄开口二等少数字读作合口呼［uãŋ］韵：扮 puãŋ³³｜扳 puãŋ⁵⁵｜山 suãŋ⁵⁵。

山摄开口三等仙薛韵见系的部分字读作圆唇的［yɔŋ yə］韵：团 kyɔŋ¹¹｜建 kyɔŋ³⁵｜言 ŋyɔŋ³³｜献 ʃyɔŋ³⁵｜歇 ʃyə³³。此外，"线"读作［syɔŋ³³］，为［yɔŋ］韵；"舌"读作［tʃyə³¹］，为［yə］韵。

山摄开口三等仙薛韵少数字读作开口呼的［ãŋ］韵：碾 ŋãŋ³³｜剪 tsãŋ¹¹｜战 tsãŋ³⁵｜轩边~hãŋ⁵⁵。

山摄合口三等元韵见晓组主要读作［yɔŋ］韵。例如：劝 kʰyɔŋ³³｜元原源 ŋyɔŋ³³｜愿 ŋyɔŋ³³｜冤 yɔŋ⁵⁵｜怨 yɔŋ³³｜园 ŋyɔŋ³³｜远 yɔŋ³³。另外，有一个月韵的字读作合口呼的［yə］韵：月 ŋyə³¹。

山摄开口四等先屑韵的白读层为洪音［ãŋ a］韵。例如：

先韵开口　填 tãŋ³³｜殿 tãŋ³⁵｜千 tsʰãŋ⁵⁵｜先 sãŋ⁵⁵｜牵 kʰãŋ⁵⁵

屑韵开口　节 tsa¹¹

（12）臻摄开口三等（除真韵的重纽三等以外）部分舒声字读作圆唇的［yɔŋ œŋ］等韵。例如：

［yɔŋ］韵　伸 tʃʰyɔŋ⁵⁵｜巾 kyɔŋ⁵⁵｜斤筋 kyɔŋ⁵⁵｜近 kyɔŋ³⁵

［œŋ］韵　津 tsʰœŋ⁵⁵｜衬 tsʰœŋ³³｜忍 nœŋ³³｜银 ŋœŋ³³｜勤 kʰœŋ³³

臻摄三等真殷谆文韵见组（除真韵的重纽三等以外）的读音不同：巾真韵kyɔŋ⁵⁵ ＝斤筋殷韵kyɔŋ⁵⁵ ≠均谆韵kœŋ⁵⁵ ≠军文韵koŋ⁵⁵｜近殷韵kyɔŋ³⁵ ≠郡文韵koŋ³³。

臻摄合口一、三等部分字读作［oŋ］韵，与通摄相同。例如：喷~水pʰoŋ⁵⁵｜门 moŋ²¹｜盾~牌＝冻东一toŋ³¹｜棍 koŋ³⁵｜坤＝空天~·东一kʰoŋ⁵⁵｜稳 oŋ¹¹｜愤＝凤东三hoŋ³⁵｜文 oŋ³³｜问＝梦东一moŋ³⁵｜军 koŋ⁵⁵｜群 koŋ²¹。

臻摄里比较特殊的读音：根跟痕kyɔŋ⁵⁵｜栗质lɔai³³。

（13）宕摄开口三等的白读层主要读作［yɔŋ］韵。例如：粮梁 lyɔŋ³³｜两单位lyɔŋ³³｜抢 tʃʰyɔŋ¹¹｜箱＝商 syɔŋ⁵⁵｜香 ʃyɔŋ⁵⁵｜养 yɔŋ³³。但是，阳韵也有部分字读作［ɔŋ］韵，与宕摄开口一等唐韵相同。例如：酿 nɔŋ³⁵｜两数量sɔŋ³⁵｜长形容词＝堂唐tɔŋ²¹｜装 tsɔŋ⁵⁵｜疮 tsʰɔŋ⁵⁵｜床 tsʰɔŋ³³｜壮＝葬唐tsɔŋ⁵⁵｜爽 sɔŋ¹¹｜瓤 nɔŋ³³｜秧 ɔŋ⁵⁵。

宕摄一等铎韵的字基本不读入声韵，而读作舒声的［ɔ］韵；宕摄开口三等药韵的字基本不读入声韵，而读作舒声的［yə y ia］等韵。例如：

铎韵　薄 pɔ¹¹｜错 tsʰɔ³³｜索 sɔ¹¹｜阁 kɔ¹¹｜鹤 hɔ³¹（以上开口）；郭 kɔ¹¹｜霍 hɔ¹¹（以上合口）

药韵　掠略 lyə¹¹｜雀 tʃyə¹¹｜约 yə⁵⁵｜药 yə³³；着澄ty³⁵；削 sia¹¹

有少数宕江摄的字读作［oŋ］韵，与通摄相同。例如：放 poŋ³³｜望 moŋ³⁵｜双＝嵩东soŋ⁵⁵。

（14）江摄觉韵的字基本不读入声韵，而读作舒声的［u ɔ］等韵。例如：

［u］韵　剥~皮pu¹¹｜角 ku¹¹｜壳 kʰu¹¹｜学 u³³

［ɔ］韵　朴厚~pʰɔ¹¹｜卓桌 tɔ¹¹｜确 kʰɔ¹¹

（15）曾摄开口一、三等部分字读作［œŋ œ］韵。例如：

［œŋ］韵　朋 pœŋ³³｜灯 tœŋ⁵⁵｜等 tœŋ¹¹｜腾 tœŋ²¹｜层 tsœŋ³³｜肯 kʰœŋ¹¹

〔œ〕韵　北 pœ¹¹｜墨默 mœ³¹｜德得 tœ¹¹｜贼 tsʰœ³⁵｜刻克 kʰœ¹¹｜测 tsʰœ¹¹｜色 sœ¹¹

曾摄开口三等中的特殊读音：冰 pãŋ⁵⁵｜塍 tsʰãŋ³³｜食 sy³¹。

（16）梗摄开口二等庚耕韵主要读作〔ãŋ œŋ〕韵。例如：

〔ãŋ〕韵　盲 mãŋ³³｜生_{夹~}tsʰãŋ⁵⁵｜甥 sãŋ⁵⁵｜更_{三~}kãŋ⁵⁵｜哽 kãŋ²¹｜坑 kʰãŋ⁵⁵｜硬 ŋãŋ³⁵

〔œŋ〕韵　彭 pʰœŋ³³｜生_{学~}sœŋ⁵⁵｜庚 kœŋ⁵⁵｜更_{~加}kœŋ³³｜行_{~为}hœŋ³³｜杏 hœŋ³⁵；争_{斗~}tsœŋ⁵⁵｜耕 kœŋ⁵⁵

另外，"争_{相~}"读作〔tiãŋ³¹〕，为例外。

梗摄开口二等陌麦韵字基本不读入声韵，而读作舒声的〔a ia〕韵。例如：

陌韵　百 pa¹¹｜白 pa³⁵｜拍打 ma³¹｜拆 tʰia¹¹｜格 ka¹¹｜客 kʰa¹¹｜额 ŋa³³

麦韵　掰擘 pa¹¹｜麦脉 ma³¹｜摘 tia¹¹｜册 tsʰa¹¹｜隔_{~开}ka¹¹｜轭 a¹¹

另外，有一部分字读作舒声的〔œ〕韵，多为较文的字。例如：迫魄 pʰœ¹¹｜拆 tsʰœ¹¹｜泽择 tsœ³¹｜策 tsʰœ¹¹｜革隔_{~离}kœ¹¹。

梗摄开口三、四等庚清青韵的部分字白读音读作〔ãŋ iãŋ〕韵。例如：

庚韵　柄 pãŋ³¹｜评 pãŋ²¹｜病 pãŋ³⁵｜明_{~年}mãŋ³³；平坪 piãŋ³³｜命 miãŋ³⁵｜惊 kiãŋ⁵⁵｜镜 kiãŋ³³

清韵　井 tsãŋ¹¹｜晴 tsãŋ³³｜蛏 tʰãŋ⁵⁵｜郑 tãŋ³⁵；饼 piãŋ¹¹｜名 miãŋ³³｜领岭 liãŋ¹¹｜请 tʃʰiãŋ¹¹｜正_{~月}tʃiãŋ⁵⁵｜声 ʃiãŋ⁵⁵｜城 siãŋ²¹｜赢 iãŋ³³

青韵　瓶 pãŋ²¹｜钉_{名词}疔 tãŋ⁵⁵｜钉_{动词}tãŋ³³｜铃 lãŋ³³｜青 tsʰãŋ⁵⁵｜星 sãŋ⁵⁵｜醒 tsʰãŋ¹¹；鼎 tiãŋ¹¹｜听 tʰiãŋ⁵⁵｜厅 tʰiãŋ⁵⁵｜定 tiãŋ³⁵

另外，合口三等庚韵的"兄"读作〔ʃiãŋ⁵⁵〕，"营"读作〔iãŋ³³〕，为〔iãŋ〕韵。

梗摄开口三、四等昔锡韵的入声字基本不读入声韵，而读作舒声的〔e i ia y〕韵。例如：

〔e〕韵　辟 pe¹¹｜积_{~累}tse¹¹｜惜 se¹¹｜蓙 se³¹｜益 e¹¹

〔i〕韵　积_{~极}tʃi¹¹｜适释 si¹¹｜译 ŋi³³｜敌 ti²¹

〔ia〕韵　璧 pia¹¹｜迹脊 tʃia¹¹｜赤_{~肉}tʃʰia¹¹｜液 ia³³｜壁 pia¹¹｜粢 tia³⁵｜历 lia¹¹

〔y〕韵　席 $_{草\sim}$ sy^{35}｜尺 tɕʰy^{11}｜石 tɕy^{35}

另外，曾摄开口三等职韵的"食"读作〔sy^{31}〕，为〔y〕韵。

（17）通摄三等东钟韵（除日母和见系以外）大致上读作〔oŋ〕韵，与通摄一等相同。例如：重 $_{\sim复}$ ·钟 toŋ^{21}｜终 $_{东三}$ 钟 $_{钟}$ ＝棕 $_{东一}$ tsoŋ^{55}｜众 $_{东三}$ tsoŋ^{33}。

通摄三等屋烛韵的部分字不读入声韵，而读作舒声的〔u y〕韵。例如：

〔u〕韵　幅 hu^{33}｜腹 pu^{35}｜服 hu^{35}｜目 mu^{31}｜六 su^{35}｜录 lu^{33}｜属 su^{33}

〔y〕韵　竹 ty^{11}｜粥 tɕy^{11}｜熟 tɕy^{35}｜肉 ny^{31}｜绿 ly^{33}｜粟 sy^{33}｜烛 tɕy^{11}

3. 声调特点

平溪话声调的古今对应规律极为复杂。因此，在这里只能描写大概。下面我们进行具体说明。

（1）古平上去入基本上按清浊各分阴阳，但其分法不像一般方言那么简单。

（2）古清平字读阴平。

（3）古浊平字读阳平 A 或阳平 B，阳平 A 主要是浊平字，阳平 B 除了浊平来源外，还包括清去、浊去和次浊上的字。浊平字分为阳平 A 和阳平 B，没有什么规律可循。

（4）古清上字基本读阴上。

（5）古次浊上字大部分读入阳平 B，还有一部分口语字读阳平 A、阳去和阳入 A。例如：雨 $_{谷\sim}$ y^{21}｜咬 kau^{21}｜有友酉 ieu^{21}；雨 $_{做\sim}$ ʃy^{35}｜卵 soŋ^{35}｜两 $_{\sim个}$ soŋ^{35}；瓦 ua^{31}｜五伍午 ŋu^{31}｜蚁 ŋyə^{31}｜卯 mau^{31}。

（6）古全浊上基本读入阳去，还有部分字读阳平 B 和阳入 A，如：部 pu^{33}｜罪 tsɔai^{33}｜道 tɔ^{33}｜厚 kɛau^{33}｜动 toŋ^{33}；簿 pu^{31}｜苎 tu^{31}｜徛 kyə^{31}。

（7）古清去字部分读阳平 B，部分读阳去。

（8）古浊去字基本读阳去，部分读阳平 B。

（9）清入字多数读入阴上，阳入字基本读阳入。

（10）阴入和阳入 B 辖字都比较少，像是从寿宁话借入的。

（三）文白异读

1. 非组的部分字白读 p 组声母，文读 [h] 声母或零声母。例如：夫 pø¹¹/hu¹¹｜斧 pʰø²⁴/hu²⁴｜妇 pu⁵³/hu⁵³｜分 pɛ̄¹¹/huəŋ¹¹｜腹 pu²⁴/hɔuʔ⁵³｜物 mɛʔ³/uɔuʔ³。

2. 知组的部分字白读 t 组声母，文读 ts 组或 tɕ 组声母。例如：中 tɔŋ¹¹/tɕiɔŋ¹¹。

3. 匣母的部分字白读 k 组声母，文读 [h] 声母。例如：糊 ku³³/hu³³｜猴 kau³³/hɛau³³｜含 kã³³/hã³³。

4. 梗摄开口三、四等的部分字，白读 [ã iã] 韵母，文读 [eŋ] 韵母。例如：平 pã³³/peŋ³³｜惊 kiã¹¹/keŋ¹¹｜井 tsã²⁴/tseŋ²⁴｜鼎 tiã²⁴/teŋ²⁴｜青 tsʰã¹¹/tsʰeŋ¹¹。

5. 部分次浊上声字白读阴去，文读阴上。例如：雨 huə⁵³/y²⁴｜老 lau⁵³/lo²⁴｜有 u⁵³/iou²⁴｜卵 lũɛ⁵³/lũɛ²⁴。

6. 部分宕江曾梗通摄入声字的单字调，白读阴上 [24] 或阴去 [31]，文读阴入 [53] 或阳入 [3]。例如：剥 pø³¹/pɔʔ⁵³｜脊 tɕia²⁴/tseiʔ³｜席 tɕʰye²⁴/seiʔ³｜食 ɕia²⁴/seiʔ³｜拍 pʰa³¹/pʰɔʔ⁵³｜粟 tɕʰye³¹/ɕiɔʔ⁵³。

7. 其他。大 tai⁵³/ta⁵³｜破 pʰa³¹/pʰo³¹｜去 kʰe³¹/kʰø³¹｜许 hi²⁴/ɕy²⁴｜来 li³³/lai³³｜奶 ne¹¹/nai¹¹｜底 ti²⁴/te²⁴｜婿 sai³¹/seiʔ⁵³｜腿 tʰai²⁴/tʰue²⁴｜外~婆 ŋia⁻³³/uai⁵³｜鼻 pʰi³¹/pei³³｜指 tsai²⁴/tsi²⁴｜饲 tsʰi³¹/sɿ³³｜饥 ky¹¹/ki¹¹｜槽 so³³/tsau³³｜抓 tsa¹¹/tsau¹¹｜贸 mɛau⁵³/mau⁵³｜间 kɛ̄¹¹/kã¹¹｜还 hɛ̄³³/huã³³｜伸 tsʰũɛ¹¹/seŋ¹¹｜云 huəŋ³³/øŋ³³｜刚 tɕiã¹¹/kɔ̄¹¹｜生 tsʰã¹¹/sã¹¹｜衡 hɛ̄³³/hã³³｜明 mai³³/meŋ³³｜学 ɔʔ³/hɔʔ³｜侧 tsʰɛʔ⁵³/tsɛʔ⁵³｜翼 ieʔ³/eiʔ³。

三　"蛮晔话"的性质

通过上文对蛮话语音的研究，我们可以知道，蛮话实际上是一种闽东方言。通过对"蛮晔话"声韵调特点的归纳总结，再对"蛮晔话"和蛮话进行比较，我们发现，虽然"蛮晔话"和蛮话有一些共同点，但是两者之间存在根本的差异，应该不是同一种方言。下面我们具体比较"蛮晔话"和蛮话的声韵调特点。

（一）共同点

1. 古全浊声母字大致上都读清音，而且今读塞音塞擦音时，大多数是不送气清音，少数是送气清音。且读送气清音的字基本相同。

2. 部分非组字读如重唇。

3. 部分知组字读如端组声母。

4. 部分古清擦音声母今读塞擦音或塞音。

5. 部分匣母字读如群母。

6. 少数云、以母读擦音或塞擦音。

7. 韵母的大部分特点都相同。

（二）不同点

1. "蛮睡话"部分来母字读［s］声母。不见于蛮话。

2. "蛮睡话"有少数止摄开口的章庄组字读作［k kʰ］声母。不见于蛮话。

3. "蛮睡话"山摄开口一、二等部分字读作合口呼的［uãŋ］韵，这种开口读入合口的现象不见于蛮话。

4. "蛮睡话"的声调系统和蛮话完全不同。

5. "蛮睡话"的"狗"读［u³³］，是"狗"字声母脱落。而蛮话的"狗"都读"犬"。

从共同点来看，"蛮睡话"和蛮话的关系还是很近的，应该是有共同的来源。不过，两者的差异也是不容忽视的，蛮话属于闽东方言，"蛮睡话"是闽语的一种，但不是闽东方言。

关于"蛮睡话"的性质，秋谷裕幸（2008：121）曾提到"据寿宁县斜滩镇方言的发音人，寿宁县平溪乡的方言是'政和话'。可能是政和县澄源乡方言的延伸"。因此，我们将"蛮睡话"和政和方言进行比较，发现"蛮睡话"应该是一种闽北方言，与政和方言接近，但是受寿宁方言的影响巨大。

结　　语

　　蛮话是一种非常有特色的方言。

　　整体而言，蛮话保留了较多上古音的语音特征，在声母方面主要表现如非组读如重唇，知组读如端组，心生书禅邪母读塞擦音，匣母读如群母等；在韵母方面主要表现如果假止不分、鱼虞分立、支脂之三分等。

　　就其性质而言，处于吴语和闽语交界地带的蛮话是一种闽东方言。泰顺和庆元蛮话的闽东话性质毋庸置疑。苍南地区的蛮话整体上受瓯语的影响巨大，以至语音面貌都不似闽语，但是我们发现在白读音层面上，苍南蛮话还是大量保留了闽东方言的特征，且与泰顺和庆元的蛮话存在一致性。从其共同点我们就可以看出苍南蛮话和泰顺、庆元蛮话是同种性质的方言，如：知组读如端组、心生书禅邪母读塞擦音、云以母读擦音、支脂之分立、流摄一三等同韵、咸山摄四等读洪音以及声调的归并，等等，而这些特点都不是瓯语所具有的。

　　就地域而言，蛮话的分布呈断裂的状态。蛮话主要分布在苍南、泰顺、庆元三个县市，各县市的蛮话在地域上是彼此分裂的，没有连成一个整体，因而也就造成蛮话内部差异较大。各点在音韵上的表现不尽相同。古全浊声母的演变，筱村、雅阳和江根的古全浊声母已经全部清化，大多数字读不送气清音，少数字读送气清音，且读作送气清音的字基本相同，这一特点与闽语相同。而海城和芦浦的古全浊声母今大部分读浊音，少部分读清音或零化，古全浊声母今读浊音是在瓯语影响下产生的文读层次。另外，见系三四等声母的腭化，海城、芦浦和筱村等点基本腭化，与吴语相同，而雅阳和江根则基本不腭化，与闽语相同。因此，总体上而言，海城、芦浦等点受吴语影响比较大，雅阳、江根等点则相对保守，筱村则介于两者之间。

　　从语音演变方面看，海城、芦浦蛮话的演变速度要快于筱村、雅阳、江根蛮话，如入声韵的合流，阳声韵鼻韵尾的弱化脱落、韵母开合口的合流等。并且因为受瓯语文读层的影响，有些古音特征也进一步缩小范围甚至消失，如支脂之三分在芦浦就已经不存在了。

此外，寿宁"蛮陲话"虽同蛮话一样名称中带一"蛮"字，且地域上十分接近，但是，这两种话不是同一种性质的方言。蛮话是闽东方言，"蛮陲话"则是一种闽北方言。

参考文献

［1］北京大学中国语言文学系语言学教研室编：《汉语方音字汇》（第二版重排本），语文出版社 2003 年版。

［2］包旭玲：《中原官话汾河片影疑母的演变》，《安阳师范学院学报》2005 年第 3 期。

［3］曹剑芬：《常阴沙话古全浊声母的发音特点——吴语清浊音辨析之一》，《中国语文》1982 年第 4 期//《现代语音研究与探索》，商务印书馆 2007 年版。

［4］曹剑芬：《论清浊与带音不带音的关系》，《中国语文》1987 年第 2 期//《现代语音研究与探索》，商务印书馆 2007 年版。

［5］曹剑芬：《吴语的发声型考察》，*Journal of Phonetics*1992 年第 20 期//《现代语音研究与探索》，商务印书馆 2007 年版。

［6］曹志耘：《南部吴语语音研究》，商务印书馆 2002 年版。

［7］曹志耘、秋谷裕幸、太田斋、赵日新：《吴语处衢方言研究》，好文出版 2000 年版。

［8］潘悟云：《苍南蛮话》，《温州师院学报》（哲学社会科学版）1992 年第 4 期。

［9］陈承融：《平阳方言记略》，《方言》1979 年第 1 期。

［10］陈泽平：《福州方言志》，福建人民出版社 1998 年版。

［11］陈章太、李如龙：《闽语研究》，语文出版社 1991 年版。

［12］陈忠敏：《论闽语鱼韵的读音层次——兼论层次分析与层次比较的方法》，载复旦大学汉语言文学学科编委会《语言研究集刊》（第九辑）2012 年版。

［13］陈忠敏：《重论文白异读与语音层次》，《语言研究》2003 年第 3 期。

［14］陈忠敏：《语言的底层理论与底层分析方法》，《语言科学》2007 年

第 6 期。

［15］杜佳伦：《闽语古全浊声类的层次分析》，*LANGUAGE AND LINGUISTICS*
2013 年第 2 期。

［16］戴黎刚：《历史层次分析法——理论、方法及其存在的问题》，《当
代语言学》2007 年第 1 期。

［17］戴黎刚：《闽语的历史层次及其演变》，中国社会科学出版社 2012
年版。

［18］丁邦新：《吴语中的闽语成分》，《"中央研究院"历史语言研究集
刊》1988 年第 1 期。

［19］丁邦新：《汉语方言接触的几个类型//语言学论丛》，商务印书馆
1998 年版。

［20］丁邦新：《丁邦新语言学论文集》，商务印书馆 1999 年版。

［21］丁邦新、张双庆编：《闽语研究及其与周边方言的联系》，中文大学
出版社 2002 年版。

［22］福鼎市地方志编纂委员会编：《福鼎县志》，海风出版社 2003 年版。

［23］符其武、李如龙：《海南闽语声调的演变》，《中国语文》2004 年第
4 期。

［24］福建省福安市地方志编纂委员会编：《福安市志》，方志出版社
1999 年版。

［25］福建省莆田市地方志编纂委员会编：《莆田市志》，方志出版社
2001 年版。

［26］福建省霞浦县地方志编纂委员会编：《霞浦县志》，方志出版社
1999 年版。

［27］福建省地方志编纂委员会：《福建省志》，社会科学文献出版社
2012 年版。

［28］傅佐之：《平阳蛮话的性质》，《方言》1984 年第 2 期。

［29］冯爱珍：《福清方言研究》，社会科学文献出版社 1993 年版。

［30］冯爱珍：《福州方言的入声》，《方言》1993 年第 2 期。

［31］冯爱珍：《福州方言词典》，江苏教育出版社 1998 年版。

［32］［瑞典］高本汉著：《中国音韵学研究》，赵元任、罗常培、李方桂
译，商务印书馆 1940 年版。

［33］何大安：《规律与方向——变迁中的音韵结构》，北京大学出版社

2004 年版。

[34] 建瓯县地方志编纂委员会编：《建瓯县志》，中华书局 1994 年版。

[35] 李方桂：《上古音研究》，商务印书馆 1997 年版。

[36] 罗常培：《释内外转》，《"中央研究院"历史语言研究集刊》1932 年第 2 期。

[37] 李含茹：《苍南蛮话语音研究》，硕士学位论文，复旦大学中文系，2009 年。

[38] 李如龙：《中古全浊声母闽方言今读分析》，《语言研究》1985 年第 1 期。

[39] 李如龙：《福建县市方言志 12 种》，福建教育出版社 2001 年版。

[40] 李如龙、邓享璋：《中古全浊声母字闽方言今读的历史层次》，《暨南学报》（哲学社会科学版）2006 年第 3 期。

[41] 李如龙、梁玉璋：《福州方言志》，海风出版社 2001 年版。

[42] 李荣：《温岭话"咸淡"倒过来听还是"咸淡"》，《方言》1986 年第 2 期。

[43] 李小凡：《释苏州、厦门、庆元（竹口）方言的声调变异》，《陕西师范大学学报》（哲学社会科学版）2004 年第 33 期。

[44] 刘勋宁：《陕北清涧话的归属》，《方言》1988 年第 2 期。

[45] 林东华：《泉州方言研究》，厦门大学出版社 2008 年版。

[46] 林颚撰、林用霖续编：《分疆录》，成文出版社有限公司 1878 年版。

[47] 林寒生：《闽东方言词汇语法研究》，云南大学出版社 2002 年版。

[48] 林亦修：《温州唐末五代移民的社会背景述略》，《温州大学学报》2007 年第 3 期。

[49] 梅祖麟：《现代吴语和"支脂鱼虞，共为不韵"》，《中国语文》2001 年第 1 期。

[50] 宁德市地方志编纂委员会编：《宁德市志》，中华书局 1995 年版。

[51] 平山久雄：《江淮方言祖调值构拟和北方方言祖调值初探》，《语言研究》1984 年第 1 期。

[52] 平山久雄：《汉语声调起源窥探》，《语言研究》1991 年第 1 期。

[53] 平山久雄：《中古汉语鱼韵的音质——兼论人称代词"你"的来源》，《中国语文》1995 年第 5 期。

[54] 秋谷裕幸：《早期吴语支脂之韵和鱼韵的历史层次》，《中国语文》

2002 年第 5 期。

[55] 秋谷裕幸:《福建石陂方言音系》,《方言》2004 年第 1 期。

[56] 秋谷裕幸:《浙南的闽东区方言》(《语言暨语言学》专刊甲种之十二),"中研院"语言研究所 2005 年版。

[57] 秋谷裕幸:《闽北区三县市方言研究》(《语言暨语言学》专刊甲种十二之二),"中研院"语言研究所 2008 年版。

[58] 秋谷裕幸:《闽东区福宁片四县市方言音韵研究》,福建人民出版社 2010 年版。

[59] 秋谷裕幸:《〈班华字典——福安方言〉音系初探》,《方言》2012 年第 1 期。

[60] 秋谷裕幸、陈泽平:《闽东区古田方言研究》,福建人民出版社 2012 年版。

[61] 钱曾怡:《古知庄章声母在山东方言的分化及其跟精见组的关系》,《中国语文》2004 年第 6 期。

[62] 桑宇红:《知庄章组声母在现代南方方言的读音类型》,《河北师范大学学报》(哲学社会科学版) 2008 年第 3 期。

[63] 寿宁县地方志编纂委员会主编:《寿宁县志》,鹭江出版社 1992 年版。

[64] 泰顺县志编纂委员会:《泰顺县志》,浙江人民出版社 1998 年版。

[65] 覃远雄:《桂南平话古晓、匣、云、以母字的读音》,《方言》2005 年第 3 期。

[66] 吴安其:《温州话的韵母及其文白异读》,《南开语言学刊》2005 年第 1 期。

[67] 魏钢强:《吴语"浊流"的音系学性质》,《中国语言学报》2010 年第 14 期。

[68] 温端政:《苍南方言志》,语文出版社 1991 年版。

[69] 温端政:《浙南闽语的语音特点》,《方言》1995 年第 3 期。

[70] 温端政:《论方言的特征和特点——兼论用"综合判断法"观察晋语的归属问题》,《语文研究》2003 年第 1 期。

[71] 温州年鉴编辑部:《温州 4500 年历史大事记》,中华书局 2000 年版。

[72] 王福堂:《汉语方言语音的演变和层次》,语文出版社 2005 年版。

[73] 王力:《汉语史稿》,中华书局 1980 年版。

［74］王力:《汉语语音史》,中国社会科学出版社 1985 年版。

［75］夏俐萍:《官话方言古全浊声母的清化》,《南开语言学刊》2012 年第 2 期。

［76］许宝华:《中古全浊声母在现代方言里的演变》,《中国语言文字研究的现代思考》,复旦大学出版社 1991 版。

［77］徐通锵:《历史语言学》,商务印书馆 2008 年版。

［78］谢留文:《客家方言的语音研究》,博士学位论文,中国社会科学院研究生院,2002 年。

［79］辛世彪:《闽方言次浊上声字的演变》,《语文研究》1999 年第 4 期。

［80］辛世彪:《浊音清化的次序问题》,《海南大学学报》(人文社会科学版)2001 年第 1 期。

［81］严修鸿:《连城方音研究》,博士学位论文,复旦大学,1997 年。

［82］颜逸明:《平阳县和泰顺县的方言情况》,《方言》1981 年第 1 期。

［83］颜逸明:《浙南瓯语》,华东师范大学出版社 2000 年版。

［84］颜逸明、范可育、徐扬:《吴语、闽语在泰顺的分界》,《语文论丛》1981 年第 1 期。

［85］杨慧君:《汉语方言零声母问题研究》,北京语言大学语言研究所 2012 年版。

［86］杨秀芳:《论汉语方言中全浊声母的清化》,《汉学研究》1989 年第 2 期。

［87］杨蔚:《湘西乡话语音研究》,广东人民出版社 2010 年版。

［88］杨勇:《回归蛮话的本来面目——从蛮话的发展变异探讨蛮话的性质》,《语文学刊》2009 年第 7 期。

［89］杨勇:《蛮话方言史》,苍南蛮话文化研究发展中心 2011 年版。

［90］游汝杰、杨乾明:《温州方言词典》,江苏教育出版社 1998 年版。

［91］赵学玲:《汉语方言影疑母字声母的分合类型》,《语言研究》2007 年第 4 期。

［92］赵元任:《现代吴语的研究》,商务印书馆 2011 年版。

［93］张琨:《论比较闽语》,《语言研究》1985 年第 1 期。

［94］张光宇:《闽客方言史稿》,南天书局 1996 年版。

［95］张振兴:《广东海康方言记略》,《方言》1984 年第 4 期。

［96］庄初升：《闽南平和方言中属于以母白读层的几个本字》，《语文研究》2002 年第 3 期。

［97］庄初升：《中古全浊声母闽方言今读研究述评》，《语文研究》2004 年第 3 期。

［98］曾晓渝：《论壮傣侗水语古汉语借词的调类对应——兼论侗台语汉语的基础及其语源关系》，《民族语文》2003 年第 1 期。

［99］曾晓渝：《水语里汉语借词层次分析方法例释》，《南开语言学刊》2003 年第 2 期。

［100］郑张尚芳：《温州方言歌韵读音的分化和历史层次》，《语言研究》1983 年第 2 期。

［101］郑张尚芳：《平阳蛮话的性质》，《方言》1984 年第 2 期。

［102］郑张尚芳：《浦城方言的南北区分》，《方言》1985 年第 1 期。

［103］郑张尚芳：《方言介音异常的成因及 e ＞ ia、ou ＞ a 音变》，《语言学论丛》2002 年第 26 辑。

［104］郑张尚芳：《温州方言志》，中华书局 2008 年版。

［105］郑张尚芳：《浙江南部西部边境方言全浊声母的清化现象》，《方言》2012 年第 4 期。

［106］中国东南方言比较丛书：《吴语和闽语的比较研究》（第一辑），上海教育出版社 1995 年版。

［107］周长楫：《闽南话概说》，福建人民出版社 2010 年版。

［108］周祖谟：《唐五代的北方语音》，《周祖谟学术论著自选集》（卷五），北京师范大学出版社 1993 年版。

［109］中国社会科学院、澳大利亚人文社科学院合编：《中国语言地图集》，香港朗文（远东）出版有限公司 1989 年版。

［110］Yue-Hashimoto，Yue，Anne O.，"Substratum in Southern Chinese：The Tai Connection"，*Computational Analyses of Asian & African Languages*，1976，6：1 − 6.

附　　录
蛮话代表点方言字音对照表

说明：该表选取 1000 个常用字制成。有些字部分点的发音人不读就以空格形式出现。

	海城	芦浦	筱村	雅阳	江根
果摄					
001 多		tu^1		to^1	
002 拖	t^{h}uɔ^1	t^{h}o^1	t^{h}a^1	t^{h}a^1	t^{h}a^1
003 大 ~小	duɔ^6	do^6	ta^6	tai^6	tai^6
004 箩	luɔ^2	lu^2	la^2	la^2	la^2
005 做	tsɑu^5	tsɑu^5	tsou^5	tsɔ^5	tso^5
006 搓	ts^{h}a^1	ts^{h}ɑu^1	ts^{h}ou^1	ts^{h}ɔ^1	ts^{h}o^1
007 歌	ku^1	ku^1	kou^1	kɔ^1	ko^1
008 个 一~	kø^5	kø^5	kuə^5	kɔi^5	ke^5
009 我	uɔ^3	o^3	ŋa^3	ua^3	ŋa^3
010 饿	ɑu^1	ɑu^1	ŋou^6	ŋɔ^6	ŋo^6
011 荷	vu^2	vu^2	ou^2	hɔ^2	ho^2
012 破	p^{h}u^5	p^{h}u^5	p^{h}ou^5	p^{h}ua^5	p^{h}a^5
013 婆	bu^2	bu^2	pou^2	pɔ^2	po^2
014 磨 动	mu^2	mo^2	ma^2	mua^2	ma^2
015 朵 耳~	tɑu^3	tɑu^3	tou^3	tɔ^3	to^3
016 螺	lø^2	lø^2	luə^2	lɔi^2	lo^2
017 坐	zø^6	zø^6	suə^6	sɔi^6	sue^6
018 锁	sɑu^3	sɑu^3	sou^3	sɔ^3	so^3
019 果	ku^3	ku^3	kou^3	kuɔ^3	kuə^3

	海城	芦浦	筱村	雅阳	江根
020 过	ku⁵	ku⁵	kou⁵	kuɔ⁵	kuə⁵
021 窠	kʰu¹	kʰu¹	kʰou¹	kʰuɔ¹	kʰuə¹
022 火	hø³	hø³	fuə³	hɔi³	hue³
023 货	fu⁵	fu⁵	hou⁵	huɔ⁵	huə⁵
假摄					
024 爬	buɔ²	bo²	pa²	pa²	pa²
025 耙犁~	buɔ²	bo⁶	pa²	pa²	pa²
026 麻	muɔ²	mo²	ma²	mua²	ma²
027 马	muɔ³	mo³	ma³	ma³	ma³
028 骂		mã⁵			ma⁵
029 茶	dʑuɔ²	dʑo²	ta²	ta²	ta²
030 查调~	dʑuɔ²	dʑo²	tsa²	tsa²	tsa²
031 沙	suɔ¹	so¹	sa¹	sa¹	sa¹
032 加	kuɔ¹	ko¹	ka¹	ka¹	ka¹
033 假真~	kuɔ³	ko³	ka³	ka³	ka³
034 嫁	kuɔ⁵	ko⁵	ka⁵	ka⁵	ka⁵
035 牙	ŋuɔ²	ŋo²	ŋa²	ŋa²	ŋa²
036 下方位	uɔ⁶	o⁶	a⁶	a³	a⁶
037 哑~巴	uɔ³	o³	a³	a³	a³
038 借	tɕiɛ⁵	tɕi⁵	tɕia⁵	tɕyɛ⁵	tsɿ⁵
039 写	ɕiɛ³	ɕi³	ɕia³	ɕia³	ɕia³
040 斜	ʑiɛ²	ʑi²	tɕʰia²	tɕʰia²	ɕia²
041 遮	tɕi¹	tɕi¹	tɕia¹	tɕia¹	tɕia¹
042 车汽~	tɕʰiɛ¹/tsʰuɔ¹	tsʰo¹	tɕʰia¹	tɕʰia¹	tɕʰia¹
043 射	ʑi⁶	ʑi⁶	ɕia⁶	ɕia⁶	ɕia⁶
044 蛇	ʑyɔ²	zo²	ɕia²	ɕia²	ɕia²
045 爷	i³	i³	ia³	ia³	
046 瓜	kuɔ¹	ko¹	kua¹	kua¹	kua¹
047 寡	kuɔ¹	kua³	kua³	kua³	kua³
048 瓦名	ŋuɔ⁶	ŋo⁶	ŋua⁶	ŋua⁶	ŋua⁶
049 花	huɔ¹	ho¹	fa¹	hua¹	hua¹

续表

	海城	芦浦	筱村	雅阳	江根
遇摄					
050 谱	pu^3	pu^3/p^{h}u^3	p^{h}ou^3	p^{h}uɔ^3	p^{h}ø^3
051 布	pu^5	pu^5	pou^5	puɔ^5	pø^5
052 铺十里	p^{h}u^1	p^{h}u^1	p^{h}ou^3	p^{h}uɔ^1	p^{h}ø^1
053 簿	bu^6	bu^6	pou^6	puɔ^6	pø^6
054 步	bu^6	bu^6	pou^6	puɔ^6	pø^6
055 赌	tu^3	tu^3	tu^3	tu^3	tu^3
056 土	t^{h}u^3	t^{h}u^3	t^{h}u^3	t^{h}u^3	t^{h}u^3
057 涂	du^2	du^2	tu^2	t^{h}u^2	tu^2
058 路	lu^6	lu^6	təu^6/lu^6	tyɛ^6/lu^6	tye^6
059 租	tsɿ^1	tsɿ^1	tsɿ^1	tsu^1	tsu^1
060 粗	ts^{h}ɿ^1	ts^{h}ɿ^1/ts^{h}u^1	ts^{h}ɿ^1	ts^{h}u^1	ts^{h}u^1
061 醋	ts^{h}ɿ^5	ts^{h}ɿ^5	ts^{h}ɿ^5	ts^{h}u^5	ts^{h}u^5
062 苏	su^1	su^1	sɿ^1	su^1	sɿ^1
063 箍	k^{h}ɑu^1	k^{h}ɔu^1	k^{h}au^1	k^{h}au^1	k^{h}au^1
064 牯	ku^3	ku^1	ku^3	ku^3	ku^3
065 裤	k^{h}u^5	k^{h}u^5	k^{h}u^5	k^{h}u^5	k^{h}u^5
066 吴	ŋu^2	ŋu^2	ŋ^2	ŋu^2	ŋu^2
067 五	ŋ^6	ŋ^6	ŋ^6	ŋ^6	ŋu^6
068 胡	vu^2	vu^2	hu^2	hu^2	hu^2
069 糊	gu^2	gu^2	ku^2	k^{h}u^2	ku^2
070 乌	vu^1	u^1	ou^1/u^1	uɔ^1	u^1
071 女	ȵy^3	ȵy^3	ȵy^3	ȵy^3	ȵy^3
072 徐	ʑi^2	ʑy^2	çy^2	çy^2	çy^2
073 猪	tçy^1	ty^1	ty^1	ty^1	ty^1
074 苎	dai^6		te^6	te^6	te^6
075 箸	dʑy^6	dʑy^6	ty^6	ty^6	ty^6
076 初	ts^{h}u^1	ts^{h}u^1	tç^{h}yəu^1	ts^{h}e^1	ts^{h}u^1
077 锄	dʑu^2	dʑy^2	ty^2	t^{h}y^6	t^{h}y^6
078 梳	sai^1	sai^1	çyəu^1	se^1	sɿ^1
079 煮	tçy^3	tçy^3	tçy^3	tçy^3	tçy^3

续表

	海城	芦浦	筱村	雅阳	江根
080 书	$çy^1$	$çy^1$	$çy^1$	$çy^1$	$tçy^1$
081 鼠	$tɕ^hy^3$	$tɕ^hy^3$	$tɕ^hy^3$	$tɕ^hy^3$	$tɕ^hy^3$
082 锯	$tɕy^5$	$tɕy^5$	$tɕy^5$	ky^5	ky^5
083 去来~	$tɕ^hy^5$	$tɕ^hy^5$	$tɕ^hyəu^5$	$k^hyɛ^5$	k^he^5
084 巨	$dʑy^6$	$dʑy^6$	$tɕy^6$	ky^2	ky^6
085 鱼	$ȵy^2$	$ȵy^2$	$ȵy^2$	$ȵy^2$	$ȵy^2$
086 许	$çy^3$	$çy^3$	$çy^3$	$çy^3$	$hi^3/çy^3$
087 斧	p^hu^3/fu^3	fu^3	pou^3/fu^3	$puɔ^3$	$p^hø/hu^3$
088 扶	vu^2	vu^2	hu^6	hu^1	hu^2
089 无	m^2/vu^2	m^2/vu^2	mou^2	$mɔ^2/u^2$	mo^2
090 舞	vu^3	vu^3	u^3	u^3	$mø^3$
091 雾	mu^6	mo^6	mou^6	$muɔ^6$	$mø^6$
092 取	$tɕ^hy^3$	$tɕ^hy^3$	$tɕ^hy^3$	$tɕ^hy^3$	$tɕ^hy^3$
093 须	$çy^1$	$çy^1$	$çyəu^1$	$çy^1$	$çy^1$
094 厨	$dʑy^2$	$dy^2/dʑy^2$	$təu^2$	ty^2	tye^2
095 柱	$dieu^6/dʑy^6$	$dieu^6/dʑy^6$	t^hiou^6	t^hieu	t^hiou^6
096 数动	$çy^5$	$çy^3$	$sɿ^5$	su^5	su^5
097 数名	su^5	su^5	$sɿ^5$	su^5	su^5
098 珠	$tɕy^1$	$tɕy^1$	$tɕyəu^1$	$tɕyɛ^1$	$tɕye^1$
099 主	$tɕy^3$	$tɕy^3$	$tɕyəu^3$	$tɕyɛ^3$	$tɕye^3$
100 输~赢	$çy^1$	$çy^1$	$çyəu^1$	$çyɛ^1$	$çye^1$
101 树	$ts^hieu^5/ʑy^6$	$tɕ^hieu^5/ʑy^6$	$ts^ha^5/çy^6$	$ts^ha^2/çy^6$	$ts^ha^2/çy^6$
102 句	$tɕy^5$	$tɕy^5$	kou^5	$kyɛ^5$	$kuə^5$
103 区	$tɕ^hy^1$	$tɕ^hy^1$	k^hy^1	k^hy^1	k^hy^1
104 雨	vu^6/y^3	vu^6/y^3	hou^6/y^3	$huɔ^6$	$huə^6/y^3$
105 芋	vu^6	vu^6	ou^6	y^6	$uə^6$
蟹摄					
106 载动	$tsɛ^5$	tsa^5	$tsai^3$	$tsai^5$	$tsai^5$
107 台戏~	$dø^2$	$dø^2$	$tuə^2$	$tɔi^2$	tai^2
108 袋	$dø^6$	$dø^6$	$tuə^6$	$tɔi^6$	tue^6
109 来	$li^2/lɛ^2$	$li^2/la^2/le^2$	li^2/lai^2	li^2/lai^2	li^2/lai^2

续表

	海城	芦浦	筱村	雅阳	江根
110 灾	tsɛ¹	tsa¹	tsai¹	tsai¹	tsai¹
111 菜	tsʰɛ⁵	tsʰa⁵	tsʰai⁵	tsʰai⁵	tsʰai⁵
112 财	dzɛ²	dza²/dze²	sai²	tsai²	tsai²
113 在	dzɛ⁶	dze⁶	tsai⁶	tsai⁶	tsai⁶
114 赛	sɛ⁵	se⁵	suə⁵	sɔi⁵	sai⁵
115 改	kø³	kø³	kai³	kai³	ke³
116 开	tɕʰy¹/kʰɛ¹	tɕʰy¹/kʰe¹	tɕʰy¹/kʰai¹	kʰy¹/kʰai¹	kʰy¹
117 海	hø³/hɛ³	hø³	fuə³	hɔi³	he³
118 爱	ɛ⁵	e⁵	ai⁵	ai⁵	ai⁵
119 带 名	tuɔ⁵	to⁵	tai⁵	tai⁵	tai⁵
120 蔡	tsʰɛ⁵	tsʰa⁵	tsʰai⁵	tsʰai⁵	tsʰai⁵
121 盖	kɛ⁵	ka⁵/ke⁵	kai⁵	kai⁵	
122 艾 植物	ŋɛ⁶	ŋe⁶		ŋai⁶	ai⁶
123 害	hɛ⁶	ha⁶	hai⁶	hai⁶	hai⁶
124 拜	pai⁵	pai⁵	pe⁵	pai⁵	pai⁵
125 排	bai²	bai²	pe²	pe²	pe²
126 斋	tsa¹/tsɛ¹	tsa¹	tsai¹	tsai¹	tsai¹
127 戒	kɛ⁵	ka⁵	kai⁵	kai⁵	kai⁵
128 芥 ~菜	ka⁵	ka⁵	ka¹	ka³	ka³
129 摆	pai³	pai³	pe³	pe³	pe²
130 牌	bai²	bai²	pe²	pe²	pe²
131 粺	pʰai⁵	pʰai⁵	tʰe⁵	pʰe⁵	pʰe⁵
132 买	mai³	mai³	me³	me³	me³
133 卖	mai⁶	mai⁶	me⁶	me³	me⁶
134 奶 娘~	nai¹	nai¹	nẽ¹	ne³	ne¹
135 钗	tsʰa¹/tsʰɛ¹	tsʰa¹	tsʰai¹	tsʰai¹	tsʰa¹
136 晒	suɔ⁵	so⁵	sa⁵	sa⁵	
137 街	kai¹	kai¹	ke¹	ke¹	ke¹
138 解 ~开	kai³	kai³	ke³	kai³	kai³
139 鞋	ai²	ai²	e²	e²	e²
140 矮	ai³	ai³	e³	e³	e³

	海城	芦浦	筱村	雅阳	江根
141 败	bai^6	bai^6	pai^6	pai^6	pai^6
142 祭	tɕi^5	tsʅ^5	tɕie^5	tɕie^5	tsi^5
143 世	ɕi^5	sʅ^5	ɕie^5	ɕie^5	ɕie^5
144 艺	ȵi^6	ȵi^6	ȵi^6	ȵie^6	ȵi^6
145 米名	mi^3	mi^3	mi^3	mi^3	mi^3
146 低	ti^1	ti^1	te^1	te^3	te^3
147 梯	tʰai^1	tʰai^1	tʰai^1	tʰai^1	tʰai^1
148 啼	di^2	di^2	tʰe^2	te^2	tʰi^2
149 弟	di^6	di^6	te^6	tʰiɛ^6	ti^6
150 递	di^6	di^6	te^6	te^6	ti^6
151 地天~	di^6	di^6	ti^6	ti^6	ti^6
152 泥	nai^2	nai^2	ne^2	ȵi^2	ne^2
153 犁	lai^2	lai^2	le^2	le^2	le^2
154 齐	zai^2/ʑi^2	zai^2/dʑʅ^2	se^2	tse^2	tse^2
155 洗	sai^3	sai^3	se^3	se^3	se^3
156 细小	sai^5	sai^5	se^5	se^5	se^5
157 婿	sɛ^5	sa^5	sai^5	sai^5	sai^5
158 鸡	tɕi^1	tsʅ^1	tɕie^1	kie^1	kie^1
159 溪	tɕʰi^1	tsʰʅ^1	kʰe^1	kʰe^1	kʰe^1
160 杯	pai^1	pai^1	puə^1	pɔi^1	pe^1
161 配	pʰø^5	pʰø^5	pʰuə^5	pʰɔi^5	pʰe^5
162 赔	bø^2	bø^2	puə^2	pɔi^2	pe^2
163 煤	mø^2	mø^2	muə^2	mɔi^2	me^2
164 妹	mø^5	mø^5	muə^5	mɔi^5	me^5
165 堆	tø^1	tø^1	tuə^1	tɔi^1	tue^1
166 对	tø^5	tø^5	tuə^5	tɔi^5	tue^5
167 退	tʰø^5	tʰø^5	tʰuə^5	tʰɔi^5	tʰue^5
168 队	dai^2	dai^2	təu^2	tue^2	tue^2
169 雷	lɛ^2	la^2	lai^2	lɔi^2	lai^2
170 罪	zø^6	zø^6	suə^6	tsɔi^6	tsue^6
171 碎	sø^5	sø^5	suə^3	sɔi^6	sue^3

续表

	海城	芦浦	筱村	雅阳	江根
172 块	$k^h\emptyset^5$	$k^h uai^5$	kua^5	$k\math35^5$	
173 灰	$h\emptyset^1$	$h\emptyset^1$	$fu\mathschwa^1$	hue^1	hue^1
174 回	$\emptyset^2$	$\emptyset^2$	$fu\mathschwa^2$	hue^2	hue^2
175 外	$\eta_.i\math3^6$	$\eta_.i\bar3^6$	$\eta_.ia^6$	$\eta_.ia^6$	$\eta_.ia^{-33}$
176 会开~	$\emptyset^6$	$\emptyset^6$	$v\mathschwa^6$	hue^6	hue^6
177 怪	$ku\varepsilon^5$	kua^5	$kuai^5$	$kuai^5$	$kuai^5$
178 怀	$guai^2/va^2$	$guai^2/ve^2$	fai^2	$kue^2/huai^2$	$huai^2$
179 挂	$ku\math3^5$	ko^5	kua^5	kua^5	kua^5
180 歪	$v\varepsilon^1$	va^1	vai^1	uai^1	uai^1
181 画	$v\math3^6$	o^6	va^6	ua^6	ua^6
182 快	$k^h ai^5$	$k^h ai^5$	$k^h e^5$	$k^h e^5$	$k^h e^5$
183 话	$v\math3^6$	o^6	va^6	ua^6	ua^6
184 岁	$s\emptyset^5$	$s\emptyset^5$	$\mathc y\mathschwa u^5$	hue^5	hue^5
185 税	$s\emptyset^5$	$s\emptyset^5$	$\mathc y\mathschwa u^5$	$\mathc y\varepsilon^5$	sue^5
186 肺	fi^5	fi^5	fe^5	$hi\varepsilon^5$	hie^5
187 桂	$kuai^5$	$kuai^5$	$t\mathc y\mathschwa u^5$	$ky\varepsilon^5$	ki^5
止摄					
188 被名	$b\emptyset^6$	$b\emptyset^6$	$p^h u\mathschwa^6$	$p^h \math3i^6$	$p^h e^6$
189 避	bi^6	bi^6	pi^6	pi^3	pi^6
190 离	li^2	li^2	li^2	$li\varepsilon^2$	li^2
191 紫	$ts\mathrturn^3$	$ts\mathrturn^3$	tse^3	$t\mathc ie^3$	$ts\mathrturn^3$
192 雌		$ts^h \mathrturn^1$	$ts^h \mathrturn^1$	$ts^h u^1$	
193 刺	$ts^h \mathrturn^5$	$ts^h \mathrturn^5$	$ts^h \mathrturn^5$	$t\mathc^h i\varepsilon^5$	$ts^h \mathrturn^5$
194 池	$d\mathzcurl i^2$	$d\mathzcurl \mathrturn^2$	$ts\mathrturn^2$	$ti\varepsilon^2$	ti^2
195 枝	$t\mathc i^1$	$ts\mathrturn^1$	$ts\mathrturn^1$	$ki^1/t\mathc ie^1$	$t\mathc ie^1$
196 纸	$t\mathc i^3$	$ts\mathrturn^3$	$t\mathc ia^3$	$t\mathc ia^3$	$t\mathc ia^3$
197 是	zi^6	$z\mathrturn^6$	$\mathc i\varepsilon^6/s\mathrturn^6$	$\mathc i\varepsilon^6$	si^6
198 儿~婿	$\eta_.i^2$	$\eta_.i^2$	$\eta_.i^2$	$\eta_.i^2$	
199 寄	$t\mathc i^5$	$ts\mathrturn^5$	$t\mathc ia^5$	kia^5	kia^5
200 骑	$d\mathzcurl i^2$	$d\mathzcurl \mathrturn^2$	$ts\mathrturn^2$	$k^h i^2$	ki^2
201 倚站			$t\mathc^h ia^6$	$k^h ia^6$	$k^h ia^6$

	海城	芦浦	筱村	雅阳	江根
202 蚁	ŋa¹	ȵi³	ȵia⁵	ȵia³	ȵia⁶
203 椅	i³	i³	i³	iɛ³	ie³
204 移	i²	i²	i²	iɛ²	ie²
205 鼻	pʰi⁵	biəʔ⁸	pʰi⁵	pʰi⁵	pʰi⁵
206 眉	mi²	mi¹	mi²	mi²	mi²
207 梨	li²	li²	li²	li²	li²
208 姊	tɕi³	tsɿ³	tsɿ³	tɕi³	tsi³
209 糍	zɿ²	zɿ²	sɿ²	çi²	sɿ²
210 死	si³	sɿ³	sɿ³	çi³	si³
211 四	si⁵	sɿ⁵	sɿ⁵	çi⁵	si⁵
212 迟	dʑi²	di²/dʑɿ²	ti²	ti²	ti²
213 师	sɿ¹	sɿ¹	sɿ¹	su¹	sɿ¹
214 脂	tɕi¹/tsɿ¹	tsɿ¹	tsɿ¹	tsu¹	tsi¹
215 指	tsai³/tsɿ³	tsai³/tsɿ³	tsai³/tsɿ³	tsai³/tɕi³	tsai³/tsi³
216 二	ȵi²	ȵi²	ȵi²	ȵi²	ȵi²
217 姨	i²	i²	i²	i²	i²
218 李姓	li³	li³	li³	li³	li³
219 子	tsɿ³	tsɿ³	tsɿ³	tsu³	tsi³
220 字	zɿ⁶	zɿ⁶	sɿ⁶	tɕi⁶	tsi⁶
221 丝	sɿ¹	sɿ¹	sɿ¹	çi¹	si¹
222 祠	zɿ²	zɿ²	sɿ²	su²	sɿ²
223 事~物	zɛ⁶	za⁶	sai⁶	su⁶	sɿ⁶
224 使	sɿ³	sɿ³	sɿ³	su³	sɿ³
225 痣	tsɿ⁵	tsɿ⁵	tɕy⁵	tɕy⁵	tsi⁵
226 齿	tsʰɿ³	tsʰɿ³	tsʰɿ³	kʰi³	kʰi³
227 时	zɿ²	zɿ²	sɿ²	çi²	si²
228 市	zɿ⁶	zɿ⁶	tsʰɿ⁶	tɕʰi⁶	tsʰi⁶
229 耳~朵	ȵi³	ȵi³	ȵi³	ȵi³	ȵi³
230 箕粪~	tɕi¹		tsɿ¹	ki¹	ki¹
231 记	tɕi⁵	tsɿ⁵	tsɿ⁵	ki⁵	ki⁵
232 旗	dʑi²	dʑɿ²	tsɿ²	ki²	ki²

续表

	海城	芦浦	筱村	雅阳	江根
233 嬉玩儿	çi¹	sɿ¹	sɿ¹	hi¹	hi¹
234 医	i¹	i¹	i¹	i¹	i¹
235 饥饿	tɕi¹	tsɿ¹	tsɿ¹	ki¹	ky¹/ki¹
236 几~个	tɕy³	tɕy³	tɕy³	ky³	ky³
237 气	tɕʰi⁵	tsʰɿ⁵	tsʰɿ⁵	kʰi⁵	kʰi⁵
238 衣	y¹	i¹	i¹	i¹	i¹
239 髓	çi³	çi³	sue³		
240 随	ʑy²	ʐy²	çy²		
241 吹	tsʰø¹	tsʰø¹	tɕʰyəu¹	tɕʰyɛ¹	tɕʰye¹
242 亏	kʰø¹	kʰø¹	kʰue¹	kʰue¹	kʰue¹
243 跪	guai⁶	guai⁶	kue⁶	kue⁶	kue⁶
244 醉	tɕy⁵	tɕy⁵	tɕy⁵	tɕy⁵	tɕye⁵
245 翠	tsʰai⁵	tsʰai⁵	tsʰe⁵	tsʰue⁵	tsʰue⁵
246 追	tɕy¹	tɕy¹	tɕy¹	tɕy¹	tɕy¹
247 槌	dʑy²	dʑy²	tʰy²	tʰy²	tʰy²
248 帅	sɛ⁵	sa⁵	suə⁵	sɔi⁵	sai⁵
249 冰水	tɕy³	tɕy³	tɕy³	tɕy³	tɕy³
250 龟	kuai¹	kuai¹	kue¹	kue¹	kue¹
251 柜	guai⁶	guai⁶	kue⁶	kue⁶	kue⁶
252 位	y⁶	y⁶	ve⁶	ue⁶	ue⁶
253 飞	pø¹/fi¹	pø¹/fi¹	puə¹/fe¹	pɔi¹/hue¹	pe¹
254 痱	pai⁵	pai⁵	pe⁵	pue⁵	
255 尾~巴	mø³	mø³	muə³	mɔi³	me³
256 未	mi⁶	mi⁶	mi⁶	mi⁶	mi⁶
257 归	kuai¹	kuai¹	kue¹	kue¹	kue¹
258 鬼	kuai³	kuai³	kue³	kue³	kue³
259 贵	kuai⁵	kuai⁵	kue⁵	kue⁵	kue⁵
260 围	y²	y²	ve²	ue²	ue²
效摄					
261 宝	pɑu³	pɑu³	pou³	pɔ³	po³
262 报	pɑu⁵	pɑu⁵	pou⁵	pɔ⁵	po⁵

续表

	海城	芦浦	筱村	雅阳	江根
263 抱	pɛ⁵		pau¹	pɔ¹	pau⁵
264 毛	mɑu²	mɑu²/mɔ̃²	mou²/mɛu²	mɔ²	mo²
265 帽	mɛ⁶	mɑu⁶	mou⁶	mɔ⁶	mo⁶
266 刀	tau¹	tɑu¹	tou¹	tɔ¹	to¹
267 到	tɛ⁵	tɔ⁵	tau⁵	tau⁵	kau⁵
268 讨	tʰɑu³/tʰɛ³	tʰɑu³/tʰɔ³	tou³	tɔ³	to³
269 桃	dɑu²	dɑu²	tʰou²	tʰɔ²	tʰo²
270 道	dɔ⁶	dɔ⁶	tau⁶	tau⁶	to⁶
271 脑	nɔ³	nɔ³	nau³	nau³	no³
272 牢	lɑu²	lɑu²	lou²	lɔ²	lo²
273 老	lɛ⁶	lɔ³	lau⁶	lau³	lau⁶/lo³
274 糟	tsɑu¹/tsɛ¹	tsɑu¹/tsɔ¹	tsau¹	tsau¹	tsau¹
275 早	tsɔ³	tsɔ³	tsa³	tsa³	tsa³
276 灶	tsɛ⁵	tsɔ⁵	tsau⁵	tsau⁵	tsau⁵
277 草	tsʰɛ³	tsʰɔ³	tsʰau³	tsʰau³	tsʰau³
278 造	zɔ⁶	zɔ⁶	tsau⁶	tsau⁶	tsau⁶
279 扫动	sɛ⁵	sɔ⁵	sau⁵	sau⁵	sau⁵
280 高	kɛ¹	kɔ¹	kɛu¹	kau¹	
281 告	kɔ⁵/kɛ⁵	kɔ⁵	kɛu⁵	kɛu⁵	ko⁵
282 靠	kʰɛ⁵	kʰɑu⁵	kʰou⁵	kʰɔ⁵	kʰo⁵
283 熬	ŋɛ²	ŋɑu²		ŋɛu²	ŋo²
284 好形	hau³	hɑu³	hou³/hau³	hau³	ho³
285 号	ɑu⁶	ɑu⁶	hou⁶	hɔ⁶	hɛu⁶
286 袄	ɔ³	ɔ³	ou³	ɔ³	o³
287 饱	pɔ³	pɔ³	pau³	pau³	pa³
288 炮	pʰɔ⁵	pʰɔ⁵	pʰau⁵	pʰau⁵	pʰau⁵
289 刨	bɔ⁶	bɔ⁶	pau⁶	pau⁶	pau⁶
290 猫	mɔ⁻⁴⁴	mɔ̃²	ma²		ma²
291 貌	mɔ⁶	mɔ̃⁶	mau⁶	mau⁶	mɛu⁶
292 罩	tsa⁵	tsɔ⁵	tsau⁵	tsau⁵	tsɛu⁵
293 抓 ~牌	tsɔ¹	tsɔ¹/tsa¹	tsau¹/tsa¹	tsau¹/tsa¹	tsau¹/tsa¹

续表

	海城	芦浦	筱村	雅阳	江根
294 炒	tsʰɔ³	tsʰɔ³	tsʰau³	tsʰa³	tsʰa³
295 交	kɔ¹	kɔ¹	kau¹	ka¹/kau¹	kau¹
296 教动	kɔ⁵	kɔ⁵	kau⁵	ka⁵	ka⁵
297 敲	kʰɔ¹	kʰɔ¹	kʰau¹	kʰau¹	kʰɔʔ⁷
298 孝	hɔ⁵	hɔ⁵	hau⁵	hau⁵	hau⁵
299 表	pieu³	pieu³	piɛu³	piɛu³	piau³
300 票	pʰieu⁵	pʰieu⁵	pʰiɛu⁵	pʰiɛu⁵	pʰiau⁵
301 藻浮萍	bieu²	bieu²	pʰiɛu²	pʰiɛu²	pʰiau²
302 苗	mieu²	mieu²	miɛu²	miɛu²	miau²
303 庙	mieu⁶	mieu⁶	miɛu⁶	miɛu⁶	miau⁶
304 焦	tsieu¹	tɕieu¹	tɕiɛu¹	tɕiɛu¹	tɕiau¹
305 消	ɕyø¹	ɕieu¹	ɕiɛu¹	ɕiɛu¹	ɕiau¹
306 笑	tsʰieu⁵	tɕʰieu⁵	tɕʰiɛu⁵	tɕʰiɛu⁵	tɕʰiau⁵
307 赵	dʑyø⁶	dʑieu⁶	tɕiɛu⁶	tɕiɛu⁶	tɕiau⁶
308 照	tsieu⁵	tɕieu⁵	tɕiɛu⁵	tɕiɛu⁵	tɕiau⁵
309 烧	sieu¹	ɕieu¹	ɕiɛu¹	ɕiɛu¹	ɕiau¹
310 少多~	tsieu³	tɕieu³	tɕiɛu³	tɕiɛu³	tɕiau³
311 桥	dzieu²	dʑieu²	tɕiɛu²	kiɛu²	kiau²
312 轿	dzieu⁶	dʑieu⁶	tɕiɛu⁶	kiɛu⁶	kiau⁶
313 妖	ieu¹	ieu¹	iou¹	iɛu¹	iau¹
314 舀	ieu³	ieu³		iɛu³	iau³
315 鹞		ieu⁵	iɛu⁶	iɛu⁶	iau⁶
316 鸟	tieu³	tieu³	tɛu³	tɛu³	tsɛu³
317 钓	tieu⁵	tieu⁵	tiɛu⁵	tieu⁵	tiau⁵
318 粜	tʰieu⁵	tʰieu⁵	tʰiɛu⁵	tʰiɛu⁵	tʰia⁵
319 条	dɛ²/dieu²	dieu²	tɛu²	tɛu²	tɛu²
320 料	lieu⁶	lieu⁶	lɛu⁶	lɛu⁶	lɛu⁶
321 萧	ɕyo¹	ɕieu¹	ɕiɛu¹	ɕiɛu¹	ɕiau¹
322 叫	tsieu⁵	tɕieu⁵	tɕiɛu⁵	kiɛu⁵	
流摄					
323 母	mɑu³	mɔ̃³	mou³	mu³	məŋ³母亲

	海城	芦浦	筱村	雅阳	江根
324 斗—～	tɛ³	tɔ³	tau³	tau³	tau³
325 偷	tʰɛ¹	tʰau¹	tʰau¹	tʰau¹	tʰau¹
326 敞展开	tʰɛ³	tʰɔ³	tʰau³	tʰau³	tʰau³
327 头脑袋	dɛ²	dɔ²	tʰau²	tʰau²	tʰau²
328 豆	dɛ⁶	dɔ⁶	tau⁶	tau⁶	tau⁶
329 漏	lɛ⁶	lɔ⁶	lau⁶	lau⁶	lau⁶
330 走	tsɛ³	tsɔ³	tsau³	tsau³	tsau³
331 凑	tsʰɑu⁵	tsʰɑu⁵	tsʰɛu⁵	tsʰɛu⁵	tsʰɛu⁵
332 钩	kɛ¹	kɔ¹	kau¹	kau¹	kɛu¹
333 狗		kɑu³		kɛu³	kɛu³
334 够	kɑu⁵	kɑu⁵	kɛu⁵	kɛu⁵	kɛu⁵
335 口	kʰɛ³	kʰau³	kʰɛu³	kʰɛu³	kʰɛu³
336 藕	ŋɑu³	ŋɑu³	ou⁶	ŋɛu³	ŋɛu³
337 后	ɛ⁶	ɔ⁶	au⁶	hɛu⁶	au⁶
338 厚	gɛ⁶	gɔ⁶	kau⁶	kau⁶	kau⁶
339 富	fu⁵	fu⁵	fu⁵	hu⁵	hu⁵
340 浮	bu²/vu²	bu²/vu²	pʰu²	pʰu²	pʰu²
341 纽	ȵiɑu³	ȵiɑu³	ȵiou³	ȵieu³	ȵiou³
342 流	lɛ²/lieu²	lɔ²/lieu²	lau²/liou²	lau²	lau²
343 留	lɛ²	lieu²	lau²/liou²	lieu²	lau²
344 酒	tsieu⁵	tɕieu⁵	tɕiou⁵	tɕieu⁵	tɕiou⁵
345 秋	tsʰieu¹	tɕʰieu¹	tɕʰiou¹	tɕʰieu¹	tɕʰiou¹
346 修	sieu¹	ɕieu¹	ɕiou¹	ɕieu¹	ɕiou¹
347 昼	tɛ⁵/tsieu⁵	tɔ⁵/tɕieu⁵	tau⁵	tau⁵	tau⁵
348 抽	tsʰieu¹	tʰieu¹	tʰiou¹	tʰieu¹	tʰiou¹
349 愁	zɑu²	zɑu²	tsʰɛu⁵	tsʰɛu²	sɛu²
350 馊	sɑu¹	sɑu¹	tʰɛu¹	tʰɛu¹	sɛu¹
351 搜	sɑu¹	sɔ¹	sɛu¹	sau⁵	sɛu¹
352 周	tsieu¹	tɕieu¹	tɕiou¹	tɕieu¹	tɕiou¹
353 帚	tsieu³	tɕieu³	tɕiou³	tɕieu³	tɕiou³
354 咒	tsieu⁵	tɕieu⁵	tsɛu⁵	tɕieu⁵	tɕiou⁵

续表

	海城	芦浦	筱村	雅阳	江根
355 臭	tsʰɛ⁵	tsʰɔ⁵	tsʰau⁵	tsʰau⁵	tsʰau⁵
356 手	tsʰieu³	tɕʰieu³	tɕʰiou³	tɕʰieu³	tɕʰiou³
357 受	zieu⁶	ʑieu⁶	çiou⁶	çieu⁶	çiou⁶
358 阄	tɕiɑu¹	tɕiɑu¹	tɕiou¹	kʰieu¹	kau¹
359 九	kɛ³	kɔ³	kau³	kau³	kau³
360 丘	tɕʰiɑu¹	tɕʰiɑu¹	tɕʰiou¹	kʰieu¹	kʰu¹
361 舅	gu⁶/dʑiɑu⁶	gu⁶/dʑiɑu⁶	ku⁶/tɕiou⁶	ku⁶/kieu⁶	ku⁶
362 旧	dʑiɑu⁶	dʑiɑu⁶	ku⁶	ku⁶	
363 牛	ŋ²/ŋɑu²	ŋ²/ŋɑu²	ŋ²	ŋu²	ŋu²
364 休	çiɑu¹	çiɑu³	çiou¹	çieu¹	çiou⁵
365 有	vu⁶/iɑu³	vu⁶/iɑu³	vu⁶/iou³	u⁶/ieu³	u⁶/iou³
366 油	iɑu²	iɑu²	iou²	ieu²	iou²
367 酉	iɑu³	iɑu³	iou³	ieu³	iou³
368 幽	iɑu¹	iɑu¹	iou¹	ieu¹	iou¹
咸摄					
369 贪	tʰø¹	tʰø¹	tʰã¹	tʰaŋ¹	tʰã¹
370 潭	dø²	de²	tʰã²	tʰaŋ²	tʰã²
371 南	nai²	nei²	nã²	naŋ²	nã²
372 簪	tsai¹/tsø¹	tsai¹	tsã¹	tsaŋ¹	
373 蚕	zɛ²/zø²	ze²	tɕʰi²	tɕʰiɛŋ²	tsũɛ²
374 罨盖子	kai³	ke³	kã³	kaŋ³	keŋ³
375 礛	kʰø¹	kʰø¹	kʰã¹	kʰaŋ⁵	kʰã¹
376 含	ga²/ø²	ge²/e²	hã²	kaŋ²/haŋ²	kã²/hã²
377 庵	ɛ¹	e¹	ã¹	aŋ¹	ã¹
378 暗	ai⁵	e⁵	ã⁵	aŋ⁵	ã⁵
379 踏	dəʔ⁸	dəʔ⁸	tɛʔ⁸	taʔ⁸	taʔ⁸
380 纳	nəʔ⁸	nəʔ⁸	nɛʔ⁸	naʔ⁸	naʔ⁸
381 杂	zəʔ⁸	zəʔ⁸	sɛʔ⁸	tsaʔ⁸	tsaʔ⁸
382 鸽	kəʔ⁷	kəʔ⁷	kɛʔ⁷	kaʔ⁷	kaʔ⁷
383 盒	ha⁶	ha⁶	hɛʔ⁸	haʔ⁸	haʔ⁸
384 胆	ta³	te³	tã³	taŋ³	tã³

续表

	海城	芦浦	筱村	雅阳	江根
385 担名	ta⁵	te⁵	tã⁵	taŋ⁵	tã⁵
386 淡	da⁶	de⁶	tã⁶	taŋ²	tã³
387 篮	la²	le²	lã²	laŋ²	lã²
388 三	sa¹	se¹	sã¹	saŋ¹	sã¹
389 甘	ka¹	ke¹	kã¹	kaŋ¹	kã¹
390 敢	ka³	ke³	kã³	kaŋ³	kã³
391 塔	tʰəʔ⁷	tʰəʔ⁷	tʰɛʔ⁷	tʰaʔ⁷	tʰaʔ⁷
392 蜡	ləʔ⁸	ləʔ⁸	lɛʔ⁸	laʔ⁸	laʔ⁸
393 磕	kʰəʔ⁷	kʰəʔ⁷	kʰueʔ⁷		kʰɛʔ⁷
394 斩	tsa³	tse³	tsã³	tsaŋ³	tsã³
395 蘸	tsa⁵	tse⁵	tsã⁵		tsã⁵
396 减	kai³	kai³	kɛ̃³	kɛŋ³	kɛ̃³
397 咸	a²	e²	kɛ̃²	kɛŋ²	kɛ̃²
398 插	tsʰəʔ⁷	tsʰəʔ⁷	tsʰɛʔ⁷	tsʰaʔ⁷	tsʰaʔ⁷
399 煤煮	zəʔ⁸		sɛʔ⁸	saʔ⁸	saʔ⁸
400 狭		a⁶	ɛʔ⁸	ɛʔ⁸	ɛʔ⁸
401 衫	sa¹	se¹	sã¹	saŋ¹	sã¹
402 甲	kəʔ⁷	kəʔ⁷	kɛʔ⁷	kaʔ⁷	kaʔ⁷
403 鸭	a³	a³	ɛʔ⁷	aʔ⁷	aʔ⁷
404 帘	li²	li²	li²	liɛŋ²	lĩɛ²
405 尖	tɕi¹	tɕi¹	tɕi¹	tɕiɛŋ¹	tɕĩɛ¹
406 染	ȵi³	ȵi³	ȵi³	ȵiɛŋ³	ȵiã³
407 钳	dʑi²	dʑi²	tɕʰi²	kʰiɛŋ²	kʰĩɛ²
408 验	ȵi⁶	ȵi⁶	ȵi⁶	ȵiɛŋ⁶	ȵĩɛ⁶
409 厌	i⁵	i⁵	i⁵	iɛŋ⁵	ĩɛ⁵
410 盐名	i²	i²	i²	iɛŋ²	çĩɛ²
411 聂		ȵiəʔ⁸	ȵiɛʔ⁷	ȵiɛʔ⁷	ȵiɛʔ⁷
412 猎	ləʔ⁸	ləʔ⁸	liɛʔ⁸	liɛʔ⁸	liɛʔ⁸
413 接	tɕiəʔ⁷	tɕiəʔ⁷	tɕɛʔ⁷	tɕɛʔ⁷	tɕieʔ⁷
414 涉	iəʔ⁸	ziəʔ⁸	çiɛʔ⁸	çiaʔ⁸	çieʔ⁸
415 叶叶子	iəʔ⁸	iəʔ⁸			

续表

	海城	芦浦	筱村	雅阳	江根
416 欠	tɕʰi⁵	tɕʰi⁵	tɕʰi⁵	kʰiɛŋ⁵	kʰĩɛ⁵
417 严	ȵi²	ȵi²	ȵi²	ȵiɛŋ²	ȵĩɛ²
418 劫	tɕiəʔ⁷	tɕiəʔ⁷	tɕiɛʔ⁷	tɕiɛʔ⁷	tɕieʔ⁷
419 业	ȵiəʔ⁸	ȵiəʔ⁸	ȵiɛʔ⁸	ȵiɛʔ⁸	ȵieʔ⁸
420 店	tai⁵	tai⁵	tɛ̃⁵	tɛŋ⁵	tɛ̃⁵
421 添	tʰai¹/tʰiɛ¹	tʰai¹/tʰi¹	tʰi¹	tʰiɛŋ¹	tʰĩɛ¹
422 甜	dai²	dai²	tɛ̃²	tɛŋ²	tɛ̃²
423 念	nai⁶	nai⁶/ȵi⁶	nɛ̃⁶	nɛŋ⁶	nɛ̃⁶
424 兼	tɕi¹	tɕi¹	tɕi¹	kʰiɛŋ¹	
425 跌	tʰəʔ⁷	tʰiəʔ⁷			
426 贴	tʰəʔ⁷	tʰəʔ⁷	tʰɛʔ⁷	tʰɛʔ⁷	tʰɛʔ⁷
427 叠	dəʔ⁸	dəʔ⁸	tʰɛʔ⁸	tʰɛʔ⁸	tɛʔ⁸
428 挟~菜	kəʔ⁷	kəʔ⁷		kiaʔ⁷	
429 范姓	va⁶	ve³	fã⁶	huaŋ⁶	huã⁶
430 法	fəʔ⁷	fəʔ⁷	fɛʔ⁷	huaʔ⁷	huaʔ⁷
深摄					
431 品	pʰeŋ³	pʰieŋ³	pʰeŋ³	pʰieŋ³	pʰeŋ³
432 林	leŋ²	lieŋ²	leŋ²	lieŋ²	leŋ²
433 浸	tseŋ⁵	tɕʰieŋ⁵	tɕieŋ⁵	tɕieŋ⁵	tsʰeŋ⁵
434 簪	dai⁶	dai⁶	tɛ̃⁶	tɛŋ⁶	tɛ̃⁶
435 心	seŋ¹	ɕieŋ¹	ɕieŋ¹	seŋ¹	seŋ¹
436 寻		zieŋ²	ɕyŋ²	ɕyŋ²	seŋ²
437 沉	dzeŋ²	dʑieŋ²	teŋ²	tieŋ²	teŋ²
438 参人~	seŋ¹	sai¹	seŋ¹	sɛŋ¹	səŋ¹
439 针	tsai¹	tsai¹	tsɛ̃¹	tsɛŋ¹	tsɛ̃¹
440 深	tsʰeŋ¹	tɕʰieŋ¹	tɕʰieŋ¹	tɕʰieŋ¹	tsʰeŋ¹
441 任姓	zʌŋ⁶	ȵieŋ⁶		ȵieŋ⁶	
442 金	tɕiʌŋ¹	tɕieŋ¹	tɕieŋ¹	kieŋ¹	keŋ¹
443 琴	dʑiʌŋ²	dʑieŋ²	tɕieŋ²	kʰieŋ²	kʰeŋ²
444 音	iʌŋ¹	ieŋ¹	ieŋ¹	ieŋ¹	eŋ¹
445 粒	ləʔ⁸	ləʔ⁸	lɛʔ⁸	laʔ⁸	laʔ⁸

	海城	芦浦	筱村	雅阳	江根
446 习	zəʔ⁸	zəʔ⁸	ɕieʔ⁸	seʔ⁸	tseiʔ⁸
447 涩	səʔ⁷	səʔ⁷	seʔ⁷	sɛʔ⁷	sɔuʔ⁷
448 汁	tsəʔ⁷	tsəʔ⁷	tsɛʔ⁷	tsɛʔ⁷	tsɔuʔ⁷
449 十	zəʔ⁸	zəʔ⁸	sɛʔ⁸	sɛʔ⁸	sɛʔ⁸
450 急	tɕiəʔ⁷	tɕiəʔ⁷	ɕieʔ⁷	keʔ⁷	keiʔ⁷
451 吸	ɕiəʔ⁷	ɕiəʔ⁷	ɕieʔ⁷	keʔ⁷	heiʔ⁷
山摄					
452 单简~	ta¹	te¹	tã¹	taŋ¹	tã¹
453 炭	tʰa⁵	tʰe⁵	tʰã⁵	tʰaŋ⁵	tʰã⁵
454 难形	na²	ne²	nã²	naŋ²	nã²
455 拦	la²	le²	lã²	laŋ²	lã²
456 烂	la⁶	le⁶	lã⁶	laŋ⁶	lã⁶
457 伞	sa³	se³	sã³	saŋ³	sã³
458 肝	ka¹	ke¹	kã¹	kaŋ¹	kã¹
459 岸	ŋa⁶	ŋe⁶	ŋiã⁶	ŋaŋ⁶	ŋã⁶
460 汉	ha⁵	he⁵	hã⁵	haŋ⁵	hã⁵
461 寒	ga²	ge²/e²	kã²/hã²	kaŋ²/haŋ²	hã²
462 汗	ga⁶	ge⁶	kã⁶	kaŋ⁶	kã⁶
463 安	a¹	e¹	ã¹	aŋ¹	ã¹
464 达	dəʔ⁸	dəʔ⁸	tɛʔ⁸	taʔ⁸	taʔ⁸
465 辣	ləʔ⁸	ləʔ⁸	lɛʔ⁸	laʔ⁸	tiaʔ⁸
466 擦	tsʰəʔ⁷	tsʰəʔ⁷	tsʰɛʔ⁷	tsʰaʔ⁷	tsʰaʔ⁷
467 萨	səʔ⁷	səʔ⁷	sɛʔ⁷	saʔ⁷	saʔ⁷
468 割	kəʔ⁷	kəʔ⁷	kɛʔ⁷	kaʔ⁷	kaʔ⁷
469 渴	kʰəʔ⁷	kʰəʔ⁷	kʰɛʔ⁷	kʰaʔ⁷	kʰaʔ⁷
470 办	bai⁶	bai⁶	pɛ̃⁶	pɛŋ⁶	pɛ̃⁶
471 盏	tsa³	tse³	tsã³	tsaŋ³	tsã³
472 山	sa¹	se¹	sã¹	saŋ¹	sã¹
473 产	tsʰa³	tsʰa³/tsʰe³	sã³	saŋ³	tsʰã³
474 间房~	kai¹	kai¹	kã¹	kaŋ¹	kɛ̃¹/kã¹
475 眼	ŋai³	ŋai³	ŋɛ̃⁶	ŋɛŋ³	ŋã³

续表

	海城	芦浦	筱村	雅阳	江根
476 限	a^6	hai^6/e^6	hɛ̃^{6}	hɛŋ^6	hã^6
477 八	pəʔ^7	pəʔ^7	pɛʔ^7	pɛʔ^7	pɛʔ^7
478 拔	bəʔ^8	bəʔ^8	pɛʔ^8	pɛʔ^8	pɛʔ^8
479 杀	səʔ^7	səʔ^7	sɛʔ^7	saʔ^7	saʔ^7
480 板	pai^3	pai^3	pɛ̃^{3}	pɛŋ^3	pɛ̃^{3}
481 片	bai^2		pɛ̃^{2}	paŋ^2	pɛ̃^{2}
482 慢	mai^6	mai^6	mɛ̃^{6}	mɛŋ^6	mɛ̃^{6}
483 栈	dza^6	dze^6	tsã^6		tsã^6
484 奸	ka^1	ke^1	kã^1	kaŋ^1	kã^1
485 颜	ŋa^2	ŋe^2	ŋiã^2	ŋaŋ^2	ŋã^2
486 铡	ʑəʔ^8	dʑəʔ^8/ʑəʔ^8	tsɛʔ^8	tsaʔ^8	tsaʔ^8
487 鞭	pi^1	pi^1	pi^1	piɛŋ^1	pĩɛ^1
488 变	pi^5	pi^5	pi^5	piɛŋ^5	pĩɛ^5
489 篇	pʰi^1	pʰi^1	pʰi^1	pʰiɛŋ^1	pʰĩɛ^5
490 便方~	bi^6	bi^6	pi^6	piɛŋ^6	pĩɛ^6
491 面脸	meŋ^5	mieŋ^6	meŋ^5	mieŋ^5	meŋ^5
492 连	li^2	li^2	li^2	lieŋ^2	lĩɛ^2
493 剪	tsai^3	tsai^3	tsɛ̃^{3}	tsɛŋ^3	tsɛ̃^{3}
494 箭	tɕi^5	tɕi^5	tɕi^5	tɕiɛŋ^5	tɕĩɛ^5
495 浅	tɕʰi^3	tɕʰi^3	tɕʰi^3	tɕʰiɛŋ^3	tɕʰĩɛ^3
496 癣	çi^3	çi^3	tɕʰi^3	tɕʰiaŋ^3	
497 线	çi^5	çi^5	çi^5	çiɛŋ^5	çiã^5
498 缠~脚	di^2	di^2	ti^2	tiɛŋ^2	tĩɛ^2
499 战	tɕi^5	tɕi^5	tɕi^5	tɕiɛŋ^5	tɕĩɛ^5
500 扇名	çi^5	çi^5	çi^5	çiɛŋ^1	çĩɛ^5
501 鳝	ʑi^6		çi^6	çiɛŋ^6	
502 件	dʑi^6	dʑi^6	tɕi^6	kyɛŋ^6	kĩɛ^6
503 延	i^2	i^2	i^2	iɛŋ^2	ĩɛ^2
504 鳖	piəʔ^7	piəʔ^7	piɛʔ^7	piɛʔ^7	pieʔ^7
505 别~人	bəʔ^8	bəʔ^8	piɛʔ^8	piɛʔ^8	pieʔ^8
506 灭	miəʔ^8	miəʔ^8	miɛʔ^8	mieʔ^8	mieʔ^8

续表

	海城	芦浦	筱村	雅阳	江根
507 薛	ɕiəʔ^{7}	ɕiəʔ^{7}	ɕyɛʔ^{7}	ɕyɛʔ^{7}	ɕiaʔ^{7}
508 撒	tɕʰiəʔ^{7}		tsʰɛʔ^{7}		tsʰɛʔ^{7}
509 浙	tɕiəʔ^{7}	tɕiəʔ^{7}	tɕieʔ^{7}	tɕieʔ^{7}	tɕieʔ^{7}
510 舌	iəʔ^{8}/ʑiəʔ^{8}	iəʔ^{8}/ʑiəʔ^{8}	ɕieʔ^{8}	ɕieʔ^{8}	tɕieʔ^{8}
511 折亏本	ʑiəʔ^{8}	ʑiəʔ^{8}	ɕieʔ^{8}	ɕieʔ^{8}	ɕieʔ^{8}
512 热	ȵiəʔ^{8}	ȵiəʔ^{8}	ȵieʔ^{8}	ȵieʔ^{8}	ȵiaʔ^{8}
513 杰	dʑiəʔ^{8}	dʑiəʔ^{8}	tɕieʔ^{8}	kieʔ^{8}	kieʔ^{8}
514 建	tɕi^{5}	tɕi^{5}	tɕi^{5}	kyɛŋ^{5}	kĩɛ^{5}
515 言	ȵi^{2}	ȵi^{2}	ȵi^{2}	ȵiɛŋ^{2}	ȵĩɛ^{2}
516 轩	ɕi^{1}	ɕi^{1}			hĩɛ^{2}
517 献	ɕi^{5}	ɕi^{5}	ɕi^{5}	ɕiɛŋ^{5}	hĩɛ^{5}
518 歇	ɕiəʔ^{7}	ɕiəʔ^{7}	ɕyɛʔ^{7}	ɕieʔ^{7}	ɕyeʔ^{7}
519 边	pi^{1}	pi^{1}	pi^{1}	piɛŋ^{1}	pĩɛ^{1}
520 扁	pi^{3}	pi^{3}	pi^{3}	piɛŋ^{3}	pĩɛ^{3}
521 片	pʰi^{5}	pʰi^{5}	pʰi^{5}	pʰiɛŋ^{6}	pʰĩɛ^{6}
522 面	mi^{6}	mi^{6}	mi^{6}	miɛŋ^{6}	mĩɛ^{6}
523 典	tai^{3}	tai^{3}	ti^{3}/teŋ^{3}	tiɛŋ^{3}	tɛ̃^{3}
524 天	tʰi^{1}	tʰi^{1}	tʰi^{1}	tʰiɛŋ^{1}	tʰĩɛ^{1}
525 填	dai^{2}	dai^{2}/di^{2}	tɛ̃^{2}	tɛŋ^{2}	tɛ̃^{2}
526 殿	dai^{6}	dai^{6}	tɛ̃^{6}	tɛŋ^{6}	tɛ̃^{6}
527 年	ȵi^{2}	ȵi^{2}	ȵi^{2}	ȵiɛŋ^{2}	ȵĩɛ^{2}
528 莲	li^{2}	li^{2}	lɛ̃^{2}	liɛŋ^{2}	lĩɛ^{2}
529 千	tsʰai^{1}/tɕʰi^{1}	tsʰai^{1}	tsʰɛ̃^{1}	tsʰɛŋ^{1}	tsʰɛ̃^{1}
530 前	zai^{2}	zai^{2}	sɛ̃^{2}	sɛŋ^{2}	sɛ̃^{2}
531 先	sai^{1}/ɕi^{1}	sai^{1}/ɕi^{1}	sɛ̃^{1}/ɕi^{1}	ɕiɛŋ^{1}	sɛ̃^{1}
532 肩	tɕi^{1}	tɕi^{1}	tɕi^{1}	kiɛŋ^{1}	kĩɛ^{1}
533 见	tɕi^{5}	tɕi^{5}	tɕi^{5}	kiɛŋ^{5}	kĩɛ^{5}
534 牵	tɕʰi^{1}	tɕʰi^{1}	tɕʰi^{1}	kʰɛŋ^{1}	kʰĩɛ^{1}
535 弦	i^{2}	i^{2}	ɕỹɛ^{2}	hyɛŋ^{2}	hĩɛ^{2}
536 烟	iʌŋ^{1}	i^{1}	i^{1}	iɛŋ^{1}	ĩɛ^{1}
537 燕~子	i^{5}	i^{5}	i^{5}	iɛŋ^{5}	iã^{5}

续表

	海城	芦浦	筱村	雅阳	江根
538 篾	miəʔ⁸	miəʔ⁸	mieʔ⁸	mieʔ⁸	mieʔ⁸
539 铁	tʰiəʔ⁷	tʰiəʔ⁷	tʰieʔ⁷	tʰieʔ⁷	tʰieʔ⁷
540 捏 ~牙膏	ȵiəʔ⁸	nəʔ⁸	nɛʔ⁸		nɛʔ⁸
541 节	tsəʔ⁷/tɕiəʔ⁷	tsəʔ⁷/tɕiəʔ⁷	tsɛʔ⁷/tɕieʔ⁷	tsɛʔ⁷/tɕieʔ⁷	tsɛʔ⁷
542 切	tɕʰiəʔ⁷	tsʰəʔ⁷	tɕʰiɛʔ⁷	tsʰɛʔ⁷	tɕʰiaʔ⁷
543 屑			sɛʔ⁷	çiɛʔ⁷	
544 结	tɕiəʔ⁷	tɕiəʔ⁷	tɕieʔ⁷	kieʔ⁷	kieʔ⁷
545 半	pa⁵	pe⁵	pã⁵	puaŋ⁵	pã⁵
546 盘	bø²	be²	pã²	puaŋ²	pã²
547 搬	ba²	be²	pã²	puaŋ²	pã²
548 伴	bø²		pã⁶	puaŋ⁵	pã⁵
549 满	ma³	me³	mã³	muaŋ³	mã³
550 端	tø¹	tø¹	tɔ̃¹	tɔŋ¹	tũɛ¹
551 短	tø³	tø³	tuã³	tɔi³	tue³
552 断 拗~	dø⁶	dø⁶	tɔ̃⁶	tɔŋ⁶	tũɛ⁶
553 卵	lø¹	lø¹	lɔ̃⁶	lɔŋ⁶	lũɛ⁶
554 乱	lø⁶	lø⁶	lɔ̃⁶	lɔŋ⁶	lũɛ⁶
555 钻 名	tsø⁵	tsø⁵	tsɔ̃⁵	tsɔŋ⁵	tsũɛ⁵
556 酸	sø¹	sø¹	sɔ̃¹	sɔŋ¹	sũɛ¹
557 算	sø⁵	sø⁵	sɔ̃⁵	sɔŋ⁵	sũɛ⁵
558 管	kua³	kø³/kue³	kuã³	kuaŋ³	kuã³
559 灌	kø⁵	kue⁵	kuã⁵	kuaŋ⁵	kuã⁵
560 宽	kʰua¹	kʰue¹	kʰuã¹	kʰuaŋ¹	kʰuã¹
561 欢	hø¹	hø¹	fã¹	huaŋ¹	huã¹
562 换	va⁶	ve⁶	vã⁶	uaŋ⁶	uã⁶
563 碗	va³	ve³	vã³	uaŋ³	uã³
564 拨	pəʔ⁷	pəʔ⁷	pɛʔ⁷	puaʔ⁷	paʔ⁷
565 末	məʔ⁸	məʔ⁸	mɛʔ⁸	muaʔ⁸	
566 脱	tʰəʔ⁷	tʰəʔ⁷	tʰɔʔ⁷	tʰɔʔ⁷	
567 夺	dəʔ⁸	dəʔ⁸	tɔʔ⁸	tɔʔ⁸	tuaʔ⁸
568 撮	tsʰəʔ⁷	tsʰəʔ⁷	tsʰɔʔ⁷	tsʰɔʔ⁷	tsʰuaʔ⁷

	海城	芦浦	筱村	雅阳	江根
569 阔	kʰuəʔ⁷	kʰəʔ⁷	kʰuɛʔ⁷	kʰuaʔ⁷	kʰuaʔ⁷
570 活	vəʔ⁸	vəʔ⁸	vɛʔ⁸	uaʔ⁸	uaʔ⁸
571 滑	vəʔ⁸	vəʔ⁸	vɛʔ⁸	huaʔ⁸	uaʔ⁸
572 挖	vəʔ⁷	vəʔ⁷	vɛʔ⁷	uaʔ⁷	ua¹
573 关~门	kua¹	kue¹	kuã¹	kuaŋ¹	kuã¹
574 还动	va²	ve²	hɛ̃²	huaŋ²	hɛ̃²
575 弯	va¹	vã¹	vã¹	uaŋ¹	uã¹
576 刷	səʔ⁷	səʔ⁷	sɔʔ⁷	sɔʔ⁷	suəʔ⁷
577 刮	kuəʔ⁷	kuəʔ⁷	kuɛʔ⁷	kuaʔ⁷	kuaʔ⁷
578 泉	dʑyø²	dʑy²	çỹɛ²	çyeŋ²	tɕỹɛ²
579 旋头旋	ioŋ⁶	ioŋ⁶	çỹɛ⁶	çyeŋ⁶	çỹɛ⁶
580 转~身	tɕyø³	tɕy³	tɕỹɛ³	tyɛŋ³	tỹɛ³
581 砖	tsø¹	tsø¹	tɕỹɛ¹	tɕyeŋ¹	tɕỹɛ¹
582 穿	tɕʰyø¹	tɕʰy¹	tɕʰỹɛ¹	tɕʰyeŋ¹	
583 船	zioŋ²	zioŋ²	çyŋ²	çyŋ²	səŋ²
584 软	ȵy³	ȵy³	ȵỹɛ³	ȵyeŋ³	ȵỹɛ³
585 卷动	tɕyø³	tɕy³	kuə³/tɕỹɛ³	kuoŋ³	kʰỹɛ³
586 拳	guʌŋ²	guʌŋ²	kueŋ²	kuŋ²	kuəŋ²
587 院	yø⁶	y⁶	ỹɛ⁶	yeŋ⁶	ỹɛ⁶
588 铅~笔	kʰa¹	kʰã¹	tɕʰi¹		tɕĩɛ¹
589 绝	ziəʔ⁸	ziəʔ⁸	tɕyɛʔ⁸	tɕyɛʔ⁸	tɕyeʔ⁸
590 雪	çiəʔ⁷	çiəʔ⁷	çyɛʔ⁷	çyɛʔ⁷	çyʔ⁷
591 阅	iəʔ⁸	iəʔ⁸	yɛʔ⁸	yɛʔ⁸	iaʔ⁸
592 反	fa³	fe³	fã³	huaŋ³	huã³
593 翻	fa¹	fe¹	fã¹	huaŋ¹	huã¹
594 饭	pø⁵	ve⁶	puə⁵		pɛ̃⁶
595 万	va⁶	ve⁶	vã⁶	uaŋ⁶	uã⁶
596 劝	tɕʰyø⁵	tɕʰy⁵	kʰuə⁵/tɕʰỹɛ⁵	kʰuoŋ⁵	kʰỹɛ⁵
597 源	ȵyø²	ȵy²	ŋuə²	ŋuoŋ²	ȵỹɛ²
598 楦	çyø⁵	çy⁵	çỹɛ⁵	çyeŋ⁵	çỹɛ⁵
599 怨	yø⁵	y⁵	və⁵	uoŋ⁵	uə⁵

续表

	海城	芦浦	筱村	雅阳	江根
600 园	hø²	y²	huə²	huɔŋ²	huə²
601 远	hø⁶/yø³	y³	huə⁶ỹɛ³	huɔŋ⁶/yɛŋ³	ỹɛ³
602 发	fəʔ⁷	fəʔ⁷	fɛʔ⁷	huaʔ⁷	huaʔ⁷
603 袜	məʔ⁸	məʔ⁸	mɛʔ⁸	muaʔ⁸	maʔ⁸
604 月	ȵiəʔ⁸	ȵiəʔ⁸	ŋuɔʔ⁸	ŋuɔʔ⁸	ȵyeʔ⁸
605 犬	kʰai³	kʰai³	kʰɛ̃³	kʰɛŋ³	kʰɛ̃³
606 县	yø⁶	y⁶	ỹɛ⁶	yɛŋ⁶	kɛ̃⁶
607 渊	yø¹	y¹	ỹɛ¹		ỹɛ¹
608 缺	tɕʰiəʔ⁷	tɕʰiəʔ⁷	tɕʰyɛʔ⁷	kʰyeʔ⁷	kʰyeʔ⁷
609 血	ha³	ha³	hɛʔ⁷	hɛʔ⁷	hɛʔ⁷
臻摄					
610 吞	tʰø¹	tʰø¹	tʰɔ̃¹	tʰɔŋ¹	tʰũɛ¹
611 根	ka¹/kø¹	kʌŋ¹	kɛ̃¹	kɛŋ¹	kɛ̃¹
612 恨	hʌŋ⁶	hʌŋ⁶	heŋ⁶	hɛŋ⁶	hɛ̃⁶
613 恩	ʌŋ¹	ʌŋ¹	ɛ̃¹	ɛŋ¹	ɛ̃¹
614 贫	beŋ²	bieŋ²	peŋ²	pieŋ²	peŋ²
615 民	meŋ²	mieŋ²	meŋ²	mieŋ²	meŋ²
616 邻	leŋ²	lieŋ²	leŋ²	lieŋ²	leŋ²
617 津	tsʌŋ¹	tsʌŋ¹	tɕyŋ¹	tɕyŋ¹	tsøŋ¹
618 进	tseŋ⁵	tɕieŋ⁵	tɕieŋ⁵	tɕieŋ⁵	tseŋ⁵
619 亲~戚	tsʰeŋ¹	tɕʰieŋ¹	tɕʰieŋ¹	tɕʰieŋ¹	tsʰeŋ¹
620 秦	dzeŋ²	dzieŋ²	tɕieŋ²	tɕieŋ²	tseŋ²
621 新	seŋ¹	ɕieŋ¹	ɕieŋ¹	seŋ¹	seŋ¹
622 镇	tsʌŋ⁵	tɕieŋ⁵	teŋ⁵	tieŋ⁵	teŋ⁵
623 陈	dai²/dzeŋ²	dai²	teŋ²	tieŋ²	teŋ²
624 真	tseŋ¹	tɕieŋ¹	tɕieŋ¹	tɕieŋ¹	tseŋ¹
625 神	zeŋ²	ʑieŋ²	ɕieŋ²	seŋ²	seŋ²
626 身	seŋ¹	ɕieŋ¹	ɕieŋ¹	seŋ¹	seŋ¹
627 伸	tɕʰioŋ¹/seŋ¹	ɕieŋ¹	tɕʰyɛ̃¹	tɕʰyɛŋ¹	tsʰũɛ¹/seŋ¹
628 认	ȵieŋ⁶	ȵieŋ⁶	ȵieŋ⁶	ȵieŋ⁶	ŋeŋ⁶
629 巾	tɕioŋ¹	tɕiɔŋ¹	tɕyŋ¹	kyŋ¹	køŋ¹

		海城	芦浦	筬村	雅阳	江根
630	紧	tɕieŋ³	tɕieŋ³	tɕieŋ³	kieŋ³	keŋ³
631	银	n̠ioŋ²	n̠ioŋ²	n̠yŋ²	n̠yŋ²	ŋøŋ²
632	印	ieŋ⁵	ieŋ⁵	ieŋ⁵	ieŋ⁵	eŋ⁵
633	引	ieŋ³	ieŋ³	ieŋ³	ieŋ³	eŋ³
634	笔	piəʔ⁷	piəʔ⁷	peʔ⁷	peʔ⁷	peiʔ⁷
635	匹	pʰiəʔ⁷	pʰiəʔ⁷	pʰeʔ⁷	pʰeʔ⁷	pʰeiʔ⁷
636	密	miəʔ⁷	miəʔ⁷	meʔ⁸	meʔ⁸	meiʔ⁸
637	栗	liəʔ⁸	liəʔ⁸	leʔ⁸	leʔ⁸	leiʔ⁸
638	七	tɕʰiəʔ⁷	tɕʰiəʔ⁷	tɕʰieʔ⁷	tsʰeʔ⁷	tsʰeiʔ⁷
639	佚	dʑəʔ⁸	dʑiəʔ⁸	tɕieʔ⁸		tseiʔ⁸
640	虱	səʔ⁷	səʔ⁷	sɛʔ⁷	sɛʔ⁷	sɛʔ⁷
641	实	zəʔ⁸	ziəʔ⁸	ɕieʔ⁸	seʔ⁸	seiʔ⁸
642	日~头	n̠iəʔ⁸	n̠iəʔ⁸/ziəʔ⁸	n̠ieʔ⁸	neʔ⁸	ŋeiʔ⁸
643	吉	tɕiəʔ⁷	tɕiəʔ⁷	tɕiɛʔ⁷/tɕieʔ⁷	keʔ⁷	keiʔ⁷
644	一	iəʔ⁷	iəʔ⁷	ieʔ⁷	seʔ⁷/iɛʔ⁷	eiʔ⁷
645	斤~两	tɕioŋ¹	tɕioŋ¹	tɕyŋ¹	kyŋ¹	køŋ¹
646	劲有~	tɕʰieŋ⁵	tɕieŋ⁵	tɕieŋ⁵	kieŋ⁵	keŋ⁵
647	勤	dʑioŋ²	dʑieŋ²	tɕyŋ²	kʰyŋ²	køŋ²
648	近	dʑioŋ⁶/dʑiᵃŋ⁶	dʑioŋ⁶/dʑieŋ⁶	tɕyŋ⁶/tɕieŋ⁶	kyŋ⁶	køŋ⁶
649	欣	ɕieŋ¹	ɕieŋ¹	ɕieŋ¹	ɕieŋ¹	høŋ¹
650	隐	ieŋ³	ieŋ³	ieŋ³	ieŋ³	eŋ³
651	本	pʌŋ³	pʌŋ³	puə³	puɔŋ³	pẽ³
652	笨	bʌŋ⁶	bʌŋ⁶	peŋ⁶	puŋ⁶	pəŋ⁶
653	门	mø²	mø²	muə²	muɔŋ²	mẽ²
654	顿	tʌŋ⁵	tʌŋ⁵	tɔ̃⁵	tyŋ⁵	tũɛ⁵
655	遁	dø⁶	dø⁶	tɔ̃⁶	tyŋ⁶	tũɛ⁶
656	嫩	nø⁶	nø⁶	nɔ̃⁶	nɔŋ⁶	nũɛ⁶
657	村	tsʰø⁶	tsʰø⁶	tsʰɔ̃⁶	tsʰɔŋ⁶	tsʰũɛ⁶
658	存	zø²	dʑø²	sɔ̃²	tsɔŋ²	tsũɛ²
659	孙~子	sø¹	sø¹	sɔ̃¹	sɔŋ¹	sũɛ¹
660	滚	kuʌŋ³	kuʌŋ³	kuə³/kueŋ³	kuŋ³	kuəŋ³

续表

	海城	芦浦	筱村	雅阳	江根
661 困睡	kʰuʌŋ^5	kʰuʌŋ^5	kʰueŋ^5	kʰuŋ^5	kʰuəŋ^5
662 昏	hø^1	hø^1	feŋ^1	huɔŋ^1	hũɛ^1
663 魂	ø^2	ø^2	fuə^2	huɔŋ^2	ũɛ^2
664 温	ø^1	ø^1	və^1	uɔŋ^1	ũɛ^1
665 稳	ø^3	ø^3	veŋ^3	uŋ^3	ũɛ^3
666 突	dəʔ^8	dəʔ^8	tʰɔʔ^7	tʰuɔʔ^8	tʰuəʔ^8
667 卒	tsəʔ^7	tsəʔ^7	tseʔ^7	tɕyʔ^7	tsɔuʔ^7
668 骨	kuəʔ^7	kuəʔ^7	kueʔ^7	kuʔ^7	kuəʔ^7
669 忽		fəʔ^7	fəuʔ^7	huʔ^7	huəʔ^7
670 轮	lʌŋ^2	lʌŋ^2	leŋ^2	lyŋ^2	leŋ^2
671 笋	ɕioŋ^3	ɕioŋ^3	ɕyŋ^3	ɕyŋ^3	sɵŋ^3
672 准	tɕioŋ^3	tɕioŋ^3	tɕyŋ^3	tɕyŋ^3	tsɵŋ^3
673 春	tɕʰioŋ^1	tɕʰioŋ^1	tɕʰyŋ^1	tɕʰyŋ^1	tsʰɵŋ^1
674 唇	ʑioŋ^2	ʑioŋ^2	ɕyŋ^2	ɕyŋ^2	sɵŋ^2
675 顺	ʑioŋ^6	ʑioŋ^6	ɕyŋ^6	ɕyŋ^6	sɵŋ^6
676 闰	ioŋ^6	ioŋ^6	yŋ^6	yŋ^6	øŋ^6
677 均	tɕioŋ^1	tɕioŋ^1	tɕyŋ^1	kyŋ^1	kɵŋ^1
678 匀	ioŋ^2	ioŋ^2	yŋ^2	yŋ^2	øŋ^2
679 律	liəʔ^8	liəʔ^8	leʔ^8	lyʔ^8	leiʔ^8
680 蟀(蟋)	ɕiəʔ^7	ɕiəʔ^7	ɕyəuʔ^7	syʔ^7	sueʔ^7
681 出	tɕʰiəʔ^7	tɕʰiəʔ^7	tɕʰyəuʔ^7	tɕʰyʔ^7	tsʰueʔ^7
682 术	ʑiəʔ^8	ʑiəʔ^8	ɕyəuʔ^7	syʔ^7	sueʔ^7
683 橘	tɕiəʔ^7	tɕiəʔ^7	tɕieʔ^7	keʔ^7	keiʔ^7
684 粉	fʌŋ^2	fʌŋ^2	feŋ^2	huŋ^2	huəŋ^2
685 粪	fʌŋ^5	fʌŋ^5	feŋ^5	huŋ^5	pəŋ^5
686 份	vʌŋ^6	vʌŋ^6	feŋ^6	huŋ^6	huəŋ^6
687 文	vʌŋ^2	vʌŋ^2	veŋ^2	uŋ^2	məŋ^2
688 蚊~虫	mø^2/vʌŋ^2	mø^2/vʌŋ^2	muə^2/veŋ^2	muɔŋ^2/uŋ^2	mɛ̃^{2}
689 问	mʌŋ^5	mʌŋ^6/vʌŋ^6	meŋ^5/veŋ^5	muɔŋ^5/uŋ^5	məŋ^5
690 军	tɕioŋ^1	tɕioŋ^1	tɕyŋ^1	kyŋ^1	kuəŋ^1
691 裙	guʌŋ^2/dʑioŋ^2	guʌŋ^2/dʑioŋ^2	kueŋ^2	kuŋ^2	kuəŋ^2

	海城	芦浦	筱村	雅阳	江根
692 熏	ɕioŋ¹	ɕioŋ¹		ɕyŋ¹	huəŋ¹
693 训	ɕioŋ⁵	ɕioŋ⁵	ɕyŋ⁵	ɕyŋ⁵	huəŋ⁵
694 云	vʌŋ²/ioŋ²	vʌŋ²/ioŋ²	yŋ²	huŋ²/yŋ²	huəŋ²/øŋ²
695 运	ioŋ⁶	ioŋ⁶	yŋ⁶	yŋ⁶	øŋ⁶
696 佛	vəʔ⁸	fəʔ⁷	feʔ⁸	huʔ⁸	huɔʔ⁸
697 屈	tɕʰiəʔ⁷	tɕʰiəʔ⁷	tɕʰiɔʔ⁷	kuʔ⁷	kʰyeʔ⁷
宕摄					
698 帮	pɔ¹	pɔ̃¹	pɔ̃¹	pɔŋ¹	pɔ̃¹
699 榜	pɔ³	pɔ̃³	pɔ̃³	pɔŋ³	pɔ̃³
700 忙	mɔ²	mɔ̃²	mɔ̃²	mɔŋ²	mɔ̃²
701 党	tɔ³	tɔ̃³	tɔ̃³	tɔŋ³	tɔ̃³
702 当~铺	tɔ⁵	tɔ̃⁵	tɔ̃⁵	tɔŋ⁵	tɔ̃⁵
703 烫	tʰɔ⁵	tʰɔ̃⁵	tʰɔ̃⁵	tʰɔŋ⁵	tʰɔ̃⁵
704 糖	dɔ²	dɔ̃²	tʰɔ̃²	tʰɔŋ²	tʰɔ̃²
705 郎	lɔ²	lɔ̃²	lɔ̃²	lɔŋ²	lɔ̃²
706 浪	lɔ⁶	lɔ̃⁶	lɔ̃⁶	lɔŋ⁶	lɔ̃⁶
707 葬	tsɔ⁵	tsɔ̃⁵	tsɔ̃⁵	tsɔŋ⁵	tsɔ̃⁵
708 仓	tsʰɔ¹	tsʰɔ̃¹	tsʰɔ̃¹	tsʰɔŋ¹	tsʰɔ̃¹
709 桑	suɔ¹	sɔ̃¹	sɔ̃¹	sɔŋ¹	sɔ̃¹
710 缸	kɔ¹	kɔ̃¹	kɔ̃¹	kɔŋ¹	kɔ̃¹
711 囥藏放	kʰɔ⁵	kʰɔ̃⁵	kʰɔ̃⁵	kʰɔŋ⁵	kʰɔ̃⁵
712 薄厚~	bɑu⁶	bɑu⁶	pou⁶	pɔ⁶	pɔʔ⁸
713 托	tʰəʔ⁷	tʰəʔ⁷	tʰɔʔ⁷	tʰɔʔ⁷	tʰɔʔ⁷
714 落	lɑu⁶/ləʔ⁸	ləʔ⁸	lɔʔ⁸	lɔʔ⁸	lɔʔ⁸
715 作	tsəʔ⁷	tsəʔ⁷	tsɔʔ⁷	tsɔʔ⁷	tsɔʔ⁷
716 凿	zɑu⁶	zɑu⁶	sou⁶	tsʰɛʔ⁸	tsʰɔuʔ⁸
717 索	səʔ⁷	səʔ⁷	sou⁵	sɔ⁵	so⁵
718 各	kəʔ⁷	kəʔ⁷	kɔʔ⁷	kɔʔ⁷	kɔʔ⁷
719 恶形	ɔ³	ɔ³	ɔʔ⁷	ɔʔ⁷	ɔʔ⁷
720 娘	ȵiɔ²	ȵiɔ̃²	ȵiɔ̃²	ȵiɔŋ²	ȵiɔ̃²
721 量动	liɔ²	liɔ̃²	liɔ̃²	liɔŋ²	liɔ̃²

续表

	海城	芦浦	筱村	雅阳	江根
722 两~个	lɔ⁶	lɔ⁶	lɔ⁶	laŋ³	lɔ⁶
723 浆	tɕiɛ¹	tɕiã¹	tɕiɔ̄⁵	tɕiɔŋ⁵	tɕiɔ̄¹
724 酱	tɕiɛ⁵	tɕiɔ̄⁵	tɕiɔ̄⁵	tɕiɔŋ⁵	tɕiɔ̄⁵
725 抢	tɕʰiɔ³	tɕʰiɔ̄³	tɕʰiɔ̄³	tɕʰiɔŋ³	tɕʰiɔ̄³
726 墙	ʑiɛ²	ʑiã²	tɕʰiɔ̄²	tɕʰiɔŋ²	tɕʰiɔ̄²
727 匠	ʑiɛ⁶	ʑiã⁶	tɕʰiɔ̄⁶	tɕʰiɔŋ⁶	ɕiɔ̄⁶
728 箱	ɕiɔ¹	ɕiɔ̄¹	ɕiɔ̄¹	ɕiɔŋ¹	ɕiɔ̄¹
729 像	ʑiɔ̄⁶	ɕiɔ̄⁵	tɕʰiɔ̄⁶	tɕʰiɔŋ⁶	ɕiɔ̄⁶
730 张量	tɕiɔ¹	tiɔ̄¹	tiɔ̄¹	tiɔŋ¹	tiɔ̄¹
731 帐蚊~	tɕiɔ⁵	tiɔ̄⁵	tiɔ̄⁵	tiɔŋ⁵	tiɔ̄⁵
732 长~短	dɔ²	dɔ̄²	tɔ̄²	tɔŋ²	tɔ̄²
733 肠	dɔ²	dʑiã²	tɔ̄²	tɔŋ²	tɔ̄²
734 丈单位	dɔ⁶	dɔ̄⁶	tɔ̄⁶	tɔŋ⁶	tɔ̄⁶
735 装	tsɔ¹	tsɔ̄¹	tsɔ̄¹	tsɔŋ¹	tsɔ̄¹
736 壮	tsɔ⁵	tsɔ̄⁵	tsɔ̄⁵	tsɔŋ⁵	tsɔ̄⁵
737 疮	tɕʰiɔ¹	tsʰɔ̄¹	tsʰɔ̄¹	tsʰɔŋ¹	tsʰɔ̄¹
738 床	ʑiɔ²	dʑiɔ̄²	tsʰɔ̄²	tsʰɔŋ²	tsʰɔ̄²
739 状	dʑiɔ̄⁶	dʑiɔ̄⁶	tsɔ̄⁶	tsɔŋ⁶	tsɔ̄⁶
740 霜	ɕiɔ¹	ɕiɔ̄¹	sɔ̄¹	sɔŋ¹	ɕiɔ̄¹
741 掌	tɕiɔ̄³	tɕiɔ̄³/tɕiã³	tɕiɔ̄³	tɕiɔŋ³	tɕiɔ̄³
742 唱	tɕʰiɔ̄⁵	tɕʰiɔ̄⁵/tɕʰiã⁵	tɕʰiɔ̄⁵	tɕʰiɔŋ⁵	tɕʰiɔ̄⁵
743 伤	ɕiɛ¹	ɕiã¹	ɕiɔ̄¹	ɕiɔŋ¹	ɕiɔ̄¹
744 尝	ʑiɛ⁶	ɕiɔ̄³	ɕiɔ̄²	ɕiɔŋ²	ɕiɔ̄²
745 上动	ʑiɔ⁶	ʑiɔ̄⁶	ɕiɔ̄⁶	ɕiɔŋ⁶	ɕiɔ̄⁶
746 让	ȵiɔ⁶/ȵiɛ⁶	ʑiã⁶	ȵiã⁶	ȵiaŋ⁶	ȵiɔ̄⁶
747 姜	tɕiɔ¹	tɕiɔ̄¹/tɕiã¹	tɕiɔ̄¹	kiɔŋ¹	kiɔ̄¹
748 乡	ɕiɔ¹	ɕiã¹	ɕiɔ̄¹	ɕiɔŋ¹	hiɔ̄¹
749 向	ɕiɔ⁵	ɕiɔ̄⁵	ɕiɔ̄⁵	ɕiɔŋ⁵	hiɔ̄⁵
750 秧	iɛ¹	ɔ̄¹/iã¹	ɔ̄¹	ɔŋ¹	ɔ̄¹
751 养	iɔ³	iɔ̄³	iɔ̄³	iɔŋ³	iɔ̄³
752 痒	ʑiɔ⁶	ʑiɔ̄⁶	ɕiɔ̄⁶	ɕiɔŋ⁶/iɔŋ³	ɕiɔ̄⁶

	海城	芦浦	筱村	雅阳	江根
753 样	iɔ⁶	iɔ̃⁶	iɔ̃⁶	iɔŋ⁶	iɔ̃⁶
754 略	ləʔ⁸	ləʔ⁸	lieʔ⁸		liaʔ⁸
755 雀麻~	tɕʰiəʔ⁷	tɕʰiəʔ⁷	tɕʰiɛʔ⁷	tɕʰiɛʔ⁷	tɕʰiaʔ⁷
756 嚼	ʐy⁶	ʐy⁶			
757 削	ɕiɛ⁵	ɕiəʔ⁷	ɕiɛʔ⁷	ɕia⁵	ɕia⁵
758 著~衣	tɕy⁵	ty⁵	təu⁵	tyɛ⁵	
759 勺				sɔʔ⁷	
760 箸			n̠y⁶	n̠yɛ⁶	n̠ye³
761 脚	kʰɔ¹	kʰɔ¹	kʰa¹	kʰa¹	kʰa¹
762 药	iɔ⁶/iɛʔ⁸	iɔʔ⁸	iɛʔ⁸	ye⁶	ye³
763 光	kɔ¹	kɔ̃¹	kɔ̃¹	kuɔŋ¹	kɔ̃¹
764 慌	hɔ¹	fɔ̃¹	hɔ̃¹/fɔ̃¹	huɔŋ¹	hɔ̃¹
765 黄	vɔ²	vɔ̃²	ɔ̃²	uɔŋ²	ɔ̃²
766 郭	kəʔ⁷	kəʔ⁷	kɔʔ⁷	kɔʔ⁷	kɔʔ⁷
767 扩	kʰɔ⁵	kʰəʔ⁷	kʰɔʔ⁷	kʰɔʔ⁷	kʰɔʔ⁷
768 方	fɔ¹	fɔ̃¹	hɔ̃¹/fɔ̃¹	huɔŋ¹	hɔ̃¹
769 放	poŋ⁵/huɔ⁵	pɔŋ⁵/fɔ̃⁵	pəŋ⁵/hɔ̃⁵	puŋ⁵/huɔŋ⁵	pɔŋ⁵
770 纺	pʰoŋ³	fɔ̃³	pʰəŋ³/fɔ̃³	pʰuŋ³/huɔŋ³	hɔ̃³
771 房	vɔ²	vɔ̃²	hɔ̃²	huɔŋ²	pɔŋ²
772 网	moŋ⁶	mɔŋ⁶/mɔ̃³	mɔ̃³	mɔŋ³	mɔ̃³
773 望	vɔ⁶	vɔ̃⁶	vɔ̃⁶	uɔŋ⁶	mɔ̃⁶
774 狂	dʑyɔ²	vɔ̃²	vɔ̃²	uɔŋ⁶	ɔ̃²
775 王	vɔ²	vɔ̃²	vɔ̃²	uɔŋ²	ɔ̃²
776 缚	bu⁶	bu⁶	pou⁶	puɔ⁶	pø³
江摄					
777 邦	pɔ¹	pɔ̃¹	pɔ̃¹	pɔŋ¹	pɔ̃¹
778 棒	bɔ⁶	bɔ̃⁶	pɔ̃⁶	pɔŋ⁶	pã⁶
779 桩	tsɔ¹	tɔ̃¹	tɔ̃¹/tsɔ¹	tsɔŋ¹	tsɔ̃¹
780 撞	dʑiɔ⁶	dʑiɔ̃⁶	tɕiɔ̃⁶	tɔŋ⁶	tɕiɔ̃⁶
781 双	soŋ¹	sɔŋ¹	səŋ¹	suŋ¹	ɕiɔŋ¹
782 江	kɔ¹	kɔ̃¹	kɔ̃¹	kɔŋ¹	kɔ̃¹

续表

	海城	芦浦	筱村	雅阳	江根
783 讲	kɔ³	kɔ̄³	kɔ̄³	kɔŋ³	kɔ̄³
784 腔	tɕʰiɔ¹	tɕʰiɔ̄¹/tɕʰiā¹	tɕʰiɔ̄¹	kʰuŋ¹	kʰiɔ̄¹
785 降投~	iɔ²	iɔ̄²	hɔ̄²	hɔŋ²	hɔ̄²
786 剥	pu⁵/pəʔ⁷	pəʔ⁷	pou⁵/pɔʔ⁷	pʰɔʔ⁷	pø⁵/pɔʔ⁷
787 雹	bɔ⁶/bəʔ⁸	bɔ⁶/bəʔ⁸	pəuʔ⁸	pɔʔ⁸	pɔʔ⁸
788 桌	tɑu⁵	tɑu⁵	tou⁵	tɔ⁵	to⁵
789 戳	tsʰəʔ⁷	tsʰəʔ⁷	tɕʰiɔʔ⁷		tɕʰiɔʔ⁷
790 镯			sou⁶	sɔ⁶	tɕiɔ⁸
791 角动物的	kɑu⁵/kəʔ⁷	kɑu⁵/kəʔ⁷	kou⁵/kɔʔ⁷	kɔ⁵/kɛʔ⁷	kɔʔ⁷
792 壳	kʰəʔ⁷	kʰəʔ⁷	kʰɔʔ⁷	kʰɔʔ⁷	kʰouʔ⁷
793 学	ɑu⁶/ɔ⁶	ɑu⁶/ɔ⁶	ou⁶/hɔʔ⁸	hɔʔ⁸	ɔʔ⁸/hɔʔ⁸

曾摄

	海城	芦浦	筱村	雅阳	江根
794 朋	boŋ²	bɔŋ²	pɛ̄²	pɛŋ²	pɛ̄²
795 灯	tai¹	tai¹	tɛ̄¹	tɛŋ¹	tɛ̄¹
796 藤	dai²	dai²/dʌŋ²	teŋ²	tieŋ²	teŋ²
797 邓	dʌŋ⁶	dʌŋ⁶	tɛ̄⁶	tɛŋ⁶	tɛ̄⁶
798 能	nʌŋ²	nʌŋ²	nɛ̄²	nɛŋ²	nɛ̄²
799 层	zai²	zai²/zʌŋ²	sɛ̄²	tɕieŋ²	tsɛ̄²
800 肯	kʰʌŋ³	kʰai³/kʰʌŋ³	kʰɛ̄³/kʰeŋ³	kʰɛŋ³	kʰɛ̄³
801 北	pəʔ⁷	pəʔ⁷	pɛʔ⁷	pɛʔ⁷	pɛʔ⁷
802 墨	miəʔ⁸	məʔ⁸	mɛʔ⁸	mɛʔ⁸	mɛʔ⁸
803 得晓~	ti⁵/təʔ⁷	təʔ⁷	tɛʔ⁷	tɛʔ⁷	tɛʔ⁷
804 特	dəʔ⁸	dəʔ⁸	tɛʔ⁸	tɛʔ⁸	tɛʔ⁸
805 贼	zəʔ⁸	zəʔ⁸	tsʰɛʔ⁸	tsʰɛʔ⁸	tsʰɛʔ⁸
806 塞名	səʔ⁷	səʔ⁷	sɛʔ⁷	sɛʔ⁷	sɛʔ⁷
807 刻	kʰəʔ⁷	kʰəʔ⁷	kʰɛʔ⁷	kʰɛʔ⁷	kʰɛʔ⁷
808 冰	peŋ¹	pieŋ¹	peŋ¹	pieŋ¹	peŋ¹
809 征	tseŋ¹	tɕieŋ¹	tɕieŋ¹	tɕieŋ¹	tseŋ¹
810 蒸	tseŋ¹	tɕieŋ¹	tɕieŋ¹	tɕieŋ¹	tseŋ¹
811 秤	tsʰeŋ⁵	tɕʰieŋ⁵	tɕʰieŋ⁵	tɕʰieŋ⁵	tsʰeŋ⁵
812 绳	zeŋ²	ʑieŋ²	tɕieŋ²	ɕieŋ²	seŋ²

续表

	海城	芦浦	筱村	雅阳	江根
813 升单位	seŋ¹	ɕieŋ¹	ɕieŋ¹	ɕieŋ¹	seŋ¹
814 承	zeŋ²	ʑieŋ²	ɕieŋ²	ɕieŋ²	seŋ²
815 兴绍~	ɕiʌŋ¹	ɕieŋ¹	ɕieŋ¹	ɕieŋ¹	heŋ¹
816 鹰	iʌŋ¹	ieŋ¹	ieŋ¹	ieŋ¹	eŋ¹
817 应答~	iʌŋ⁵	ieŋ⁵	ieŋ⁵	ieŋ⁵	eŋ⁵
818 蝇	iʌŋ¹	ieŋ¹	ieŋ⁵		
819 逼	piəʔ⁷	piəʔ⁷	peʔ⁷	peʔ⁷	peiʔ⁷
820 力	liəʔ⁸	liəʔ⁸	leʔ⁸	leʔ⁸	leiʔ⁸
821 息	ɕiəʔ⁷	ɕiəʔ⁷	ɕieʔ⁷	seʔ⁷	seiʔ⁷
822 直	dʑiəʔ⁸	dʑiəʔ⁸	teʔ⁸	teʔ⁸	teiʔ⁸
823 值	dʑiəʔ⁸	dʑiəʔ⁸	tʰeʔ⁸	tseʔ⁸	tʰeiʔ⁸
824 侧	tɕiəʔ⁷/tsʰəʔ⁷	tɕiəʔ⁷/tsʰəʔ⁷	tɕieʔ⁷/tsʰɛʔ⁷	tsɛʔ⁷/tsʰɛʔ⁷	tsɛʔ⁷/tsʰɛʔ⁷
825 色	səʔ⁷	səʔ⁷	sɛʔ⁷	sɛʔ⁷	sɛʔ⁷
826 食吃	ʑiɛ⁶	ʑiaʔ⁸	ɕia⁶	ɕia⁶	ɕia³
827 识	ɕiəʔ⁷	ɕiəʔ⁷	ɕieʔ⁷	seʔ⁷	seiʔ⁷
828 极	dʑiəʔ⁸	dʑiəʔ⁸	tɕieʔ⁸	keʔ⁸	keiʔ⁸
829 异	i⁶	i⁶	i⁶	i⁶	i⁶
830 国	kəʔ⁷	kəʔ⁷	kuɔʔ⁷	kuɔʔ⁷	kuəʔ⁷
831 或	va²	vəʔ⁸	vɛʔ⁸	hɛʔ⁸	
832 域	iəʔ⁸	iəʔ⁸	i⁵	iɛʔ⁸	iaʔ⁸
梗摄					
833 彭	ba²	bā²	pʰā²	pʰaŋ²	pʰā²
834 猛	ma³	mɔŋ²	məŋ⁵	meŋ³	məŋ⁶
835 孟	ma³	mɔŋ²	mɛ̃⁶	meŋ³	mɛ̃⁶
836 打	ta³	ta³	ta³	ta³	ta³
837 撑	tsʰa¹	tʰā¹	tʰā¹	tʰaŋ¹	tʰā¹
838 生	tsʰa¹/sai¹/sa¹	tsʰā¹/sai¹/sā¹	tsʰā¹/sɛ̃¹/sā¹	tsʰaŋ¹/seŋ¹/saŋ¹	tsʰā¹/sā¹
839 更三~	ka¹	kā¹	kā¹/kɛ̃¹	kɛŋ¹	kā¹
840 梗	ka³	kā³	kɛ̃³		
841 坑	kʰa¹	kʰā¹	kʰā¹	kʰaŋ¹	kʰā¹
842 硬	ŋa⁶	ŋā⁶	ŋiā⁶	ŋɛŋ⁶	ŋā⁶

续表

	海城	芦浦	筱村	雅阳	江根
843 行~为	a^2	$\tilde{a}^2$	$h\bar{\varepsilon}^6$	$h\varepsilon\eta^6$	$h\bar{\varepsilon}^6$
844 百	pa^5	pa^5	pa^5	pa^5	pa^5
845 白	ba^6	ba^6	pa^6	pa^6	pa^3
846 拆	ts^ha^5	t^ha^5	t^hia^5	t^hia^5	t^hia^5
847 宅	$d\textipa{z}ə\textipa{P}^8$	$d\textipa{z}a^6$	$ts\varepsilon\textipa{P}^8/t^ha^6$	$ts\varepsilon\textipa{P}^8$	$tsa\textipa{P}^8$
848 格	ka^5	ka^5	ka^5	ka^5	$k^ha\textipa{P}^7$
849 客	k^ha^5	k^ha^5	k^ha^5	k^ha^5	k^ha^5
850 额	ηa^6	$\eta\tilde{a}^6$	$\eta\tilde{a}^6/\eta\varepsilon\textipa{P}^8$	$\textipa{n}ia^2$	$\eta a\textipa{P}^8$
851 棚	$bo\eta^2$	$b\textipa{O}\eta^2$	$pə\eta^2$	$p\varepsilon\eta^2$	$p\bar{\varepsilon}^2$
852 争	tsa^1	$ts\tilde{a}^1$	$ts\tilde{a}^1$	$tsa\eta^1/ts\varepsilon\eta^1$	$ts\tilde{a}^1$
853 耕	ka^1	$k\tilde{a}^1$	$k\bar{\varepsilon}^1$	$k\varepsilon\eta^1$	$k\tilde{a}^1$
854 麦	ma^6	$m\tilde{a}^6$	ma^6	ma^6	ma^6
855 摘	tsa^5	ta^5	tia^5	tia^5	tia^5
856 册	ts^ha^5	ts^ha^5	ts^ha^5	ts^ha^5	ts^ha^5
857 隔	ka^5	ka^5	$ka^5/k\varepsilon\textipa{P}^7$	ka^5	$ka\textipa{P}^7$
858 轭		$\eta\tilde{a}^5$	a^5	a^5	ηa^5
859 兵	$pe\eta^1$	$pie\eta^1$	$pe\eta^1$	$pie\eta^1$	$pe\eta^1$
860 柄	pa^3	$p\tilde{a}^3$	$p\tilde{a}^3$	$pa\eta^3$	$p\tilde{a}^3$
861 平	$ba^2/be\eta^2$	$b\tilde{a}^2$	$p\tilde{a}^2/pe\eta^2$	$pa\eta^2/pie\eta^2$	$p\tilde{a}^2/pe\eta^2$
862 病	ba^6	$b\tilde{a}^6$	$p\tilde{a}^6$	$pa\eta^6$	$p\tilde{a}^6$
863 镜	$t\texttctalic iɛ^5$	$t\texttctalic iã^5$	$t\texttctalic iã^5$	$kia\eta^5$	$kiã^5$
864 庆	$t\texttctalic^hie\eta^5$	$t\texttctalic^hie\eta^5$	$t\texttctalic^hie\eta^5$	$k^hie\eta^5$	$k^he\eta^5$
865 迎	$\textipa{n}ie\eta^2$	$\textipa{n}ie\eta^2$	$\textipa{n}ie\eta^2$	$\textipa{n}ie\eta^2$	$ne\eta^2$
866 影	$ie\eta^3$	$iã^3$	$iã^3$	$ia\eta^3$	$e\eta^3$
867 碧	$piə\textipa{P}^7$	$piə\textipa{P}^7$	$pe\textipa{P}^7$	$pe\textipa{P}^7$	$pei\textipa{P}^7$
868 剧戏~	$d\textipa{z}iə\textipa{P}^8$	$d\textipa{z}iə\textipa{P}^8$	$t\texttctalic y^5$	ky^5	$kei\textipa{P}^8$
869 饼	$piɛ^3$	$piã^3$	$piã^3$	$pia\eta^3$	$piã^3$
870 名	$miɛ^2$	$miã^2$	$miã^2$	$mia\eta^2$	$miã^2$
871 岭	$liɛ^3$	$liã^3$	$liã^3$	$lia\eta^2$	$liã^3$
872 井	tsa^3	$ts\tilde{a}^3$	$ts\tilde{a}^3/t\texttctalic ie\eta^3$	$tsa\eta^3$	$ts\tilde{a}^3/tse\eta^3$
873 清	$ts^he\eta^1$	$t\texttctalic^hie\eta^1$	$t\texttctalic^hie\eta^1$	$t\texttctalic^hie\eta^1$	$ts^he\eta^1$

续表

	海城	芦浦	筱村	雅阳	江根
874 清冷	tsʰeŋ⁵	tɕʰieŋ⁵	tɕʰieŋ⁵	tɕʰieŋ⁵	tsʰeŋ⁵
875 晴	za²	zã²	sã²	saŋ²	sã²
876 静	zeŋ⁶	ʑieŋ⁶	ɕieŋ⁶	tɕieŋ⁶	tseŋ⁶
877 姓	sa⁵	sã⁵	sã⁵	ɕieŋ⁵	sã⁵
878 郑	da⁶/dzeŋ⁶	dã⁶	tã⁶/tɕieŋ⁶	taŋ⁶	tã⁶
879 正 ~反	tɕie⁵	tɕiã⁵	tɕiã⁵	tɕiaŋ⁵	tɕiã⁵
880 声	ɕie¹	ɕiã¹	ɕiã¹	ɕieŋ¹	ɕiã¹
881 城	ʑie²/zeŋ²	ʑia²/ʑieŋ²	ɕiã²	ɕiaŋ²	ɕiã²
882 颈	tɕieŋ³	tɕieŋ³	tɕiã³		kiã³
883 轻	tɕʰieŋ¹	tɕʰieŋ¹	tɕʰieŋ¹	kʰieŋ¹	kʰiã¹
884 赢	ie²	iã²	iã²	iaŋ²	iã²
885 僻	pʰiəʔ⁷	pʰiəʔ⁷	pʰeʔ⁷	pʰeʔ⁷	pʰeiʔ⁷
886 脊	tɕi¹	tɕi³	tɕia⁵	tɕia⁵	tɕia³/tseiʔ⁷
887 惜	ɕiəʔ⁷	ɕiəʔ⁷	ɕie⁷	seʔ⁷	seiʔ⁷
888 席	ʑy⁶/ʑiəʔ⁸	y⁶/ʑiəʔ⁸	tɕʰyəu⁶/ɕieʔ⁸	tɕʰyɛ⁶/seʔ⁸	tɕʰye³/seiʔ⁸
889 只		tɕi⁵	tɕie⁷	tɕi³	tɕia⁵
890 尺	tɕʰy⁵	tɕʰy⁵	tɕʰyəu⁵	tɕʰyɛ⁵	tɕʰye⁵
891 石	ʑy⁶/zəʔ⁸	ʑy⁶/zəʔ⁸/ʑiəʔ⁸	ɕyəu⁶/ɕieʔ⁸	ɕye⁶	ɕye³
892 益	iəʔ⁷	iəʔ⁷	iɛ⁷	ieʔ⁷	eiʔ⁷
893 瓶	beŋ²	bieŋ²	peŋ²	pieŋ²	peŋ²
894 冥夜晚	ma²	mã²	mã²	maŋ²	mã²
895 钉 名	teŋ¹	tieŋ¹	teŋ¹	tieŋ¹	teŋ¹
896 顶	teŋ³	tieŋ³	teŋ³	tieŋ³	teŋ³
897 听	tʰie¹	tʰiã¹	tʰiã¹	tʰiaŋ¹	tʰiã¹
898 定	die⁶	diã⁶	tiã⁶	tiaŋ⁶	tiã⁶
899 灵	leŋ²	lieŋ²	leŋ²	lieŋ²	leŋ²
900 青	tsʰa¹	tsʰã¹/tɕʰieŋ¹	tsʰã¹/tɕʰieŋ¹	tsʰaŋ¹	tsʰã¹/tsʰeŋ¹
901 醒	tsʰa³	tsʰã³/ɕieŋ³	tsʰã³/ɕieŋ³	tsʰaŋ³	tsʰã³
902 经 ~布		kã¹			
903 壁	pie⁵/piəʔ⁷	piəʔ⁷	pia⁵	pia⁵	pia⁵
904 滴	tiəʔ⁷	tiəʔ⁷	teʔ⁷	teʔ⁷	teiʔ⁷

续表

	海城	芦浦	筱村	雅阳	江根
905 踢	tʰiəʔ^7	tʰiəʔ^7	tʰeʔ^7	tʰeʔ^7	tʰeiʔ^7
906 敌	diəʔ^8	diəʔ^8	teʔ^8	teʔ^8	teiʔ^8
907 历	liəʔ^8	liəʔ^8	leʔ^8	lyʔ^8	lieʔ^8
908 戚	tɕʰiəʔ^7	tɕʰiəʔ^7	tɕʰieʔ^7	tsʰeʔ^7	tsʰeiʔ^7
909 锡	ɕiəʔ^7	ɕiəʔ^7	ɕieʔ^7	seʔ^7	seiʔ^7
910 击	tɕiəʔ^7	tɕiəʔ^7	tɕieʔ^7	keʔ^7	keiʔ^7
911 横	ha^2	hā^2	fā^2	huaŋ^2	huā^2
912 获	vu^6	vəʔ^8	fəuʔ^8	uɔ^6	uaʔ^8
913 划	vəʔ^8		vɛʔ^8		uaʔ^8
914 兄	ɕiɛ^1	ɕiā^1	ɕiā^1	hiaŋ^1	hiā^1
915 荣	ioŋ^2	iɔŋ^2	iəŋ^2	iuŋ^2	iɔŋ^2
916 永	ioŋ^3	iɔŋ^3	iəŋ^3	iuŋ^3	iɔŋ^3
917 琼	dʑioŋ^2	dʑiɔŋ^2	tɕiəŋ^2	kʰieŋ^2	kiɔŋ^2
918 营	ioŋ^2	iɔŋ^2	iəŋ^2	iuŋ^2	iɔŋ^2
919 役	iəʔ^8	iəʔ^8	i^6	iɛʔ^8	iaʔ^8
通摄					
920 篷	boŋ^2	bɔŋ^2	pəŋ^2	puŋ^2	pɔŋ^2
921 东	toŋ^1	tɔŋ^1	təŋ^1	tuŋ^1	tɔŋ^1
922 懂	toŋ^3	tɔŋ^3	təŋ^3	tuŋ^3	tɔŋ^3
923 通	tʰoŋ^1	tʰɔŋ^1	tʰəŋ^1	tʰuŋ^1	tʰɔŋ^1
924 桶	tʰoŋ^3	tʰɔŋ^3	tʰəŋ^3	tʰuŋ^3	tʰɔŋ^3
925 动	doŋ^6	dɔŋ^6	təŋ^6	tuŋ^6	tɔŋ^6
926 洞	doŋ^6	dɔŋ^6	təŋ^6	tuŋ^6	tɔŋ^6
927 聋	loŋ^2	lɔŋ^2	ləŋ^2	luŋ^2	lɔŋ^2
928 弄名	loŋ^1	lɔŋ^1	ləŋ^6	lɛŋ^6	lɔŋ^6
929 棕	tsoŋ^1	tsɔŋ^1	tsəŋ^1	tsuŋ^1	tsɔŋ^1
930 粽	tsoŋ^5	tsɔŋ^5	tsəŋ^5	tsuŋ^5	tsɔŋ^5
931 葱	tsʰoŋ^1	tsʰɔŋ^1	tsʰəŋ^1	tsʰuŋ^1	tsʰɔŋ^1
932 送	soŋ^5	sɔŋ^5	səŋ^5	suŋ^5	sɔŋ^5
933 工	koŋ^1	kɔŋ^1	kəŋ^1	kuŋ^1	kɔŋ^1
934 空有~	kʰoŋ^5	kʰɔŋ^1	kʰəŋ^1	kʰuŋ^1	kʰɔŋ^1

续表

	海城	芦浦	筱村	雅阳	江根
935 烘	hoŋ¹	hɔŋ¹	fəŋ¹	huŋ¹	hɔŋ¹
936 红	oŋ²	ɔŋ²	vəɤ²	ɛɤ²	ɔŋ²
937 甕	oŋ¹	ɔŋ¹	vəŋ⁵	uŋ⁵	ɔŋ¹
938 木	məʔ⁸	məʔ⁸	məuʔ⁸	muʔ⁸	mɔuʔ⁸
939 秃	tʰəʔ⁷	tʰəʔ⁷	tʰɔʔ⁷	tʰuʔ⁷	tʰuəʔ⁷
940 读	dəʔ⁸	dəʔ⁸	təuʔ⁸	tuʔ⁸	tɔuʔ⁸
941 鹿	ləʔ⁸	ləʔ⁸	ləuʔ⁸	lɛʔ⁸	lɔuʔ⁸
942 族	zəʔ⁸	zəʔ⁸	çiəuʔ⁸	tsuʔ⁸	tsɔuʔ⁸
943 谷			kəʔ⁷	kuʔ⁷	
944 屋		ɔ³	vəuʔ⁷	uʔ⁷	uɔuʔ⁷
945 冬	toŋ¹	tɔŋ¹	təŋ¹	tɛɤ¹	tɔŋ¹
946 农人	noŋ²	nɔŋ²	nəŋ²	nɛŋ²	nɔŋ²
947 脓	noŋ²	nɔŋ²	nəŋ²	nuŋ²	nɔŋ²
948 宋	soŋ⁵	sɔŋ⁵	səŋ⁵	suŋ⁵	sɔŋ⁵
949 督	təʔ⁷	təʔ⁷	təuʔ⁷	tuʔ⁷	tɔuʔ⁷
950 毒	dəʔ⁸	dəʔ⁸	təuʔ⁸	tuʔ⁸	tɔuʔ⁸
951 风	hoŋ¹	hɔŋ¹	fəŋ¹	huŋ¹	hɔŋ¹
952 冯	oŋ²	hɔŋ²	fəŋ²	puŋ²	hɔŋ²
953 梦	moŋ⁶	mɔŋ⁵	məŋ⁵	muŋ⁵	mɔŋ⁵
954 中～秋	tɔ̃¹/tsoŋ¹	tɔ̃¹/tsɔŋ¹	təŋ¹/tsəŋ¹	tuŋ¹/tsuŋ¹	tɔŋ¹/tçiɔŋ¹
955 虫	doŋ²	dɔŋ²/dʑiɔ²ŋ²	tʰəɤ²	tʰɛɤ²	tʰɔŋ²
956 众	tsoŋ⁵	tsɔŋ⁵	tsəŋ⁵	tsuŋ⁵	tçiɔŋ⁵
957 铳	tsʰoŋ⁵	tsʰɔŋ⁵	tsʰəŋ⁵	tsʰuŋ⁵	tçʰiɔŋ⁵
958 绒	ioŋ²	iɔŋ²	iəŋ²	iuŋ²	iɔŋ²
959 弓	koŋ¹	kɔŋ¹	tçiəŋ¹	kiuŋ¹	kiɔŋ¹
960 穷	dʑioŋ²	dʑiɔŋ²	tçiəŋ²	kiuŋ²	kiɔŋ²
961 雄	ioŋ²	iɔŋ²	çiəŋ²	çiuŋ²	hiɔŋ²
962 腹	pəʔ⁷	pəʔ⁷/fəʔ⁷	pɛʔ⁷/fəuʔ⁷	pu⁶/puʔ⁷	pu³/hɔuʔ⁷
963 服	hɔ⁶	vəʔ⁸	fəuʔ⁸	huʔ⁸	hɔuʔ⁸
964 目	məʔ⁸	məʔ⁸	məuʔ⁸	muʔ⁸	mɔuʔ⁸
965 六	ləʔ⁸	ləʔ⁸	ləuʔ⁸	lɛʔ⁸	lɔuʔ⁸

续表

	海城	芦浦	筱村	雅阳	江根
966 竹	tsəʔ⁷	təʔ⁷	təuʔ⁷	tuʔ⁷	tiɔuʔ⁷
967 畜~生	tɕʰiəʔ⁷	səʔ⁷	tʰau⁵	huʔ⁷	çiɔuʔ⁷
968 缩	səʔ⁷	səʔ⁷	səuʔ⁷	suʔ⁷	çiɔʔ⁷
969 粥	tsəʔ⁷	tsəʔ⁷	tɕiəuʔ⁷	tsuʔ⁷	tɕiɔuʔ⁷
970 叔	səʔ⁷	səʔ⁷	çiəuʔ⁷	suʔ⁷	çiɔuʔ⁷
971 熟	zəʔ⁸	zɛʔ⁸	çiəuʔ⁸	suʔ⁸	n̠iɔuʔ⁸
972 肉	n̠iəʔ⁸	n̠iəʔ⁸	n̠iəuʔ⁸	nuʔ⁸	n̠iɔuʔ⁸
973 曲	tɕʰiəʔ⁷	tɕʰiəʔ⁷	tɕʰiəuʔ⁷	kʰyɛʔ⁷	kʰiɔʔ⁷
974 育	iəʔ⁷	iəʔ⁷	iəuʔ⁷	iɔʔ⁷	iɔuʔ⁷
975 蜂	pʰoŋ¹/hoŋ¹	pʰŋ̩ʔ¹/hŋ̩ʔ¹	pʰəŋ¹/fəŋ¹	pʰuŋ¹	pʰ ɔŋ¹
976 缝动	boŋ²/voŋ²	bɔŋ²/vɔŋ²	pəŋ²/fəŋ²	puŋ²	hɔŋ²
977 浓	noŋ²	nɔŋ²	n̠iəŋ²	nuŋ²	n̠iɔŋ²
978 龙	loŋ²	lɔŋ²	ləŋ²	luŋ²	liɔŋ²
979 从介	dzoŋ²	dzɔŋ²	səŋ²	tsuŋ²	tsɔŋ²
980 松~树	soŋ¹	sɔŋ¹	səŋ¹	suŋ¹	sɔŋ¹
981 诵	soŋ⁵	sɔŋ⁵	səŋ⁵		sɔŋ⁵
982 重形	dzoŋ⁶	doŋ⁶/dzɔŋ⁶	təŋ⁶/tsəŋ⁶	tɛŋ⁶	tɔŋ⁶
983 肿	tsoŋ³	tsɔŋ³	tsəŋ³	tsuŋ³	tɕiɔŋ³
984 种动	tsoŋ⁵	tsɔŋ⁵	tsəŋ⁵	tsuŋ⁵	tɕiɔŋ⁵
985 春	tsʰoŋ¹	tsɔŋ¹	tsəŋ¹	tsuŋ¹	tɕiɔŋ¹
986 恭	koŋ¹	kɔŋ¹	kəŋ¹	kiuŋ¹	kɔŋ¹
987 共	goŋ⁶	gɔŋ⁶	tɕiəŋ⁶	kiuŋ⁶	kiɔŋ⁶
988 胸	çyɔ¹	çiɔŋ¹	çiəŋ¹	çiuŋ¹	hiɔŋ¹
989 容	ioŋ²	iɔŋ²	iəŋ²	iuŋ²	iɔŋ²
990 用	ioŋ⁶	iɔŋ⁶	iəŋ⁶	iuŋ⁶	iɔŋ⁶
991 绿	ly⁶	ly⁶	ləu⁶	lyɛ⁶	lye⁶
992 足	tsəʔ⁷	tsəʔ⁷	tɕiɔʔ⁷	tɕiɔʔ⁷	tɕiɔʔ⁷
993 粟	tɕʰy⁵	tɕʰy⁵	tɕʰyəu⁵	tɕʰyɛ⁵	tɕʰye⁵
994 俗	ziəʔ⁸	ziəʔ⁸	çiɔ⁸	çiɔʔ⁸	çiɔʔ⁸
995 烛	tɕy⁵	tɕy⁵	tɕyəu⁵	tɕyɛ⁵	tɕye⁵
996 褥	zəʔ⁸	zɛʔ⁸	çiəuʔ⁸		lu³
997 曲	tɕʰiəʔ⁷	tɕʰiəʔ⁷	kʰiɔʔ⁷	kʰyɛʔ⁷	kʰiɔʔ⁷
998 局	dʑiəʔ⁸	dʑiəʔ⁸	tɕiɔʔ⁸	kiɔʔ⁸	kiɔʔ⁸
999 玉	n̠iəʔ⁸	n̠iəʔ⁸	n̠iɔʔ⁸	n̠iɔʔ⁸	n̠iɔʔ⁸
1000 浴		iəʔ⁸	iɔʔ⁸	yɛ⁶	y⁶

后　记

　　兔走乌飞，时序如流。在博士毕业两年之后，博士论文《蛮话音韵研究》如愿付梓。回首往昔，我心存感激。在清华园的学习和生活，很大程度上改变了我的人生轨迹。不仅开阔了我的眼界，使我在学术上有所进益，还让我收获了许多至交好友。

　　在本书付梓之际，我首先要感谢在博士论文调研阶段给予我帮助的各地发音人，他们是海城的缪立介老先生，芦浦的杨介新先生和杨平兄先生，筱村的吴元超先生，雅阳的林须传老先生，江根的吴家铁先生和吴惟孔老先生，平溪的周乃运先生和周道亨先生。还有各地方政府给予的帮助。下乡做田野调查是一件既让人痛苦又让人乐在其中的事情。说痛苦是因为下乡时各方面的条件都远不如在学校或在家，找发音人也十分的困难，尤其是合适的发音人。此外对女孩子而言，还要特别注意人身安全。说让人乐在其中则是因为乡人的淳朴，在不认识的情况下，他们也会给予热情的帮助。在调查的过程中，找到合适的发音人，调查又十分顺利的时候，你会感到十分的满足和充实。

　　在博士论文田野调查中，让我印象深刻的是到庆元县江根乡调查的经历。由于不熟悉路线，且第一次一个人去这么犄角旮旯的地方，出发前十分恐慌。我父亲也不放心，就主动提出陪我去。我们两个人一大早从瑞安出发，经丽水转车至庆元，又从庆元转车到江根，到傍晚才到达江根，整整走了一天。后来才知道，经寿宁转车至江根十分方便。江根乡政府的办事人员听到我们的来意后，十分热情地帮我安排住的地方，帮忙寻找发音人，还让我在政府食堂跟随工作人员一起吃饭。有时候工作结束了，他们还会带我到乡里四处走走，介绍乡里的情况。所有种种都让我十分感动。

　　我还要感谢我的导师赵日新教授。赵老师对我而言亦师亦父亦友。师从赵老师的七年里，无时无刻感受到赵老师的人格魅力。还记得2008年跟随赵老师进行田野调查，绕了几个小时的盘山公路到达安徽白际山顶上的白际村。白天调查，晚上核对调查结果。虽然生活艰苦，但是短短 7 天的调查却坚定了我进行方言研究的决心。从茫然无知到一步一个脚印，背后包含了赵老师的许多付出。本书的最终出炉也离不开赵老师的指导。

最后我要感谢我的家人和朋友，尤其是我的父母，他们一直默默地在背后给予我支持，包容我的一切缺点和无理，排解我的压力和苦闷。要是没有他们，我无法想象能走到今天。

田文编辑为本书不辞辛劳。本书的出版得到浙江省社会科学学术著作出版资金全额重点资助。在此深表谢意。

《蛮话音韵研究》只是一个阶段性成果，本书还有许多不足要待完善，祈望海内外的专家不吝赐教。在未来的日子里，我将会秉承清华"自强不息，厚德载物"的精神在方言研究的道路上继续前行。

徐丽丽

2016 年 5 月 6 日

温州大学